心理臨床家の手引

鑪 幹八郎・名島潤慈［編著］

第4版

誠信書房

まえがき

本書は大学を卒業、または大学院を修了して現場に出ていく人が、新しい心理臨床の現場で自分をどのように位置づけていくか、どのように心理臨床家としての職業的アイデンティティを確立していくか、心理臨床と関係の深い人や機関を知り、これと連携し、利用しあっていくにはどうしたらよいかなどを知ってもらい、心理臨床家としての基本的な知識を身につけると同時に、臨床経験を学びとり組織化していく道筋の第一歩は何かということについて述べたものである。

これまで私たちは心理臨床家の訓練のステップとして、第一に『臨床心理学実習』（倉石精一編　誠信書房　一九七三年）、第二に『試行カウンセリング』（鑪幹八郎　誠信書房　一九七七年）を使用してきた。本書はこれら前二書の姉妹編として、第三のステップとなることを考えて書かれている。前二書は臨床技法のなかでも、面接法に重点をおいた基礎的訓練であった。本書は単独でも用いられるが、学習のうえでその第三のステップ、つまり、「現場での第一歩」ということに重点をおいている。心理臨床の第一歩をうまく方向づけて踏み出すことは、その後の心理臨床家としての歩みをスムーズにし、究極の目的である来談者の福祉についていっそう役立つのである。

本書の基本的立場は力動的心理学である。しかし、ここに書かれていることは心理臨床家の基礎であって、立場を超えて心理臨床の初心者が学んでおかねばならないものだと考えている。心理臨床の入口に立っている人たちが、本書によって少しでも自立できるようになることを私たちは願っている。これから先は実際の経験によって、自分の臨床経験とおかれている立場から、自分の心理臨床の世界を作り上げていかねばならないであろう。心理臨床の初心者は自己の臨床家としての立場を狭くとらないで、本書に書かれている心理臨床のいろいろの仕事および領域を知ってもらいたい。

本書は心理臨床の現場で役に立つことを考えて書かれた。少し要求水準は高いかもしれないが、ここに書かれていることは心理臨床家として、最小限身につけておかねばならないものであると考えている。常に身近において手引として利用していただきたいし、やがてこれらを常識として卒業していただきたいと願っている。

本書は心理臨床家の初心者のために書かれているので、第1章で心理臨床家とは何者か、心理臨床家の職業的アイデンティティは何であるかについて触れた。そして第2章では、大変重要であるにもかかわらず、これまであまり問題にされなかった心理臨床における倫理的要請について明確にした。第3章および第4章は、心理臨床家の中核的活動の内容と考えられるところである。第5章に述べたいろいろの援助施設については、そのすべてを網羅することを狙ったのではなく、心理臨床家の活動が多岐にわたっていることやそれぞれの職場において個性的であることを示そうとしたのである。読者も自分の職場の個性をよく見極めて欲しいと思う。第6章では、心理臨床家と特に関係の深い精神医学との関連を明らかにしようとした。第7章は、クライアントから心理臨床家に一般によく尋ねられるが、初心者にとって取り扱いに困るような質問に対して、方向づけを与える意図をもって書かれた。『試行カウンセリング』の第9章「カウンセラーの陥りやすい技法的失敗」をもっと詳しく述べるようにという読者からの要請に、少し違った角度から、もう少し一般化して応えようとしたものである。第8章は、他の施設や関係機関に連絡をとったり、紹介したりするためのものである。地域内に数多くある社会資源をうまく活用することも、心理臨床家の大切な仕事の一つである。最後の第9章では心理臨床に関係の深い法律を示した。これから心理臨床家自身の地位が国家資格のもとで法的に確固としたものになってくるので、心理臨床の活動は法的制約のなかで行われていることを十分に認識し、これらの関連法律によく馴染んでおいてもらいたいと思っている。

本書には索引をつけなかった。その代わり，目次を詳しく示した。というのは，心理臨床家の仕事は常に出来事の文脈のなかでなされており，疑問になる点も出来事の文脈のなかで起こってくる。その意味で，単に用語を問題にするより，文脈を問題にしていただきたいと考えたからである。目次を索引のようにして利用していただければと思っている。

本書が心理臨床家の初心者の手引として，また中堅の方々の臨床経験や知識のまとめや見直しとして，そしてさらに，指導者の方々の指導の際の手引として，心理臨床家の訓練の過程および現場で積極的に利用されることを私たちは心から願っている。

編著者　鑪　幹八郎
名島　潤慈

心理臨床家の手引【第４版】　目次

第4章　心理学的処遇 ―――――― 64

第5章　いろいろな援助施設における心理臨床——144

第1章　心理臨床家のアイデンティティと現況

第1節　心理臨床家の定義

心理臨床家とは誰なのか。何をする人なのだろうか。詳しくは後の章で論じるが、ここでは次のように述べておきたい。心理臨床家とは、①心理学関係の学部と大学院で臨床心理学の訓練を受け、関連諸科学を学び、②国家試験をパスして「公認心理師」となった人たちであり、③また、公認心理師と同等の実力と経験を有し、心理学的な手法によって、心理援助職として働いている人たちである。後に説明するように、この公認心理師という国家資格は「名称独占」という性質を持っているので、国家資格を持たなくても、公認心理師と同等の臨床的な力を有して活動をしている人々も、ここでは心理臨床家と呼びたいと考えている。

〔注〕「公認心理師法」は二〇一五年九月九日に成立、九月十六日に公布された。しかし、本書が出版される時期には、国家資格を持った公認心理師はまだいない。六年後には現法によって教育された公認心理師が誕生する。その前に、経過措置として、現在心理臨床家として仕事をしている人々は、経過措置の認定・試験を受けて、新しい「公認心理師」国家資格を取得することになる。この資格は、心理臨床の仕事をしている人が、国家資格を持たないで、「公認心理師」ということを名乗ってはならないという、「名称独占」の資格である。これまでの「臨床心理士」「臨床発達心理士」などは団体認定の資格であり、国家資格とは区別される。ちなみに、本章の最後の第7節に「公認心理師法」の条文の要点を掲載しておく。

第2節　現　況

1　訓練・経験のレベル

これまで、その大部分が臨床心理士である心理臨床家の人たちは、五領域、つまり、医療・健康領域、教育領域、社会福祉領域、司法領域、産業領域などに勤務している。その他にも多くの心理臨床家がいる。さらに新しい領域が拡大している。その領域はきわめて広い。人々の生活するところ、どこにも心理的な問題はある。したがって、どの領域においても、心理的な問題の解決は重要なことになる。本書においては、大学院を出た人たちが初めて心理臨床の現場に入った際、心理臨床家としての職業的アイデンティティを確立していく方向はどこにあるのかを明瞭にして、現場で働いている人やこれから現場に出ようとする人に役立ててもらうことを目指している。

2　職種の違い

右に述べたように、臨床心理学および関連領域を学んで大学院を修了する人たちはたくさんの数にのぼっている。ことに、国家資格が実現することになり、大学院で臨床心理学の教育システムが充実し、国家資格「公認心理師」の出現に相俟って、今後もますます増加していくだろう。現実には、すでに多くの心理臨床家が仕事に従事している。その具体的な内容については、第5章で詳しく述べる。前節で述べたように、五領域の職域としては、次のようなものである。おおよその領域を示すと、次のようになるだろう。

まず、（一）医療・健康領域として、総合病院の精神科、心身医療科、小児科、産婦人科、精神科関係のクリニック、精神保健福祉センター、また医学研究の最先端の遺伝研究、ＨＩＶ医療センターなど。また、（二）社会福祉の領域として、養護施設、老人の養護施設・ホーム、児童相談センターなど。次に、(三) 司法領域として、少年鑑別所、家庭裁判所調査官、刑務所など。(四) 産業領域として、産業関係のカウンセラー、人材支援、適正配置、組織心理的な援助など。(五) 教育領域として、スクールカウンセラーや、神経発達症群（発達障害）児・者の支援などさまざまな問題に関与している大学の心理教育相談室（臨床心理センター）など。これらの領域はさらに広がっている。

それぞれの領域における研修の機会も多くなり、臨床心理系の学会のワークショップ、学会や臨床心理関係の団体が主催する研修会も少なくない。地域でも、研究会などで研修を受けるネットワークも広がり、学ぶ機会は多くなってきている。初心者はこれらの学習・研修の機会に参加し、自分の専門的な実力を確かめ、高めることが期待されている。心理臨床家の実力によって、援助を受けるクライアントの満足度も変化するのである。

ところで、心理臨床家のさまざまな活動領域のなかで、働く施設の個別的特色を超えた〈心理臨床家の活動〉として共通にみられるものは何であろうか。私たちは本書において、心理臨床の現場における個別的な特色と共通な活動とを明確化し、その展望を持っておきたいと考えた。

この個別性と共通性は、隣接科学である医学を例にとるとよくわかるのではないだろうか。日本の医師は、内科・外科・小児科など、それぞれの専門に分かれている。しかし、それぞれに従事するすべての専門職の人がすべて「医師」と呼ばれる。医師免許をとるまでの基本的教育訓練は全国の大学医学部において、カリキュラムに沿って同じように行われる。心理臨床家にも同じことが言えるのではないだろうか。心理学・臨床心理学の基礎教育は大学学部と大学院でカリキュラムに沿って行われるのである。

国家資格の「公認心理師」を取得して、専門職として新しい職場に入る。そしてその職場の特色に応じて、職場にふさわしい専門職として領域が広がることになる。

例えば、精神科病院に勤務する人と少年鑑別所の技官とでは、心理臨床家としての活動はかなり違っている。

精神科病院では、心理アセスメント（心理査定）と同時にカウンセリング・心理療法が求められ、患者さんのリハビリテーションに参加することが求められる。

これに対して、少年鑑別所では、非行少年の、非行の度合いや将来の可能性についての鑑別が行われる。その鑑別の結果等により、家裁において処遇が決定される。そしてカウンセリングや心理療法が行われたり、保護施設で矯正教育が行われたりする。また、最近法律が改正され、少年鑑別所に「少年支援センター」が設置されて、一般家庭の心理相談が行われるようになり、心理臨床家の職域が鑑別と心理相談とに広がってきた。これによって用いられる技法などは違ってくる。このような心理臨床家の共通性と個別的な特色とをどのように私たちのなかで統合したらよいのだろうか。この点を次に、心理臨床家の職業的アイデンティティという観点から問題にしてみたい。

第３節　心理臨床家の職業的アイデンティティ

すでに、心理臨床家の現況を前節において述べた。臨床的経験や訓練のレベルはいろいろであり、わずかの訓練や経験のレベルの者から、指導者的なレベルまで広がっている。また職種もさまざまである。対象とする発達レベルも違うかもしれない。児童・青年・成人・高齢者など対象が違うことがある。また心の問題も精神障害・非行・児童福祉・教育など種々さまざまである。心理臨床家は、自分のおかれた場で、施設の個別性に合わせて仕事をするように努力している。

とはいっても、心理臨床家という以上、「医師」というのと同じように、そこに基本的な共通のものがある。本節では、若干理念的なレベルであるが、現状を頭に入れながら、心理臨床家の職業的アイデンティティについて述べてみたい。

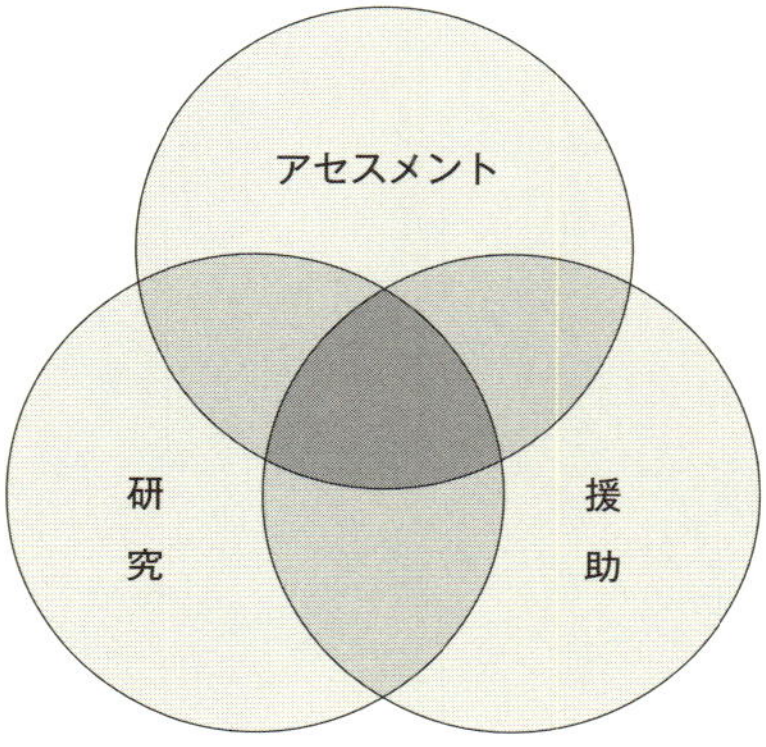

図1－1　心理臨床家の三つの機能

心理臨床家は、大まかに言って三つの働きをしている人である。第一は、クライアントの理解を深めるための心理アセスメントの活動である。第二は、クライアントの求めているものに応えていく過程としての、心理学的処遇・援助の活動である。そして第三が、理解や処遇から得られるものについて研究し、理解を深め、また知識を一般化していく活動である。前の二つについては、第3章と第4章において詳しく述べる。これら三つの活動は、おたがいに有機的なつながりをもっているので分離しては考えられない。これを図示したのが図1－1である。

これらの重なりは、大きくなったり小さくなったり、勤務する場所によって異なっていて固定したものではない。ある所ではアセスメントが重視されて援助の機能は少ない。ある所ではその逆に多いところもある。また、この円の境界も、くっきりしているものと漠然としているものとがあって、これも施設によって違いがあり、ある所では心理臨床家がはっきりとらえられ位置づけられている。別の所では心理臨床家はいるが、何をする人であるか漠然としているところもある。一定ではない。このことを認識しておくことは大事である。そして、自分の施設では、心理臨床家の機能の位置づけがどのようになされているかを、しっかりととらえておく必要がある。

心理臨床家の機能が明瞭なところでは、初心者にとって仕事がやりやすいであろう。しかし同時に、仕事をステレオタイプにしてしまいやすい。一方、あまりはっきりしていないところでは、初心者にとっては自分の職業的アイデンティティがあいまいで鮮明になりにくいかもしれない。自分のアイデアを表現したり、伸ばしたりしていく活動にゆとりと広がりの可能性がある。その反面、何をしてよいか、どうしてよいかわからず、とまどいが生じる可能性もある。心理臨床家としての職業的アイデンティティが揺らぐことがあるかもしれない。気をつかうわりには能率があがらない、ということが起こるかもしれない。そのために、しだいに自分の位置や仕事のあいまいさのため、欲求不満をもちながら仕事をしていくことになるかもしれない。しかし、近年は心理臨床家や臨床心理士の仕事について、社会の理解が高まってきて、心理臨床活動の初期のようなあいまいさやそのための不安は少なくなってきている。

私たちは、図に示したような三つの機能を果たす者が、心理臨床家であると考えている。また私たちは、ここに心理臨床家としての職業的アイデンティティの中核があると考えている。そこでこれら三つの働きについて、次にもう少し詳しく述べてみたい。

1　心理アセスメントの機能

心理アセスメントがどんなものであり、どんな内容を含むのかについては、第3章で詳しく紹介する。ここでは、心理臨床家のアイデンティティを構成する要素としての「事例理解の働き」について述べておきたい。

戦後一九四〇年代後半から、一九五〇年代の臨床心理学の草創期には、アメリカの臨床心理学の心理テストが導入され、日本版への翻案、組み換えが積極的になされた。少年鑑別所の技官となった当時の心理臨床家たちの努力によって、輸入された心理テストを日本の実情に合うように翻訳・改善がなされた。やがて徐々に、心理的な鑑別法としての心理テストだけでなく、直接にクライアントに対して心理的な援助活動を行う、技法としてのカウンセリングや心理療法への関心が高まり、その活動と研究が心理臨床家の関心の中心となっていった。現在も、その趨勢にあるといってよい。

その理由としては、これまで心理テストを施行しても、その結果を心理的な処遇として生かすことができなかったということがあった。心理テストによってたくさんの有用で、貴重な資料が得られても、心理的に援助する方法を身につけていなかったら、その資料をクライアントのために有効に使うことができないからである。心理テストを施行する人たちも、直接の援助の方法がないなら、クライアントを援助することができない。そこでテスト研究は、心理療法と並行して学ばねばならない。直接的な援助技法としてのカウンセリングや心理療法への関心が高まり、多くの心理臨床家がカウンセリングや心理療法を学ぶようになっていった。

心理臨床家は、何らかのかたちでクライアントとかかわっている。そして何よりも、クライアントを援助し、役に立つことを願っている。そのために、これまでの教育訓練や経験を生かした心理臨床家がクライアントと出会ったとき、まず問題になってくるのは、「クライアントはどんな人か」を知ろうとする活動である。これは長い年月をかけた訓練と臨床的経験のなかから生まれるものである。これと同時に、また重要なのは、組織的で客観的な視野のなかでクライアントを理解する資料である。これらの資料は、心理臨床家の個人的な経験や直観の枠からくる、理解の歪みや偏りを修正するのにも役に立つことになる。

例えば、学校で学習意欲をなくしている子どもが心理相談室に紹介されたとき、その子どもにどのように接近するだろうか。まず、学習意欲の喪失が適切な学習指導や学習環境が欠如していることからきているのか、知的な障害があるのか、情緒的な障害があるのか、発達的で認知的な障害があるのか、それともこれらがいろいろと混ざり合った状態で本人が困っているのか、心理臨床家はさまざまな角度から理解を進めようとする。

心理臨床家の理解に従って、心理臨床的処遇として、どのようなことが選択されるかが異なってくる。教育的な訓練がいいか、再教育がいいか、カウンセリングがいいか、プレイセラピーか、などが選択されるのである。その際、神経心理学的テスト（コース立方体組み合わせテスト、ベンダーゲシュタルトテストなど）に精通しておくこと、あるいは少なくとも、そのようなテストがあること、それを使って理解を深めることが必要であることを知っておくことが、心理臨床家の「心理アセスメント」の働きとしての仕事である。

心理臨床の初心者の場合、大学院時代の訓練のなかで習熟するところまでは、心理テストなどを学んでいないかもしれない。心理臨床の領域は広いので、すべての領域の準備をしたり、訓練を受けたりすることは不可能である。基礎的な訓練を土台にして、その場にあった応用ができるような実力を養っておくことが大事である。

私たちが現実に、心理臨床家としてかかわりをもつクライアントの心の苦しみは、身体の苦しみと同様、大変深刻なものである。ここで大事なことは、クライアントは心理的に見たら、どのような人なのか、何に苦しんでいるのか、その問題はどこから、どのようにして生まれてきたのか、現在のクライアントは何を求めているのか、クライアントが現在の苦しみから逃れるには、心理臨床的にどのような対処法が適切なものであるかなどを、しっかりと具体的に、その個人を中心に評価し、見通しを立てることである。医師の場合、その過程は「診断」と呼ばれている。心理臨床家は、このような活動を「心理アセスメント」と言っている。「見立て」と言うこともある。世間的にも「医師の見立てによれば」「あの医者は見立てがいい」という言い方があるのと似ている。心理臨床家の場合、専門的にクライアントの行動や心の中を想定する、相手をそのように判断するという意味で使っている。医師の場合、診断によって医療的な処置の方向づけが決められる。心理臨床家の場合も、心理アセスメントや見立てによって、心理臨床的処遇の方向づけが同じようになされるのである。

心理臨床の心理アセスメントの過程は、心理臨床家がどのような仕事の場であっても、最も大事な機能の一つである。病院では心理テストとして要求される。児童相談センターでは心理判定として要求される。家庭裁判所では調査官の調査記録の一環として要求される。前にも述べたように、心理臨床家のアセスメントの機能が、次の心理的援助機能としてのカウンセリングや心理療法の資料として役に立つのである。

勤務する場所によって、アセスメントの機能が大きいところと、それほど大きくないところがある。自分の職場の場合、アセスメントの機能がどのように位置しているかを知っておくことが仕事をスムーズにする。例えば、カウンセリングセンターなどでは、アセスメントの機能よりも、心理的援助機能がより大きな比重を占める。これに対して、少年院の鑑別技官の場合、援助機能は別機関になるので、少なくなり、アセスメントの機能が大きくなる。初心者の心理臨床家は、各自のおかれている場所によって、この二つの機能の重点の違いを理解し、自分の位置づけを正確にしておく必要がある。一般的にみると、心理臨床家の援助機能がますます求められてきており、今後も求められていくだろう。だから、当然のことながら、心理臨床の初心者は長期にわたる訓練を受け、しっかりした技術を身につけるための努力が要求される。

2　心理学的処遇・援助的活動の機能

第二に、心理学的処遇・援助的活動の機能がある。心理学的援助機能といってもよい。心理的援助活動は心理臨床の中核である。また心理臨床家としての技量や経験が試される領域でもある。クライアントの福祉に貢献する活動の場でもある。今日では、経験も豊かで、技術面でもすぐれた心理臨床家が多くなってきている。このことは心理臨床家が、クライアントの心の福祉に、直接に貢献できることを社会に示すものでもある。

心理臨床家の援助的活動の機能はますます増大している。心理アセスメントの機能と同様に、援助的機能には長年にわたる勉強の努力と経験が要求される。専門の指導書を読むだけでこの機能が役に立つようになるというような性質のものではない。援助機能がうまく発揮されるには、スーパーヴィジョンや臨床の訓練が必要である。しかし、これらについて述べることは、本書の枠を超えるので、別の著書を参照していただきたい。私たちが編集した『精神分析的心理療法の手引き』（鑪幹八郎監修　誠信書房　一九九八年）を参照していただくと、参考になるだろう。

ここで大事なことは、すでに前の節で述べたように、勤めている施設のなかで、心理臨床の初心者としての自分が、心理的援助機能をどの程度担っているかを知っておくことである。これは施設によって大きく違っていることが多い。前にも述べたように、教育相談関係の施設やカウンセリングセンターのような所では援助機能が高いが，少年鑑別所や家庭裁判所調査官では，今のところ，この機能はあまり大きくない。精神科病院でも，心理臨床家に心理アセスメントの機能のみを求めているところもある。私たちは施設での自分の役割と位置を，まずできるだけ正確に知って行動することが求められる。一般的に見ると，心理臨床家の援助機能は，ますます求められてきており，今後も求められていくであろう。だから，心理臨床の初心者は長期にわたる困難で厳しい訓練を受け，しっかりした技術を身につける努力が求められるのである。

心理的援助活動は心理臨床活動の中核である。クライアントの福祉に貢献する活動の場であるので，心理臨床家としての技量や経験が具体的に試される領域でもある。また，心理臨床家としての技量や経験が具体的に試される領域でもある。今日では，経験の豊かな，技術的にもすぐれた心理臨床家が多くなってきている。心理臨床家が，クライアントの心の福祉に直接貢献できることを社会に示すものでもある。したがって，また，その責任も大きいという自覚も必要である。

3　研究の機能

第三に，研究の機能および活動について述べてみたい。研究の機能は前の二つと違っていて，大学院の施設や研究所を除いて，必ずしも施設そのものに必須の機能とはいえないかもしれない。これはむしろ，臨床活動の質に関係するものである。心理臨床家は，何のために研究を行うのだろうか。大事なことは，研究を通して対象者に関する認識を深め，心理臨床家自身の経験を深め，組織化するということであろう。そして，また研究によって問題の性質の理解を深め，自分の行っている臨床活動を理解し，見直し，この知識を同じ仕事に従事している他の心理臨床家と分けもつ。これによって専門的な活動の水準を高め，直接的または間接的にクライアントの役に立とうとするものである。これは専門的職業としての心理臨床家がよって立つ知識の基盤となるものである。そして研究の方法論を学ぶのは，大学院である。大学院でしっかり研究の方法論を身につけておくことは，将来の心理臨床家の資質を向上させるために欠くことのできないものである。

心理臨床の仕事は臨床経験がものをいう職業であるが，しかし同時に，その臨床経験は他者に開かれていなければならない。そして他者の批判と評価に耐え，論理的な整合性を持つものでなければならない。心理臨床家が自己の経験を閉ざして，これを絶対化してしまうと，心理臨床の活動は，科学的な専門性を持ったものということができなくなる。この意味で心理臨床家は「日本心理臨床学会」など，学会や協会に参加し，その会員になることが求められる。同時に，所属している学会や研究会で，自分の研究や経験を発表する義務がある。これは本人の名誉欲や権力欲のためではなく，心理臨床の活動が専門性と科学性をもって，クライアントの福祉に真に貢献するために必要なことだからである。

以上のように，心理臨床家の三つの機能は，それぞれが有機的に関連し合っているものであって，一つひとつ分けて独立して考えることはできない。これをバラバラに分離し，それぞれ独立させてしまうと，前に述べたような心理臨床家の活動のステレオタイプ化・ドグマ化・マンネリ化が生まれることになりやすい。心理臨床の初心者は，以上の点に常に留意して，新鮮な心をもって仕事に従事していただきたい。

ところで，これまで述べた三つの機能に加えて，少し次元が異なっているけれども，同じく大事な機能があるので述べておきたい。これは〈心理的調整の機能〉ないし〈リエゾンの機能〉と呼ばれるものである。

第4節　心理的調整の機能・リエゾンの機能

ここでいう心理的調整の機能ないしリエゾンの機能というのは，心理臨床家が施設の諸活動の円滑な要の役割を果たすということである。リエゾン liaison はフランス語で「つなぐ」という意味がある。心理臨床家の仕事は，施設のなかの他の専門家と深い人間関係を持ちながら，クライアントの福祉に貢献しようとする活動である。だから、仲間としての他の専門家との協力なしには仕事を行うことはできない、といってよいだろう。最近はチームワーク、協同でする仕事ということが強調されることが多い。

しかし、これまで強調してきたように、働く施設によって、その機能には大きな違いが生じる。官庁のように系列がはっきりしている所では、また個人病院の場合でも、上に立つ人は医師であり、社会的責任の位置は明確である。しかし、人間関係としての心理力動性がその施設内の社会的責任の系列のとおりにすっきりしているとはいえない。心理臨床家の役割は、これらの人間関係をスムーズにすることである。しかし、この役割はどちらかというと、自分で買って出るものである。そのうえ、縁の下の力持ち的な目立たない仕事である。ときどき次のような話を聞く。「心理の人が病院に来て、医者と看護師その他の人がなごやかに仕事をやれるようになった」と。それほど特別なことをやっているわけではないとしても、心理臨床家のこの心理的調整の役割を理解した行動からくる結果が、このような感想となって現れてくるのである。

この点に関して、「研究会」の開催を積極的に果たすことの重要性があげられる。「研究会」と言わなくとも、「話し合い」「座談会」「集まり」などということで情報の交換など、同じ職種や同じ職場に働く職種の違った人が一堂に集まって、問題について話し合うことが必要である。また、読書会などで、専門的な理解を深めることが有意義である。心理臨床家が中心になってこのような会合をすすめることが、勉強会のみならず、「心理的調整の機能」を果たすということになる。その際、時間の区切りが大事で、長すぎると仕事の場に遅滞を引き起こしたり、参加をためらわせたりするので注意を要する。

心理臨床家のなかにはときどき、「周囲の人の理解がないのでやりにくい」と愚痴をこぼす人がいる。このような不満を感じる場合、実際に施設の側の現実的な問題なのか、それとも自分自身の調整の機能が働いていないのかを、よく考えてみる必要があるだろう。また、周囲から、「心理臨床の人は自分の巣に閉じこもって、他の人と交流しないので、やりにくい」ということを聞くことがある。これらは調整機能が失調しているのだ、ということを理解する必要がある。

ここでも同じように、地域の研究会の開催や研究会への参加の意義があげられる。同じ職種や似たような職種が一堂に会して、いろいろな研究集会を行う。例えば、地方の精神医学会・心身医学会・心理療法研究会・カウンセリング研究会・心理テスト研究会など。地域で開催されるいろいろの研究や研修の集会に積極的に参加し、たがいに顔見知りになったり、教えを乞うたりするという努力は、自分の心理臨床活動を豊かにすると共に、ここで述べるリエゾンの機能を果たすことになる。それと同時に、他の職域の人たちとの出会いによって心理臨床家である自分との違いを知り、自分と同じ職域の先輩や経験者と出会うことによって自己の経験内容を再吟味することができる。このようななかから、私たち自身の心理臨床家としての職業的アイデンティティも育っていくのである。

第5節　心理臨床家になる動機

心理臨床家になるにはいろいろな動機がある。ここで心理臨床家になる動機について見てみたい。心理臨床家としての過剰な行動や欲求不満などが、心理臨床の職場の現実的な状況からくるというより、心理臨床家の個人の内的な問題に関係していることも多く、心理臨床の領域に入る動機に関係があることもある。以下、S・J・コーチンの『現代臨床心理学』（村瀬孝雄監訳　弘文堂　一九八〇年）を参考にして述べてみたい。

一九七一年に、アメリカでヘンリーたちがある調査を行った（H. W. Henry et al.: *The Fifth Profession.* San Francisco: Jossey-Bass, 1971, p. 113）。それによると、心理臨床家になった動機として一番多かったのは、「人を援助したい」「人間を理解したい」というものであった。「職業的地位を得るため」「他人と密接な関係を得たいから」というのがこれに次ぎ、それから「アイデンティティを得るため」「自分自身を理解したいため」というのが続いていた。

この調査は、日本で行ってもも同じようになるのではないかと思われるほど、よく心理臨床家の動機を示していると思われる。他人やクライアントへの心の福祉や奉仕が動機の中心というより、「自分をもっと知りたい」「他人と密接な関係を持ちたい」という動機によっている場合が多いのだろう。

また、ある場合には、「自分の問題を解決するため」ということもある。心理臨床家のこのような個人的動機は、それ自体大切なことである。というのは、そのことによって私たちはこの領域に入ってきたのだから。しかし同時に、心理臨床の仕事は、あくまでもクライアントの心の福祉にあることを忘れず、個人的動機が活動を妨害するのでなく、促進するようになる道筋を見いだすことが求められる。

また、私たちが他人の秘密を知ったり、覗き見をしたりする動機のなかには、他人の弱点を知ることによって、その人を支配したり、優越感を味わおうとする権力的な意図があるかもしれない。心理臨床活動を続けていて、いつも他人から信頼されたり、依存されたりすることに馴れてしまうと、いつの間にか自分のなかに、何でもできるのだという万能感や人よりも偉いのだという権力者意識を育てることになってしまう。

さらに、この権力者意識を育てるものに、心理臨床家の仕事の持つ援助的な性質がかかわることがある。心理臨床家はクライアントやその家族に希望を与えようとする仕事である。現在の心の苦しみを和らげ、新しい精神生活に導いたり、方向づけたりする仕事である。このことは社会的に有用であり、価値が高いことでもある。しかしこのため、ときには自分が人を幸福にする力を有しているという錯覚に陥ることがある。この錯覚に陥ると、心理臨床家の仕事はいつも正当化されると考え、権力的で独善的な行動を示すようになることがある。心理臨床家の仕事は、クライアントに導かれて、クライアントの進みたい方向を援助するものであるにすぎない。にもかかわらず、自分がクライアントを導き、クライアントに幸福を与える救済者、有能な存在になってしまいやすい。人を操ろうとする私たちの内的動機によって、このような欲望が促進されるのである。この点から、心理臨床家自身の内面を知るということも大事になる。

第6節　心理臨床家の基本的立場と理論的一貫性

私たちは人間として一つのまとまりを持って生きている。このことは知・情・意の心理的各側面においてのみでなく、肉体的にも、社会人としてもそうである。このまとまりを欠くとき、私たちはいろいろな心身の障害を表す、といってよい。心理臨床の特色は、常にクライアントや他者をトータルな一人の人として扱っていることにある。そして、クライアントが求めているのは、人としての調和であり、まとまりである。だから、心理臨床家は、常に一人の人間として、自分の行動と技法のうえに、統合されたまとまりを持っていることが求められる。バラバラな思考やまとまりのない働きかけは、クライアントを混乱させてしまいやすい。各々の心理臨床家が、何をどのように自分のなかに統合するかは、各人の個性・経験・訓練によって異なる。しかし、いずれにしろ、私たちは、何をどのような目的で行うかという臨床心理の技法と、それを支える理論との間には、一貫性と、ある程度の展望を持っていなくてはならない。

外科医は最後に縫合するまでの見通しを持たずに、患部を切開することはしない。それと同様、心理臨床家がクライアントに会うときに、どのような働きかけをすれば、どのような事態になるかの展望と、起こってくる結果に対処し得るだけの技量なしに、働きかけをすることはない。ただ、心理臨床の場合、現実に血を流すというようなことがないため、あるいは生命の危険ということが少ないため、このことがあいまいにされているかもしれない。心理臨床家は、クライエントの傷つきということにも敏感でなければならない。

外科手術においてはたくさんの道具が用意され、それらは一定の秩序によって正確に並べられている。そうでないと手術をうまく行うことはできない。私たち心理臨床家の道具も同じである。これは主に〈言葉〉の秩序であり、〈経験〉の秩序である。それは一貫した法則に従い、その心理臨床家自身のなかに統合されて存在するものでなければならない。この点で、モザイク的な折衷的なやり方は、心理臨床家自身をバラバラのモザイクにしてしまい、結果的にはクライアントの統合よりも、心のなかの分裂をさらに促進させ、モザイク的にしてしまう可能性がある。

ここで述べていることは、一つの理論で武装し、それをかたくなに守るべきだ、というのではない。理論的一貫性や統合性と、かたくなであることとは関係ない。かたくなさは一般に、無知や不安を防衛する態度からくる。一貫性を保ちつつ、状況のなかで柔軟であることが望ましい。もちろん、このことは、実行可能なやさしい道ではない。この態度を持ち得るようになることは、心理臨床家が生涯をかけて追求しなければならない課題なのかもしれない。そうではあっても、その方向を志すか、そうでないかでは、初心者においても、その態度のうえに大きな違いを生むだろう。

第7節　心理臨床家の専門性と公認心理師

心理臨床家の仕事は、専門性を持ったものでなければならない。このことは何を意味しているのだろうか。この問題を考えるのに、もう一度、医師を例にとってみよう。医師は医師養成を認められた大学において専門の教育・訓練を受け、医師国家試験をパスして、初めて医師となる。医師であることは、国から免許を受け、一人の専門家として法的に守られる。それと共に、医師の行為（医行為）は法的に規制される（これは名称も、業務も規定されていることから、名称・業務独占という）。このような養成のコースで学び国家試験を受けて得た免許のない人は、医師と名乗ることも、医行為を行うことも法律で禁止されている。医師は専門の学術学会に所属し、新しい知識の吸収と新しい技法の習得などの機会を持っている。

心理臨床家もまったく同一の手続きによらねばならないだろう。心理臨床家の専門性は次の三つである。第一は、国によって認定された「公認心理師」の心理臨床家養成の大学・大学院で一定のカリキュラムに従って教育を受けること。第二に、国家試験にパスすること。第三に、有資格者として国に登録されていること。第四に、専門の学会に所属していることである（ただし、公認心理師の場合、医師の国家資格と違って、名称独占である。つまり、免許のない者が、「公認心理師」を名乗ってはならないという法律の規定である）。

これらの手続きがない限り、専門性を論じるのはむずかしい。現在の心理臨床家はまだ、団体認定のものであるので、国家資格になるためには、しばらく待たねばならない。私たちは教育訓練、面接、免許、法的規制と保護・倫理、そして学会というつながりを明確にしていかねばならない。このようなことに留意して、専門性を高める努力も必要である。このような主張は、心理臨床家の自己愛的欲求を満たすことを意味するのではない。というのは、専門性を高めることが、クライアントへの確実な専門的な援助行為や心理的な援助を保障することを意味するからである。

最後に、「公認心理師法」について、重要と思われる条文を抜き出して掲載しておきたい。法律は全部で五十条にわたっている。第一章は総則（目的と定義）、第二章は試験（国が行う試験を受けて、公認心理師となること。指定されているこの試験機関は「日本心理研修センター」の中に設置されている「公認心理師試験機関」である。第十条）、第三章は登録（第二十八条）、厚生労働省と文部科学省にされ、登録証（いわゆる免許）が交付される（第三十条）。第四章は義務等、第五章は罰則、それから付則がある。

以下に、この法律で知っておきたい定義、仕事の内容、受験資格などを規定した条文について挙げておくことにする。

＊目的（第一条）：この法律は、公認心理師の資格を定めて、その業務の適正を図り、もって国民の心の健康の

保持増進に寄与することを目的とする。

＊定義（第二条）：この法律において「公認心理師」とは、第二十八条の登録を受け、公認心理師の名称を用いて、保健医療、福祉、教育その他の分野において、心理学に関する専門的知識及び技術をもって、次に掲げる行為を行うことを業とする者をいう。

一、心理に関する支援を要する者の心理状態を観察し、その結果を分析すること。

二、心理に関する支援を要する者に対し、その心理に関する相談に応じ、助言、指導その他の援助を行うこと。

三、心理に関する支援を要する者の関係者に対し、その相談に応じ、助言、指導その他の援助を行うこと。

四、心の健康に関する知識の普及を図るための教育及び情報の提供を行うこと。

＊欠格事由（第三条）というのは、公認心理師になれない者の規定である。これには、病その他で成年被後見人となっている人など。また、禁錮以上の刑に処せられ、あるいは、政令の違反で罰金の刑に処せられ、その執行が終わり、または執行を受けることがなくなって二年を経過していない者。

＊試験についての規定は、第四条から第六条で規定されている。国が実施する、年に一回以上の試験に合格すること。

＊受験資格（第七条）は次のように三つの資格が挙げられている。

一、厚生労働省及び文部科学省の定める必要な科目（カリキュラム）を学部と大学院で学んだもの。

二、厚労省、文科省の規定する心理学の単位をとって卒業し、両方の省で認めた施設で一定の業務の経験を積んだ者。

三、上の二項の資格と同等であると、大臣が認可した者。

右の二項，三項の規定は，これまで積み上げてきた，教育年限として大学院レベルであったものが，学部卒ということが認められるということになる可能性，また学部卒でなくともよい可能性をもっていることで，注目を要する。なお，国が実施する試験を担当する試験機構は，日本心理研修センターが指定された。試験の細目は厚生労働省と文部科学省の省令で定められる。また，経過措置などについては，第四十五条で規定されている。この実施細目も両省の省令で定められる。

＊名称については，第四十四条「公認心理師でない者は，その名称中に心理師の文字を用いてはならない。」となっている。これは業務を規定していない。「名称独占の資格」ということになる。

＊罰則についての規定は第四十六条から第五十条まで。試験時の秘密保持違反，試験の不正，名称使用違反などが規定されている。

＊経過措置については，付則第二条「受験資格の特例」で規定されている。これまで業務に携わっているもので，受験資格の第七条の条件を満たしている者と規定されている。これによって受験資格が与えられる。

第2章 心理臨床家の倫理

第1節 倫理規範の必要性

個人的な人間関係やプライバシーに深くかかわる弁護士や、患者に身体的に接触したり、傷つけたりすることによって医療的な処置をしなければならない医師と同じように、心理臨床家もクライアントの内的な世界に深く立ち入る専門的な活動をする専門家である。ことに、心理療法のように、クライアントの人格の深い部分やクライアントの家族に深い影響を与える場合、この活動に参与する心理臨床家は、クライアントの福祉に奉仕することをまず何よりも優先すべきである。このような姿勢を倫理的ということができる。単に技術をもてあそんだり、研究のためにクライアントを利用したりすることは許されない。

医師の場合、倫理規範によって仕事のなかで倫理的な要請を受けるだけでなく、医師法によって、その治療活動も法的に枠を超えないように規制されている。もし法的な枠に従わなければ、法律によって制裁や処罰が与えられる。このように厳しい現実があることを前提としている。この点は、国家資格としての看護師も精神保健福祉士も、弁護士も、その他の国家資格を持っている職業も同じである。これに対して、心理臨床家は長い間、専門家として公的に自分の身分や資格が担保されていなかった。関係者の長い努力と国民の要請によって、二〇一五年九月に『公認心理師法』が制定され、公布された。これによって、心理臨床家も国の専門職の資格として、担保されることになった。また、利用者は、この国家資格を持つ心理臨床家に、安心して相談をすることが出来るようになった。これは、日本の心理学の歴史にとって初めての記念すべき画期的な出来事である。話は少し硬くなり、厳しいことが書かれているかもしれないが、ゆっくりと読み取って咀嚼していただきたい。

本章では、これまでと違った責任と義務という観点から、いくつかのことを述べている。

さて、ここで言う専門性の法的条件というのは何を意味するのだろうか。これには少なくとも四つの重要な面がある。その第一は、心理臨床家の活動の法的規制とクライアントの心の福祉および権利の擁護。第二は、右のことを実現するために心理臨床家の資格を法的に規定すること。第三は、その資格を国家試験によって、担保すること。第四に、心理臨床家の国家資格を獲得するまでの専門的訓練および研修システムが法的に規定されていること。これら四つの側面は有機的にかかわりあっている。心理臨床家は倫理的要請に基づいてクライアントの心の福祉のために、専門的サービスをしなければならない。その専門的サービスができるためには、専門の知識と訓練および研修のコースを経て、国家の施行する試験による資格の審査を受けなければならないのである。

これまでの大学院の臨床心理士養成のプログラムが生かされて、さらに充実したものになり、優れた心理臨床家が育つことが期待されている。

以下、心理臨床家の倫理基準について考える。心理臨床家の活動に深く関連するいくつかの法律については第9章に述べているので、関連の法律にも親しんでおいてもらいたい。

第2節　心理臨床家関連の倫理綱領

心理臨床に関して、倫理面のことを考えると、「綱領」「基準」および職場に即した「倫理コード」がある。ここでは、心理臨床家の活動に共通した、基本的な倫理的な姿勢を規定するものとして「ヒポクラテスの誓い」と「ナイチンゲールの誓い」の二つを紹介しておきたい。医師が国家資格を得て、登録されるときに「ヒポクラテスの誓い」を述べることになり、また看護師が戴帽式の場で、「ナイチンゲールの誓い」が述べられることになっている。

1　ヒポクラテスの誓い

倫理基準は過去の臨床家たちによって徐々に明確にされてきたものである。最も古いものとして、紀元前四〇〇年頃に、ギリシャの医師ヒポクラテスによって、医師の誓詞として神の前で職業的使命を誓ったものが残っている。これは現在も医学の倫理の原点として大事にされているものなので、次にこれを掲げておこう。

［ヒポクラテスの誓い］

医師アポローン、アスクレーピオス、パナケィアをはじめ、すべての男神・女神にかけて、またこれらの神々を証人として、誓いを立てます。そしてわたしの能力と判断力の限りをつくしてこの約定を守ります。この術をわたしに授けた人を両親同様に思い、生計をともにし、この人に金銭が必要になった場合にはわたしの金銭を分けて提供し、この人の子弟をわたし自身の兄弟同様とみなします。そしてもし彼らがこの術を学習したいと要求するならば、報酬も契約書も取らずにこれを教えます。わたしの息子たち、わたしの師の息子たち、医師の掟による誓約を行って契約書をしたためた生徒たちには、医師の心得と講義その他すべての学習を受けさせます。しかしその他の者には誰にもこれをゆるしません。わたしの能力と判断力の限りをつくして食養生法を施します。これは患者の福祉のためにするのであり、加害と不正のためにはしないようにつつしみます。致死薬は、誰に頼まれても、けっして投与しません。またそのような助言をも行いません。同様に、婦人に堕胎用器具を与えません。純潔に敬虔にわたしの生涯を送りわたしの術を施します。膀胱結石患者に砕石術をすることはせず、これを業務とする人にまかせます。どの家に入ろうとも、それは患者の福祉のためであり、どんな不正や加害をも目的とせず、とくに男女を問わず、自由民であると奴隷であるとを問わず、情交を結ぶようなことはしません。治療の機会に見聞きしたことや、治療と関係なくても他人の私生活についての洩らすべきでないことは、他言してはならないとの信念をもって、沈黙を守ります。もしわたしがこの誓いを固く守って破ることがありませんでしたら、永久にすべての人々からよい評判を博して、生涯と術とを楽しむことをおゆるし下さい。もしこれを破り誓いにそむくようなことがありましたならば、これとは逆の報いをして下さい。

（ヒポクラテス／小川政恭訳『古い医術について』岩波文庫　一九六三年　一九一—一九二ページ）

2　ナイチンゲールの誓い

これと似たものが、看護師の倫理基準を示す「ナイチンゲール誓詞」と言われているものである。アメリカのフェランド看護学校のリストラ・グリッターによって一八九二年に作られた。ここには簡潔に、看護師の使命感が語られている。

［ナイチンゲール誓詞］

われはここにつどいたる人々の前におごそかに神に誓わん。

わが生涯を清く過ごし、わが任務《つとめ》を忠実に尽くさんことを。

われはすべて毒あるもの害あるものを断ち、悪しき薬を用いることなく、また知りつつこれをすすめざるべし。

われはわが力のかぎり、わが任務の標準《しるし》を高くせんことをつとむべし。

わが任務にあたりて、取り扱える人々の私事のすべて、わが知りえたる一家の内事のすべて、われは人にもらさざるべし。

われは心より医師をたすけ、わが手に託されたる人々の幸《さち》のために身をささげん。

（グリッター／三谷恵一他編『医療と看護の心理学』ナカニシヤ出版　一九七九年　二九一ページ）

第３節　日本心理臨床学会倫理綱領・会員のための倫理基準

心理臨床の大先輩にあたるアメリカでは、アメリカ心理学会（ＡＰＡ）が戦前の一九二八年に心理学者の倫理問題を取り上げた。そして、何度かの改訂の後、一九六七年には倫理問題に関する事例集を出し、具体的な指針を打ち出した。これは一九八一年に改訂されている。アメリカの心理学者は、その倫理基準に規制されている。心理臨床家は各州の「心理学者免許法」という法的規制を受けている。アメリカの心理学者は早くから社会的要請や心理学者の倫理的要請を明確にした。日本の場合、国家資格が二〇一五年まで実現しなかったので、倫理的な規定などの制定もおくれた。アメリカの倫理に関する資料は次のようなものであり、参照することが出来る。

(1)　アメリカ心理学会編（一九八一年）の『心理学者のための倫理規準・事例集』（佐藤倚男・栗栖瑛子訳　誠信書房　一九八二年）。
(2)　もう一つは、同じくアメリカ心理学会（一九九二年）がアメリカン・サイコロジスト誌に発表した『サイコロジストのための倫理綱領および行動規範』（冨田正利・深澤道子訳　社団法人日本心理学会　一九九六年）。

日本では、心理臨床家の守るべき倫理基準として、「一般社団法人日本心理臨床学会」が制定した倫理綱領(ethical principles)がある。これは最も包括的である。心理臨床の初心者は、よく味読する必要がある。なお、一般社団法人日本臨床心理士会が平成二十一年（二〇〇九年）三月に「倫理ガイドライン」を発表している（平成二十三年（二〇一一年）十二月部分改訂）。ここには、具体的に倫理綱領についての解説や、問題が起こったときの手続きなども書かれていて参考になる。次に述べる日本心理臨床学会の倫理綱領とともに、参考にしてほしい資料である。これは日本臨床心理士会の事務局に問い合わせると、手に入れることができる。

以下に、**一般社団法人日本心理臨床学会倫理綱領**（制定：平成二十一年四月十一日、最近改正：平成二十八年三月二十七日のもの）を引用する。

前　文

本会会員は、その臨床活動及び研究によって得られた知識と技能を人々の心の健康増進のために用いるよう努めるものである。そのため会員は、常に自らの専門的な臨床業務及びその研究が人々の生活に重大な影響を与えるものであるという社会的責任を自覚し、以下の綱領を遵守する義務を負うものである。

（責　任）

第一条　会員は、自らの専門的業務の及ぼす結果に責任をもたなければならない。

２　会員は、その業務の遂行に際しては、対象者の人権尊重を第一義と心得て、個人的、組織的及び政治的な目的のためにこれを行ってはならない。

（技　能）

第二条　会員は、訓練と経験によって的確と認められた技能によって、対象者に援助・介入を行うものである。

２　会員は、前項の援助・介入を行うため、常にその知識と技術を研鑽し、高度の技術水準を保つように努めるとともに、自らの能力と技術の限界についても十分にわきまえておかなければならない。

（査定技法）

第三条　会員は、対象者の人権に留意し、査定を強制し、若しくはその技法をみだりに使用し、又はその査定結果が誤用され、若しくは悪用されないように配慮を怠ってはならない。

２　会員は、査定技法の開発、出版又は利用に際し、その用具や説明書等をみだりに頒布することを慎まなければならない。また、心理検査や査定に関する不適切な出版物や情報によって、査定技法やその結果が誤用・悪用されることがないよう注意しなければならない。

（援助・介入技法）

第四条　会員は、臨床業務を自らの専門的能力の範囲内で行い、対象者が最善の専用的援助を受けられるように常に能力向上に努めなければならない。

２　会員は、自らの影響力や私的欲求を常に自覚し、対象者の信頼感又は依存心を不当に利用しないように留意しなければならない。

３　会員は、臨床業務を行う場合においては、職業的関係のなかでのみこれを行い、対象者又は関係者との間に私的関係をもってはならない。

（研　究）

第五条　会員は、臨床心理学に関する研究に際して、対象者又は関係者の心身に不必要な負担を掛け、又は苦痛若しくは不利益をもたらすことを行ってはならない。

２　会員は、その研究が臨床業務の遂行に支障を来さないように留意し、対象者又は関係者に可能な限りその目的を告げて、同意を得た上で行わなければならない。

３　会員は、その研究の立案・計画・実施・報告などの過程において、研究データの記録保持や厳正な取り扱いを徹底し、捏造、改ざん、盗用、二重投稿などの不正行為を行ってはならず、またそのような行為に加担してはならない。

（秘密保持）

第六条　会員は、臨床業務上知り得た事項に関しては、専門家としての判断の下に必要と認めた以外の内容を他に漏らしてはならない。

2　会員は、事例又は研究の公表に際して特定個人の資料を用いる場合には、対象者の秘密を保護する責任をもたなくてはならない。会員をやめた後も、同様とする。

（公開と説明）

第七条　会員は、一般の人々に対して心理学的知識又は専門的意見を公開する場合には、公開者の権威又は公開内容について誇張がないようにし、公正を期さなければならない。

2　会員は、前項の規定による公開が商業的な宣伝又は広告の場合には、その社会的影響について責任がもてるものであることを条件としなければならない。

3　会員は、自らが携わる研究の意義と役割を充分に認識し、その結果を公表し、その意義について説明するように努めなければならない。

（他者との関係）

第八条　会員は、他の専門職の権利及び技術を尊重し、相互の連携に配慮するとともに、その業務遂行に支障を及ぼさないように心掛けなければならない。

2　会員は、他者の知的成果を適切に評価すると同時に、自らの研究に対する批判には謙虚に耳を傾け、誠実な態度で意見を交え、相互の名誉や知的財産権を尊重しなければならない。

（記録の保管）

第九条　会員は、対象者の記録を五年間保存しておかなければならない。

（倫理の遵守）

第十条　会員は、この倫理綱領を十分に理解し、これに違反することがないように常に注意しなければならない。

2　会員は、違反の申告が発生したときは、倫理委員会の調査を受ける場合がある。

また、**倫理基準**として、一般社団法人日本心理臨床学会倫理基準を示しておきたい（制定：平成二十一年四月十一日、最近改正：平成二十八年三月二十七日のもの）。

（責　任）

第一条　本来、会員の専門的業務は、対象者の自発的な援助依頼に応えてなされるべきものである。この場合において、援助依頼者が援助を受ける対象者と異なる場合（親、教師、公共機関等の場合をいう）は、常に援助対象者の利益及び人権を優先させなければならない。

2　会員は、援助依頼者及び対象者の人種、年齢、性別等の違いによって、提供する援助活動の内容に不当な差別をしてはならない。

3　会員は、援助依頼者の目的又は援助活動の結果が対象者の基本的人権を侵すおそれがある場合には、その活動に従事してはならない。

4　会員は、会員自身の個人的関心若しくは金銭上の不当な利益、又は所属する組織若しくは機関の不当な利益のために臨床業務を行ってはならない。

（技　能）

第二条　会員は、専門職としての知識と技術水準を保持し、及び向上させるために、不断の学習と継続的な研修によって自己研鑽を積まなければならない。

2　会員は、臨床業務においては、学会水準で是認され得ない技法又は不適切とみなされる技法を用いてはならない。

3　会員は、対象者に必要かつ有効な技法であっても、所定の訓練を受けていない領域、対象層、技法等の適用は、スーパーバイザーの下で行う場合を除き、原則として差し控えなければならない。

4　会員は、自分の能力の限界を超えると判断されるときは、対象者の同意の下に他の心理臨床家に協力を求め、委託しなければならない。

5　会員は、原則として、心理臨床業務には、必要な専門教育・訓練を受けていない者を従事させてはならない。

6　会員は、対象者及び関係者に対して、臨床心理学の限界を超えた情報を提供してはならない。

（査定技法）

第三条　会員は、臨床業務の中で心理検査等の査定技法を用いる場合には、その目的と利用の仕方について、対象者に分かる言葉で十分に説明し、同意を得なければならない。この場合において、会員は、対象者が幼児若しくは児童又は何らかの障害のために了解が困難な者の場合は、これらの者の保護者又は関係者に十分説明した上でその同意を得なければならない。

2　会員は、査定技法が対象者の心身に著しく負担をかけるおそれがある場合、又はその査定情報が対象者の援助に直接に結びつかないとみなされる場合には、その実施は差し控えなければならない。

3　会員は、依頼者又は対象者自身から査定結果に関する情報を求められた場合には、情報を伝達することが対象者の福祉に役立つよう、受取り手にふさわしい用語と形式で答えなければならない。測定値、スコア・パターン等を伝える場合も同様である。

4　会員は、臨床査定に用いられる心理検査の普及又は出版に際しては、その検査を適切に活用できるための基礎並びに専門的知識及び技能を有しない者が入手、又は実施することのないよう、その頒布の方法については十分に慎重でなければならない。（第七条第3項参照）

（援助・介入技法）

第四条　会員は、専門的援助を求める対象者に適切な援助・介入活動を行わなければならない。ただし、会員は、対象者側が会員から提案された特定の援助・介入技法を受入れ、又は断る選択の自由を保証しなければばならない。その援助を中断する場合も，同様とする。

2　会員が対象者と接遇して行う心理療法，カウンセリング等の援助的活動は，所定の臨床の場においてだけ行うべき職業的行為であって，会員は，原則として，私的な場所又は公開の場でこれを行ってはならない。

3　会員は，現に臨床的関係をもっている対象者との間では，私的交際を避けなければならない。

（研　究）

第五条　会員は，対象者に対して通常の臨床活動以外の介入手続を加える研究計画を立てるときは，研究の意義を検討すると同時に，研究に協力し参加する対象者の心身の負担及び苦痛の程度並びにこうむるおそれのある不利益の内容及び程度を十分に勘案した上で，少なくとも臨床業務を著しく阻害せず，及び道義的にも認められる範囲の計画であることを確認した上で実行に移さなければならない。この場合において，研究の途中に予想外の有害効果又は不利益をもたらすおそれが生じると思われる場合には，その手続を変更し，又は中止することができる柔軟な姿勢で臨まなければならない。

2　会員は，臨床的研究を行うために，対象者に対して援助活動以外の介入を必要とする場合は，事前にその目的及び内容を告げ，研究への協力参加の同意を得なければならない。この場合において，対象者は，参加又は不参加を選択することができる自由及び研究進行中での辞退が可能であることを保証しておかなければならない。

3　前2項の場合において，会員は，対象者が幼児若しくは児童又は何らかの障害のために了解が困難な者の場合は，これらの者の保護者又は関係者に十分説明した上で同意を得なければならない。

4　会員は，研究の終了後，協力参加した対象者に対して，得られた資料について説明し，誤解が生じないように配慮しなければならない。

5　会員は研究の結果について道義的責任を持ち，剽窃などを疑われる記載がないよう留意しなければならない。

（秘密保持）

第六条　会員は、法律に別段の定めがない限り、対象者の秘密保持のために、他の関連機関からの照会に対して、又は対象者の記録の保存と廃棄等については、十分慎重に対処しなければならない。

2　会員は、対象者本人又は第三者の生命が危険にさらされるおそれのある緊急時以外は、対象者の個人的秘密を関係者に伝えてはならない。この場合においても、会員は、その秘密を関係者に伝えることについて、対象者の了解を得るように努力しなければならない。

3　対象者の個人的秘密を保持するために、研修、研究、教育、訓練等のために対象者の個人的資料を公開する場合には、会員は、原則として、事前に当該対象者又はその保護者に同意を得なければならない。（第七条第1項参照）

4　前項の同意を得た場合においても、会員は、公表資料の中で当人を識別することができないように、配慮しなければならない。

（公　開）

第七条　会員は、臨床的研究の成果を公表する場合には、どんな研究目的であっても、原則として、その研究に協力参加した対象者の同意を得ておかなければならない。研修のために自分の担当した対象者の事例を公表する場合も、同様とする。（第六条第3項参照）

2　会員は、専門家としての知識や意見を、新聞、ラジオ、テレビジョン、一般大衆誌、一般図書等において公表する場合は、内容の公正を期すことに努め、誇張、歪曲等によって臨床心理学及び心理臨床家の専門性と信頼を傷つけることのないよう十分な配慮をしなければならない。

3　会員は、心理学の一般的知識を教授するために使われる入門レベルの教科書若しくは解説書又は一般図書等において、心理検査に用いられる刺激素材の複製又はその一部をそのまま提示し、又は回答・反応に関する示唆に類するものを公開して、現存する心理学的査定技法の価値を損じないよう注意しなければならない。（第

三条第４項参照）

（他専門職との関係）

第八条　会員は、自分の担当する対象者への援助が心理臨床活動の限界を超える可能性（例えば医学的診断と処置）があると判断された場合には、速やかに適切な他領域の専門職に委託し、又は協力を求めなくてはならない。

２　会員は、現に他の専門的援助を受けている者が援助を求めて来談した場合には、対象者の同意を得て、その継続中の専門職との間で最良の方策について協議し、適切な取決めを行わなければならない。

（記録の保管）

第九条　会員は、対象者についての臨床業務及び研究に関する記録を五年間保存しておかなければならない。

（倫理の遵守）

第十条　会員は、専門的知識及び技能水準の向上と平行して、倫理意識の向上を目指して研鑽を積み、これを遵守するようにしなければならない。

以上、心理臨床家の動機、また職業的な枠組みを述べた。国家資格を持つ専門家は学会と専門家としての集まりである現在の職能団体の臨床心理士会に参加して、倫理の意識を高め、また職業的な能力を高めることは必須のことである。倫理意識のない心理臨床の職業人はない。職業人であれば、基本的に倫理意識をもって生活をしている人たちである。

第3章　心理アセスメント

心理アセスメントは心理査定とも言われるが、もっぱら面接と心理テストと行動観察を通してなされる探索のプロセスを指している。特にクライアントが幼児や学童の場合には行動観察の比重が高くなる（観察の場はプレイルームや相談室、場合によれば保育園や小学校の教室、運動場など）。

心理アセスメントの目的は、クライアントに対する心理学的処遇がうまくなされるようにするための基礎的な資料を得ることにある。ここでいう心理学的処遇というのは広義の心理的働きかけの意味であり、簡単な助言からコンサルテーション、本格的な心理療法にいたるまでのすべてを指している。心理学的処遇については次章で詳しく述べる。また、ここでいう基礎的な資料とは、クライアントが直面している発達課題上の問題は何か、クライアントが現在おかれている心理・社会的状況はどんなものか、クライアントの問題行動の発生と成立にあずかる心理力動的要因は何か、クライアントの人格構造、それも特に自我機能の働きの様態はどうか、といった事柄についての暫定的な資料のことである。

〔注〕「クライアント」（client）（来談者とも言う）とは心の悩みや病気を持って来談してくる人の総称名。カウンセリングを受ける人のことを「カウンセリー」（counselee）、心理テストを受ける人のことを「テスティー」（被検者）（testee）と呼ぶこともある。一方、心理療法や心理テストを行う人の総称名は、「サイコロジカル・クリニシャン」（心理臨床家）（psychological clinician）ないし、「クリニカル・サイコロジスト」（臨床心理士）（clinical psychologist）である（日本でいう臨床心理士とは公益財団法人「日本臨床心理士資格認定協会」の試験にパス

して認定された人）。なかでも，心理療法を行う人は「サイコセラピスト」（心理療法士）（psychotherapist）、カウンセリングを行う人は「カウンセラー」（counselor）、心理テストを行う人は「テスター」（検査者）（tester）と呼ぶ。サイコセラピストは略して「セラピスト」と言うことが多い。クライアントに対するいろいろな心理的援助法の総称名が「サイコセラピー」（心理療法）（psychotherapy）である。心理療法の種類は、細かく挙げれば百以上にもなる。援助手段は、言葉による話し合いの他、絵・音楽・イメージ・夢・箱庭・粘土・遊び・詩歌・写真・催眠などさまざま。「カウンセリング」（counseling）は広義の心理療法の一つで、もっぱら言葉を用いてクライアントの相談に応じるものをいう。依拠する立場によって精神分析的カウンセリング・行動論的カウンセリング・指示的カウンセリング・来談者中心的カウンセリング・森田式カウンセリング等種々ある（クライアントの潜在可能性を引き出して心の成長を図るのがカウンセリングで、症状や問題行動を治療・消失させるのが心理療法、というふうに分ける人もいる）。「コンサルテーション」（consultation）とはむずかしいクライアントを抱えて苦闘している「コンサルティ」（consultee）（例えば養護教諭や担任）に対して、「コンサルタント」（consultant）（例えば熟練したスクールカウンセラー）が助言・指導を行う活動のことである。

第1節　インテーク面接

インテーク面接（intake interview）を行うインテーカー（intaker, intake worker）は普通、臨床経験の豊かなベテランの心理臨床家がなる。インテーク面接はよく受理面接とも呼ばれるが、これは単にケースを受理するためだけの面接ではない。そうではなくて、インテーク面接は、当相談機関で引き受けることのできるケースなのかどうか、他の相談・治療機関に紹介すべきケースなのかどうか、もしも当機関で引き受けるなら誰が担当できるのか、といったことを見極めるためのものである。例えば一口に「不登校」といっても、表３－１に掲げた

表3－1　不登校状態を引き起こす障害・病理の様態と対応

状態像	障害・病理の様態	対応上の特徴
不登校	①小児慢性疲労症候群（CCFS）	十分な休養。睡眠指導。高照度光療法。
	②起立性調節障害（OD）	規則正しい生活リズム。軽い運動。昇圧剤。
	③心理社会的ストレス（クラスでのいじめ等）による回避反応	担任へのコンサルテーション，本人への心理療法。
	④選択的無気力（退却神経症*）	心理療法。
	⑤自己臭（境界性パーソナリティ障害）	心理療法と薬物療法（抗精神病薬や抗うつ薬）。
	⑥小児うつ病・思春期うつ病	薬物療法（抗うつ薬）が主。
	⑦統合失調症	薬物療法（抗精神病薬）が主。
	⑧神経発達症群（発達障害）	学習・教育面での工夫。本人の発達レベルに合った授業。注意欠如・多動症（ADHD）など，ケースによっては薬物療法も。

*大学生が主であるが，高校生も入る。

ように、不登校状態の背後にある障害・病理はさまざまであり、したがって対応もそれぞれに異なってくる。特に精神医学的診断と薬物療法が第一選択になると思えるようなケースでは、精神科医に診てもらう必要がある。もしも自分が所属する相談機関内に精神科医がいなければ、精神科医のいる医療機関に紹介することになる。

〔注〕表3－1のなかの小児慢性疲労症候群は三池輝久・友田明美の『学校過労死』（診断と治療社　一九九四年）、起立性調節障害は田中英高の『起立性調節障害の子どもの日常生活サポートブック』（中央法規　二〇一〇年）、退却神経症は笠原嘉の『アパシー・シンドローム』（岩波書店　一九八四年）などを参考にした。

1　インテーク面接の位置づけ

面接相談の依頼からインテーク面接を経て心理学的処遇にいたるまでの一連の流れを図3－1で示した。これは、主として臨床心理士養成の大学院に附属している心理教育相談室・臨床心理センター・カウンセリングセンターなどを想定したモデル的なものである。

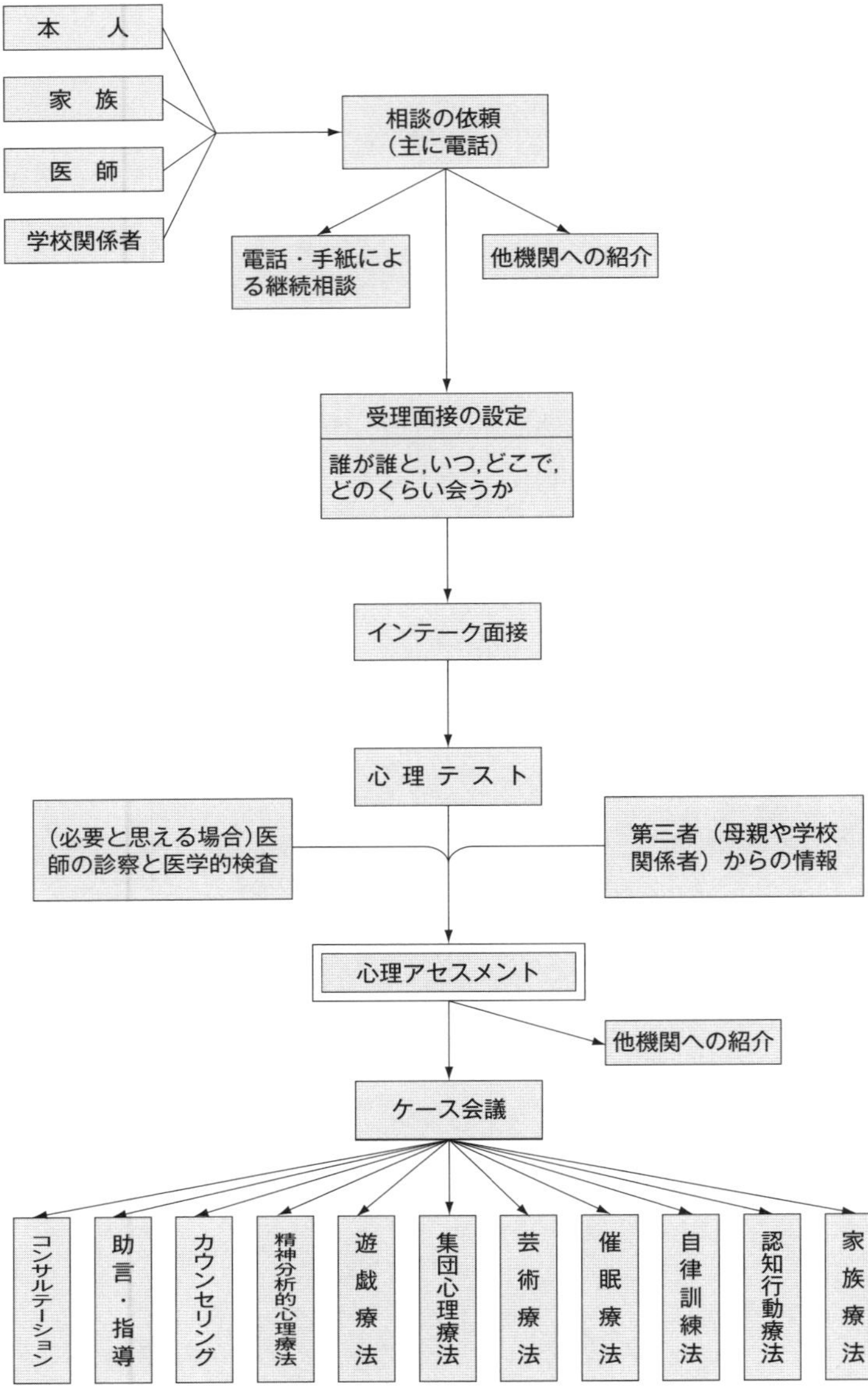

図3-1　相談申し込みからインテーク面接を経て心理学的処遇にいたるまでの流れ

2　回数

インテーク面接は一回から数回の範囲でなされる。多くは一、二回である。しかし、むずかしいクライアントの場合にはそれだけ慎重な探索が必要なので、回数は増える（精神分析家のなかには、本格的な精神分析療法を施行するのにクライアントが適しているかどうかを見定めるために合計四回のインテーク面接を行う人もいる）。また、インテーク面接の段階で心理テストを行う場合には、それも特に知能テストやロールシャッハテストのように時間がかかるものを施行する場合には、インテーク面接全体の回数が多くなる。

インテーク面接者（インテーカー）と心理療法面接者（心理面接者）が常に同一人である場合には、どこまでがインテーク面接でどこからが心理療法面接かをはっきりと区別できないことも少なくない。一般的に言えば、クライアント（クライアントが子どもの場合には保護者）との心理療法の契約が結ばれた時点から心理療法面接となる。

3　インテーク面接までにする仕事

クライアントが予約なしに直接来所することもあるが、ほとんどの場合、まず相談依頼の電話がある。インテーク面接者は電話でおおよその内容を聞いたあと、何日の何時に誰と会うかを確実に予約しなければならない（相談機関によれば、もっぱら申し込み電話を受け付ける事務員とインテーク面接者とは別々の人になっている所がある）。

予約する場合特に大切なのは、クライアント一人なのか、保護者も一緒なのか、それ以外の人も一緒なのか、つまり誰がインテーク面接にやって来るのかをはっきり確認しておく。例えば、中学生のクライアントと母親の二人だけがやって来ると思っていたら、実際にはクライアントの担任や養護教諭も一緒について来て、インテーク面接者は慌てることになる。

高校生や大学生のなかには、初めから母親に付き添ってこられることをいやがり、一人でやってくる者がいる。このような場合、面接者は、たとえ母親と会うことが大変重要だと思っていても、原則としてクライアントの了解なしには母親に会わない。面接者がクライアントの了解なしに母親に会って（あるいは了解なしに電話で話し合って）クライアントがそのことを後で知ったとき、クライアントは面接者と母親が裏側で密かに共謀しているのではないかという疑惑と不信を抱きがちである。また、何よりも自分の「秘密」（隠しておきたい大事なこと）が自分の口からではなく、第三者から面接者に洩れたということに激しい怒りを感じるからである。もしもこのようなことになれば、あとになって心理的援助を行うための有効な対人関係が、その出発点から台無しになってしまう。

クライアントの了解を得て母親と別の日に面接したとしても、母親との話の内容はクライアントに知らせてもよいが、クライアントとのインテーク面接の内容はみだりに母親に知らせてはいけない。このことは、心理テストの結果とか、インテーク面接の段階でクライアントが見せてくれる日記や詩などについても同様である。実際、クライアントの秘密保持ということは、インテーク面接に限らず、いつでも面接者が守るべきことなのである。ただし例外はある。それは「自傷他害」の可能性が高い場合である。例えば、自殺の可能性がうかがえるときなど、第三者に知らせるべきか否かで苦しい選択をせまられることもある。

もしもクライアントを他の専門機関に委託する際には、紹介状を書くことになる。原則として紹介状はクライアントの眼前で書くか、そうでなければ書いた内容をクライアントに話しておく。クライアントとの関係は、可能なかぎり透明なかたちがよい。

表3-2　親子合同面接と個別面接の長所と短所

形　態	長　　所	短　　所
親子合同面接	どのような親子関係かを直接観察しやすい。	母親がすぐそばにいるので，子どもは自己解放しにくい。
個別面接	親子ともそれぞれの思惑を気にしないで，本音を出しやすい。	親子関係を直接観察しにくい。また，親子それぞれが面接者に何を話したのかと疑心暗鬼にかられやすい。

4　インテーカーが注意すべき事柄

さて、いよいよクライアントが面接にやって来たときに、相手が成人であろうと子どもであろうと、まず面接者がなすべきことは自己紹介である。つまり、自分が何者であり何のために会おうとしているのかを簡潔にクライアントに述べる。そして次に、インテーク面接を行うことを説明してクライアントの了解を得る。

面接形式には注意が要る。多くの場合、正面から向き合う対面法でさしつかえないが、対人不安や対人緊張の強いクライアントの場合には、机の角をはさんで斜めに向き合う九十度法や、長椅子に隣り合って座る百八十度法のほうがクライアントはくつろげるかもしれない。前もって椅子や長椅子を用意しておくとよい。

インテーク面接の時間は普通、一時間半くらいである。急いで一回以内に収める必要はなく、次回を期してゆったりとしたペースで相手の緊張を解きほぐしながら進めるのがよい。

クライアントが保護者、例えば母親と一緒に来ることがある。このような場合、母親とクライアントのそれぞれに面接者がつき、面接室で母親と、別の面接室ないしプレイルームでクライアントといった具合に、別々の部屋で行うのがよい。しかし、スタッフの人数・場所その他の都合で一人の面接者が行わなければならないことがある。その際、ずっと親子合同面接でやるのか、それとも時間をずらして一人ずつ別々に会うかについてはそれぞれ長所と短所がある。表3-2は、親子合同面接と個別面接のそれぞれの長所と欠点を示してある。

一人の面接者が行う場合、一つのやり方として、まず親子一緒に会い、二人に自己紹介を終えたあと、来談理由をざっと話してもらう。次に、クライアント本人には待合室で待ってもらい、母親からもっと詳しい話を聞く。それから母親に出てもらって、今度はクライアントと、母親から聞いた話も混じえながら二人だけで話し合う。最後に、再び親子合同で会い、次回のことを話し合って終了する。これは、初めと終わりの部分が親子合同なので、母親がいる場でのクライアントのふるまい方を少し観察できる。全体の所要時間は一時間半くらいである。

クライアントのなかには、分離不安や緊張感が強くてどうしても母親から離れようとしない子どもがいる。幼児に限らず、高校生くらいでもときどきみられる。このような場合には無理に別々にする必要はなく、親子同席でゆっくりとインテーク面接を進めていけばよい。

インテーク面接の記録用紙は、心理臨床家が勤めている施設によって特定の形式のものがあることが多い。これを利用する。不足を感じれば、追加したりして工夫すればよい。

5　インテーカーがする仕事

図3－2は、一般的な面接場面における面接者の仕事を図式的に示したものである。具体的には次のようなものである。

(1)　耳でする仕事

これは、もっぱら言葉を媒介とするクライアントとの交流である。インテーク面接の段階で面接者が尋ねるものとしては、「なぜ、どんな理由で相談を受けに来ようと思ったのか」(来談動機)、「クライアント自身、今の苦しみが何でありどのようなものだと自覚しているのか」(主訴)、「過去から現在までの経歴・対人関係の歴史・対人関係上のエピソードはどのようなものか」(生活史)、「家族と自分とのかかわりをどのように認知しているのか」(家族歴)、「いつどのような病気をしたのか――特に主訴となる症状はいつからどのように発展してきた

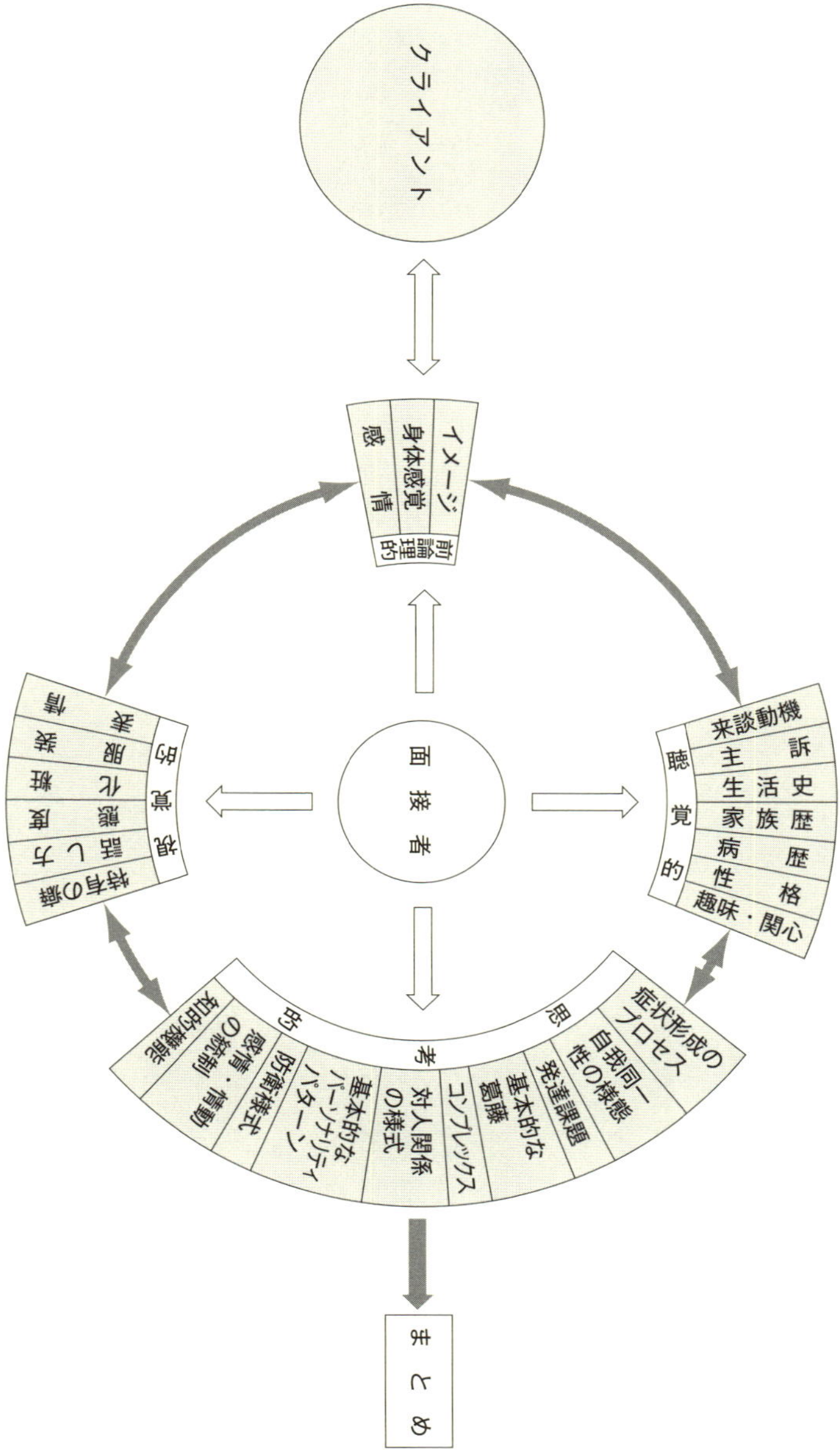

図3-2　一般的な面接場面における面接者の仕事

表3-3　インテーク面接において質問を進めていく際の留意点

①ゆったりとしたペースで進める。
②クライアントが何のために，何を求めて来所したのかをつかむ。
③クライアントの話を聞いているうちにクライアント自身が気づいていないようなクライアントの問題点を推測できたとしても，みだりに言語化しない。
④クライアントの安全感を脅かし，極度の不安を惹き起こすような領域（例えばセックス）は迂回して進む。不安の発生ないし増減は，クライアントの表情や動作から推測できよう。

のか」（病歴）、「自分をどのような人間だと自己認識しているのか」（性格）、「勉強や仕事以外の領域では何に関心を向けているのか」（趣味）、といったものがある。その他、現在の生活様式、学校や職場における対人関係、重要な他者との感情的・情動的なかかわり方の様態、配偶者との関係など。

実際の面接ではもちろん、これらは機械的・事務的に進められていくのではない。面接者はたえず、この人はどんな人で、どのように理解したらいいのか、ということを念頭に置きながら質問していく。進めていく際の注意事項は表3-3にまとめておいた。

主訴について注記しておくと、これはあくまでもクライアント本人の主な訴えであり、クライアント以外の人の訴えとは異なっていることが少なくない。例えば、ある一組の母子がインテーク面接にやってきたが、母親の訴えは「息子がこのところ毎日学校に行かずに家でぶらぶらしているので、大変困っている」であったが、クライアント自身の訴えは、「母親がどうしても心のなかに乗り込んでくる。今、それと戦っている」というものであった。

質問の仕方も重要である。例えば、クライアントとクライアントの家族との関係について聞く場合、「あなたにとってお父さんはどんな人ですか」「あなたにとってお母さんはどんな人ですか」といった紋切り型の質問をするよりも、「あなたのお父さん、お母さん、お兄さん、妹さんの四人のなかで、いつもあなたのことを気にかけてくれているのはどなたでしょうか（いつもあなたのことを心配してくれているのはどなたでしょうか）」という質問のほうが有益であろう。

（2）目でする仕事

これは、クライアントが示す非言語的コミュニケーションとしての表情、動作、話し方（例えば、小学校時代の友人のことを無表情に淡々と話しているが、腿の上に置いた握りこぶしにはぎゅっと力が入っている）などに注目し、観察することである。そこにはクライアントのいろいろな不安、緊張、興奮、怒りその他の感情が秘められている。

観察すると言えば、もしもクライアントの主訴が「いらいらするとついリストカット（手首自傷）をしてしまう」というものであった場合、クライアントに頼んで傷跡を見せてもらう。そして、自傷した部位や傷の深さなどを観察しながら、「いつごろからリストカットを始めたのか」「リストカットは自殺しようと思ってしたのか」「今回はごく浅く切っているが、これまで縫ったことがあるのか（縫ったとしたら最高何針縫ったか）」「どんなときにいらいらするのか」「リストカットした後はどんな気分になるのか」などを慎重に質問していく。

（3）前論理的な仕事

これはクライアントからの非音声的コミュニケーションで、①面接者の心に映じてくるクライアントイメージ、②面接者の身体に伝わってくる身体感覚、③クライアントから誘出される感情の三つがある。特に後の二つでは、問題による違いもみられる。個人差もあって一般化はできないが、例えば強迫症（強迫性障害）のクライアントと話しているときには面接者は辟易した感じや胃のもたれるような感じを、統合失調症のクライアントとの話では動きのとれない困惑感やむなしさを、他者を食い物にするような残忍さを秘めた自己愛的パーソナリティでは背筋の寒くなるような感じを抱いたりする。

（4）思考を用いる仕事

これは、面接者が依拠している人格発達論や人格構造論によってそれぞれ異なってくる。先に述べた三つの仕事と相互に分かちがたく絡み合いつつ、同時進行的に面接者の頭のなかで行われる（ただし、インテーク面接の段階では限界があり、よくわからないことも多い）。

要点としては、次のようなものである。症状に象徴化されているクライアントの生き方の歪みをどのようにとらえたらよいのか。そもそも症状の発生と形成過程を、クライアントの発達的・家族的・対人的・性格的諸要因とどのように結びつけて考えたらよいのか。クライアントのなかに潜在している中核的な葛藤とそれに対する自我防衛の様式はどんなものか。自我防衛の積み重ねによって形成されてきたクライアントの基本的パーソナリティや行動パターンはどんなもので、それは現在の対人関係のなかにいかなる形で見られるのかなど。

言うまでもなく、一回ないし数回のインテーク面接のみでこれらのことについての正確な答えが得られるわけではなく、ごく大まかで印象的なものにすぎない。正確な答えは、後の心理療法面接を継続するなかで明らかになっていく。なお、思考を用いる仕事は、クライアント本人からの情報以外に、（もし得られれば）家族や学校関係者・職場関係者からの情報や、次の節で述べる心理テストの結果をも加味してなされる。

（5）まとめの仕事

これは、これまでの四つの仕事のまとめに当たるものである。「クライアントはどんな人で、この人の苦しみをどのように理解し、どのような援助的働きかけをしたらよいのか」ということについての総合的考察である。

6　母親面接においてする仕事

援助的働きかけとか心理療法といっても、その対象はいつもクライアント本人であるとは限らない。思春期の不登校や非行、青年・成人期の反社会的ないし非社会的問題行動などの場合、本人がそもそも初めからまったく来所しないか、来所してもすぐに来なくなってしまうことが少なくない。このような場合、母親（場合によっては父親）との継続的な面接が行われる。なかには、最初から最後まで一度もクライアント本人と顔を合わすことなく面接が成功裏に終結することもまれではない。

表3-4　母親のみしか来ない場合のインテーク面接において面接者がとりがちな行動

①母親の養育態度を非難することによって，母親の自責感や抑うつ感を強めてしまう。
②子どもの問題行動の原因をすべて，母親のパーソナリティ上の問題に還元してしまう。あるいは逆に，母親の他者操作的なやり方にうまく乗せられて，母親の側の問題点を見過ごしてしまう。
③子ども本人ではないのでどうしようもないと，おざなりに面接を進める。あるいは，子ども本人を連れて来るようにと強く要求して，母親の無力感を強めてしまう。

母親のみしか来ない場合のインテーク面接で面接者の行う仕事としては，基本的には前項のクライアントとのインテーク面接において面接者が行う作業で述べた四つの仕事，つまり耳と目でする仕事，前論理的・思考的な仕事の線に沿う。言うまでもなく，思考を用いる仕事といっても，それはクライアント本人についての母親からの間接的な情報を元にして行わざるを得ないものであり，それだけに困難が多い。

ところで，母親とのインテーク面接において面接者がとりがちな行動がいくつかある。これらを表3-4にまとめておいた。これらの行動の多くは母親の，親としての自尊心をひどく傷つけ，後の継続的母親面接への動機づけを著しく低下させるものである。とりわけ，子どもの症状や問題行動の原因をすべて母親自身の問題に帰してしまうことは，インテーク面接のみならず継続的母親面接においても時折みられる。なかには，母親面接の目的とは母親自身のパーソナリティの歪みを治すことだと思い込んでいるような面接者もいる。

しかしこれは，結果としてそうなることではあっても，第一義的な目的とは言えない。母親はあくまでもわが子を立ち直らせようと願って面接に通って来ているのであり，その気持ちを推し量ることなく母親自身を治すことに固執するのは，一種の契約違反だと言ってもよい。実際，母親の問題点に焦点を当てつづけているうちに，母親のほうが面接者についていけなくなって中断にいたることも少なくない。母親面接の目的は，母親を通して間接的に子どもを援助することにある。その意味では，母親は補助的援助者であるといってもよい。

ただし，例外はある。それは，母親が面接者と何度も話し合っていくなかで母親自身の未解決の問題を自覚しはじめ、改めて母親自身の心理療法面接をしてほしいと申し出たときである。この場合には、母親自身をクライアントとして、援助契約を設定し直すことになる（母親の心理療法面接がうまくいって母親のパーソナリティ構造が変化すると、子どもに対する母親の言動が変化し、結果的に子どもが変化することが少なくない）。

表３－５と表３－６は、母親とのインテーク面接の際に用いる記録用紙の一例である。特に表３－５は、母親の子どもが幼児であろうと青年であろうと等しく利用できる。もちろん、これもただ機械的に質問しチェックしていけばそれでいいというものではない。例えば胎生期のところで第一子（女の子）を出産した後、五年間にわたって何回か流産を繰り返したあげくのはてにやっと第二子（今問題となっている男の子）を生んだとすれば、初めての男の子であるこの子への母親の期待ははなはだ高く、その期待が後の養育態度に強い影響を及ぼしていたのではないか、といったことが予想される。もちろんこれは仮説的な推測であり、この推測が妥当かどうかは、慎重な質問を用いて母親に確かめなくてはならない。なお、子どもの過去の生活史を聞く場合、いわゆる乳幼児健診の結果がどのようであったのかも聞いておくと参考になることが多い。もしも母親が子どもを乳幼児健診に連れていっていなかった場合、虐待のなかのネグレクト（育児放棄）がなかったかどうか注意する。

〔注〕　乳幼児健診は乳幼児健康診査の略。生後一か月健診（任意の個別健診）は子どもを出産した病院で行われることが多い。母子保健法に規定されている法定健診は一歳六か月健診と三歳児健診の二つであるが、その他どの自治体でも三～四か月健診を行っている。これら三つの公的健診は保健センターでの集団健診でなされ、何か問題がある場合には小児科医療機関での個別健診となる。最近では五歳児健診を自主的に行う自治体も増えている。なお、一部の自治体では、二〇一七年度から産後二週間健診と産後一か月健診が無料で受けられる。これは、母親の産後うつ病などのリスクを回避するためである（産後うつ病は母親の自殺を引き起こしやすい）。

表3-5　生育史

No.	児童名

胎　生　期	○母体の心身状況――病気（麻疹・風疹・ヘルペス・インフルエンザ・糖尿病） ワ氏反応（－・＋）　疲労（有・無）　つわり（強・普通・弱）　浮腫（有・無） 薬物（　　　　）　妊娠中毒（－・＋） 栄養（良・否）　出産の期待，不安（有・無）　外傷（有・無） 胎動（強・弱）　流産（有・無）　中絶（有＜第　子＞・無） ○家庭の生活状況
出　産　期	父　　歳，母　　歳，在胎　　　月（予定より　　日早・遅） ○分娩状況――（軽・普通・難産）異常（早期破水・胎位異常・さい帯けんらく・人工流産・帝王切開・鉗子分娩・吸引分娩）　麻酔（有・無）
新生児期	体重　　　g　　仮死状態（－・Ⅰ・Ⅱ）　泣き方（強・中・弱） 奇形（有・無）　外傷（有・無）　双生児（　　）　未熟児（保育器　　日） 黄疸（強・中・弱）　　日目より　　日間　　吸啜状況（強・中・弱） けいれん発作（－・＋）
乳幼児期	○栄養：母乳・混合・人工（　　　）　吸啜状況（強・中・弱） ○離乳：（難・易）　開始　　歳　　月・完了　　歳　　月 ○定頸　　月・座位　　月・ほふく　　月・支持立位　　月 一人立ち　　月　歩行開始　　歳　　月・生歯　　月・初語　　月 ○排泄：おしめをはずす　　歳　　月・夜尿　　歳まで（現在もある）　回／週 小便の自律時期　　歳　　月・大便の自律時期　　歳　　月 ○発熱（有＜　　か月　　℃　　日間＞・無）・けいれん発作（－・＋） ○風邪にかかりやすい（－・＋）・消化不良になりやすい（－・＋） ○栄養状況（やせ・中程度・肥りすぎ） ○短い，意味のわかる話をする　　歳　　月

表３－６　現在の生活状態

No.	児童名

習　慣	
○食　　事	（ミルク・流動食・普通食），自律，一部介助，はし，さじ，そしゃく力（有・無），偏食（有・無），好きな物（　　　　），嫌いな物（　　　　），食欲不振，異食（有・無）
○排　　泄	大便　回／日（自律，一部介助・全介助），便意，尿意をつげる（言語・動作）つげない，夜尿　有・無　回／日，涎の有無　多少
○睡　　眠	良・普通・不良，寝つきが悪い，夜泣き，夜驚，添寝でないと寝ない
○着 脱 衣	できる，時間がかかる　分，部分的にできる（　　　　），させたことがない，全介助
○洗　　面	できる，全介助，させたことがない
○歯みがき	できる，全介助，させたことがない
言　葉	
○言　　葉	正常，発語するが脈絡がない，ときどき理解できる言葉を話す，言葉が遅れている，どもる，早口，おしゃべり，無口，独り言が多い，無意味だが発音がいくつかできる（　　　　），発音ができない，声を長くひきのばせる，現在言える言葉（　　　　　　　　）
○聞 こ え	名前を呼ばれて　振り向く，ときどき振り向く，めったに振り向かない，まったく振り向かない
身体機能	
○運　　動	身体全体がしっかりしていない，首がぐらつく，右手・左手が不自由，お座りができない，一人で立てない，歩けない，少し歩けるがすぐ転ぶ，動作がにぶい，動作が少ない，歩き方がおかしい，走り方が遅い
○移 動 時	歩行器，車椅子，松葉杖，その他（　　　　　）
○身体の調子	疲れやすい，ふとらない，元気がない，頭痛・腹痛をおこしやすい，下痢しやすい，吐きやすい，薬の使用（有・無　　　　　）
保育所・幼稚園・学校	
○出席状況	ずっと休んでいる，しばしば休む，ときどき休む，めったに休まない
○知　　能	普通，少し遅れている，相当遅れている 知能テスト結果IQ　　　　　（テスト名　　　　実施日　　　　）
○学校成績	上・中・下，好きな科目（　　　　），嫌いな科目（　　　　）
○学習態度	（
○交遊関係	一人ぼっち，人とよく遊ぶ，よくけんかする
性　格	

表3-7　学校関係者とのインテーク面接における留意点

①学校関係者として，何に最も困っているかを明確にする。
②現在ならびに今後，子ども本人に対して責任を持って教育的働きかけを行うのは誰なのかを明確にする。
③これまで誰がどのような働きかけを行ってきて，その効果はどうであったのかを明確にする。
④インテーク面接に来ている学校関係者が子ども本人の問題行動をどのように理解しているのか，その理解のなかで抜け落ちているのは何かを押さえていく。
⑤学校関係者が置かれている現実的な制約（学校内の支援体制，管理職側の理解，校則など）に注意する。

7　学校関係者とのインテーク面接においてする仕事

特に児童・思春期相談の場合、子ども本人も母親も来ずに学校関係者のみ（養護教諭・教育相談担当教諭・生徒指導担当教諭など）が来所することがある。それは、子ども本人や母親に専門機関で相談を受けようとする動機づけがなかったり、学校関係者による子ども本人への働きかけが行き詰まったりした場合である。このようなときには援助形態として、学校関係者への単発的・継続的コンサルテーションが行われる。それに先立ってインテーク面接がなされるわけであるが、この場合に面接者が留意すべき事柄を表3－7にまとめておいた。

8　意識障害の問題

医師でない心理臨床家がインテーク面接を行う場合、わかりにくいものの一つに意識障害がある。意識障害は、例えば全身性エリテマトーデス（膠原病の一つ）・てんかん・急性一酸化炭素中毒・ウイルス性髄膜脳炎・尿毒症・動脈硬化症など、さまざまな身体の病気によって生ずる。さらには、脳に対する向精神薬（抗精神病薬・抗うつ薬など）の作用によって引き起こされることもある。

意識障害には、意識混濁（意識のにごり）と意識変容（意識内容の障害）の二種類がある。意識混濁の度合いは、①最軽度（明識困難状態）、②軽度（昏蒙、錯乱）、③中度（昏眠、昏迷）、④重度（昏睡）がある。これらのうち、①

は正常意識に近いので把握しにくい。一方、意識変容には、①せん妄（急性混乱状態、急性錯乱状態）、②もうろう状態、③夢幻状態がある。①では「アルコールせん妄」や「術後せん妄」、②では「心因性もうろう状態」「てんかん性もうろう状態」「てんかんけいれん後もうろう状態」などがある。詳しくは、原田憲一の『意識障害を診わける』（診療新社　一九八〇年）、一瀬邦弘ら監修の『せん妄』（照林社　二〇〇二年）を参照されたい。

意識障害は、心理臨床家としてはわかりにくい。この点で少しでも疑いがあれば、すみやかに医師ないし医療機関にクライアントを紹介しなければならない。同じ職場に精神科医がいれば、まず相談しなければならない。

以上、この第1節においては、インテーク面接についての概括的な記述を行った。インテーク面接と心理学的処遇との関連性については第4章の第2節および第3節において、各援助施設・専門機関におけるインテーク面接については第5章においても言及してあるので、そこを参照してほしい。

第2節　心理テスト

心理アセスメントの補助として心理テストを活用することは、大変重要である。とりわけ初心者が職場の事情でやむをえずインテーク面接を行わなければならない際には、心理テストはクライアント理解に大変役立つものである。ただしそうは言っても初心者の場合、ともすると心理テストだけに頼りがちであるし、しかも心理テストの結果のみで何となくクライアントを理解したような気分になりやすい。例えば、ある心理テストでクライアントの他責傾向が強いと出たとする。すると検査者は、もうそれだけでクライアントの問題点がわかったように感じてしまい、他責性がいかなる対人関係のなかにいかなる形で現れるのか、他責性はクライアントの現在の苦しみとどのようにかかわっているのか、そもそもクライアントはなぜ他責性という性格防衛を身につけてこざる

表3-8　パーソナリティテストの長所と短所

	長　　所	短　　所
テスターにとって	①クライアントに関する印象や直感をテストによって確認できる。 ②話の少ないクライアント理解の盲点を自覚できる。 ③クライアントのなかに潜む潜在的資質に気づくことができる。	①次から次へとテストを施行するテストマニアになりやすい。 ②生き生きとしたクライアント理解がテスト結果によって歪められる。 ③テストなしではクライアント理解ができなくなる。
クライアントにとって	①テストを行うことが自己吟味のよき機会となる。 ②自分が漠然と意識していた問題点が明確な形で提示される。 ③内的世界を探求する動機づけとなる。	①心のなかに土足で踏み込まれるような圧迫感や侵害感が生ずる。 ②テスト結果が悪用されはしないかという不安が生ずる。 ③テスターに対して服従的ないし依存的な構えが生ずる。

を得なかったのか、といった事柄の吟味に目が向かなくなってしまう。また、他責性という軸でしかクライアントを見られなくなってしまったりする。現実に苦しんでいるクライアントを相手にそのように機械的に割り切って了解したとしても、クライアントの得るものは何もないだろう。

1　心理テストの長所と短所

表3-8は、主としてパーソナリティテストにおける長所と短所である。ただし、この場合の長所とは、検査者が十分に心理テストを使いこなせる場合という条件つきの長所である。

心理テストの無造作な使い方は避けたい。まず、きちんとした心理テスト実習と検査者の不断の研鑽が必要である。投映法（投影法）であるロールシャッハテストを通してクライアントの自我機能の様態をある程度推測するには、少なくとも数年は必要であろう。また、質問紙法であるTEG（東大式エゴグラム）一つとっても、『TEG手引』に従ってただ単にエゴグラムプロフィールを描くだけなら一日もあれば十分だろう。しかし、これを生きたクライアント理解のなかに統合していくとなると、長い臨床経験や心理テストのスーパーヴィジョンが必要となる。

特に注意したいのは、クライアントにとっての影響である。なかでも、表３－８のパーソナリティテストの長所と短所で述べた「心のなかに土足で踏み込まれるような圧迫感や侵害感」。青年期の自我同一性の混乱・拡散状態にあるクライアントにとっては、パーソナリティテスト、それも特に投映法は不気味としか言えないような感覚を与えてしまう。たとえ心理テストを気楽そうにやってくれているようにみえても、それは、クライアントの苦痛と不快のもとになされることが少なくない。だからテスターは、目標をはっきりさせて、見通しを持って心理テストを選択し、施行しなければならない。また、心理テストなしでもクライアント理解を進めていけるだけの技量を磨くことが大切である。

２　心理療法中における心理テストの施行について

一般的に言って、心理療法を開始してから心理テストを行うのは避けたほうがよい。というのは、第一に、それまで進んできた面接のプロセスが一時的に中断したり、変化してしまったりするからである。

第二に、テスト結果をクライアントにフィードバックする際に、面接者の構えに変化が生ずる。例えば、それまでの面接において面接者はじっくり腰を落ち着けてクライアントの語る言葉を傾聴していたのに、テスト結果をあれこれクライアントに説明する段になると情報伝達的な態度に変わり、それが以後の面接者－クライアント関係に影響する。

第三に、（種類にもよるが）心理テストはクライアントの心の秘密の領域に否応なく入りこみやすい。そのためクライアントは自分の心をさらけ出してしまったことの反動として、面接者へのもたれかかりや逆に不信感が生じやすくなる。

一般的に言えば、心理テストは援助関係が形成される前の初期に行ったほうがよい。しかし、例外もある。面接のなかでそれまでの面接では話題にならなかった心的外傷体験や既往の精神障害の経験が報告されたときや、あるいは面接が行き詰まってしまい、面接関係を立て直すために心理テストの結果から援助関係を見直そうとするときである。このような場合、心理テストの施行は、できれば別の心理臨床家に依頼したほうがよい。

3　心理テストの自己研修

心理テスト実習、テスト・スーパーヴィジョン、心理テストの文献的研究をしっかりする。そして、最も大切なのは、どのような心理テストであれ、まず自分自身がテストを受けてみて、テスト結果と自己認識がどの程度一致し、どの程度食い違っているかを明確化することである。これをやると、心理テストがとらえるものや心理テストの限界といったものを体験的につかむことができる。

自分自身が被検者になることはまた、心理テストを受けることのつらさや、心理テストに対する抵抗感を実感できる。これは、心理臨床家としての経験をある程度重ねてからのほうがより意義がある。というのは、大学や大学院の心理テスト実習などで自分が被検者になったとしても、その時点では好奇心や勉学意識が勝っており、ここに述べたような抵抗感やつらさが実感としてわかりにくいからである。

4　心理テストを施行する際の注意

心理テストを行う際に検査者として注意すべき一般的な事柄については、表3-9にまとめておいた。なかでも、クライアントが納得いくような検査内容の説明とクライアントの合意が大切である。例えば、十分な説明もなしに一方的に知能テストを行ったりすれば、クライアントに不快感や知的劣等感を起こさせたり、過去の恥辱感を復活させたりすることがある。また、知能テストでもＷＡＩＳ-Ⅲは二時間前後かかり、高齢者とか高次脳機能障害者にとってはかなりつらい検査となるので、二回に分けてやるか十分な中休みを取るようにする。

〔注〕高次脳機能障害とは、交通事故や病気（脳血管障害や低酸素脳症）によって脳が損傷し、その結果、高次の脳機能が障害されるもの。外見からはわかりにくく、「見えない障害」とも言われる。具体的な症状としては、記憶

表3-9　心理テストを施行する際の留意点

①医師や学校関係者からテスト依頼があった場合，依頼者に対して，テストを依頼した目的を確認しておく。
②テストの目的は何か，テストの内容はどんなものか，テスト結果はどのように利用されるのかを被検者が納得いくまで説明する。
③テストを行う場所の温度や湿度，明るさ，静かさ，机の高さなどに注意する。
④睡眠不足，極度の疲労，緊張など，被検者の心身の不調に注意する。薬物療法が行われている場合には，副作用としての眠気や注意集中力の低下がないかどうか注意する（被検者の心身の不調がある場合にはテストの中止を考える）。
⑤テストのための時間は十分にとっておく。
⑥テストのなかには長時間にわたるものもあるので，被検者の疲労度に注意する。場合によっては2回に分けて行う。
⑦テストの多くはテストのやり方が明確に決まっているので，手引書のとおりに行う。
⑧同一の知能テストを再度行う場合には，１～２年の間隔をあける。
⑨テスト結果はきちんと被検者に伝達する。
⑩テスト結果は被検者の了解なしに第三者に洩らさない。

や注意の障害、失語・失行・失認症、半側空間無視、半側身体失認などがある。アセスメントには、これらの症状を同定・評価するためのいろいろな神経心理学的テストが用いられる。神経心理学的テストには、種々の知能テスト、記憶・記銘力テスト、注意テスト、前頭葉機能テストなどが含まれる。どのような心理テストを用いるかは、前もって精神科医と相談する。

5　コミュニケーション資料としての心理テスト反応

心理テスト場面は、テストを媒介として展開される検査者と被検者との間のコミュニケーション場面でもある。その意味では、心理テストに対して被検者が示すいろいろな言語的・非言語的反応は、被検者のパーソナリティに関する情報源だといってもよい。ここで、ある神経症的登校拒否の例を挙げる（一部修正）。

〔事例〕　Kは初回のインテーク面接に、母親に連れられてやって来た。母親からこれまでの経緯をざっと聞いたあと、筆者はKと二人きりで話した。生活史は話してくれたが、学校や両親のことになると彼の口は重くなった。二回目はK一人でやって来た。沈黙がちの彼は約二十分かけて、「母の希望で私立高校に入ったが、クラスの生徒や校風にどうしてもなじめない」云々と述べた。この時点で筆者はバウムテストを提案した。Kは承諾したが、テストに入る直前、強い貧乏ゆすりをした。そして、左手に消しゴム、右手に鉛筆を持って、実のなる木の絵を描いていった。しかし結果的にそれは、幹の輪郭線を何回となく描いては消しての繰り返しであった。彼は時折チラチラと自分の腕時計を見た。結局時間切れとなり、Kは、「このテストはどうもだめなようです」と言った。理由を聞くと、「木のイメージがどうしても定まらなかったから」と述べた。このクライアントの問題は一種の「受動的抵抗」にあるのではないか。つまり、テストをやってみたいという言葉とは裏腹に、内心はテストをやりたくなかった。筆者の勧めでしぶしぶテストに入ったものの、結局はイメージが定まらないという形でバウムを完成させなかったのではないか。

三回目の面接で筆者は、「前回のテストは実は、内心やりたくなかったのではないですか」と尋ねてみた。彼は、しばらく沈黙したあとで頷いた。そこで筆者は、「受動的抵抗」について少しずつ確かめていった。三回目以降の面接内容をも総合すると、バウムテストの未完成の経緯は次のようなものであった。Kとしては、バウムを完成させたい気持ちと、完成させたくない気持ちがあった。バウムのイメージが定まらずにずるずると描いては消しで時間切れにいたったのは、このような相反する気持ちの産物であった。もともとKは、今の私立高校に行きたくなかった。というのは、中学時代の友人のほとんどが進学した別の公立高校のほうを強く望んでいた。しかし、受験に失敗し、しかも息子が中学浪人になることをおそれた母親の半強制的な促しで、すべりどめに受けてパスしていた今の私立高校に入学した。いざ入学してみると、内気で気まじめな彼は、級友たちのからかいの的となった。今の高校が公立高校よりもかなりの程度、学力が落ちるということも、彼の自尊心を傷つけていた。連れ

このような次第でKが学校を休みはじめると、世間体を重んじる母親は彼を筆者の許に引っ張ってきた。

てくる前に母親は、「（筆者が）登校拒否の権威だからすぐ治る」という嘘をついて彼を説得していた。しかし、彼にとってすぐ治ることは今の私立高校への復学を意味し、それは母親への全面降伏に他ならなかった。その意味では、彼には最初から筆者に対する反発心があった。ただし、相談を受ける意欲がなかったわけではない。このまま学校を休んでいても、親からの圧力が高まるばかりだ、ということがKにはよくわかっていた。あからさまに怒りを表出するような行動はとることができなかった。頭が痛いとか言ってずるずる休み続けるのが精一杯の抵抗であった。面接での体験は、面接者の筆者がそれほど権威的な人物には見えないことに意外な感じがした。しかし、彼は、すぐには警戒心をゆるめなかった。筆者が母親の味方なのか彼の味方なのか、見定めようとしていた。

一回目の面接が終わった後、筆者についてのKの印象はそれほど悪いものではなかった。二回目は彼一人で面接にやって来た。筆者がバウムテストを提案したとき、彼は困惑した。テストを通して自分のことを筆者にもっとよくわかってもらいたいという気持ちと、テストを受けることで登校拒否がすぐ治ることに結びつくのは困るという気持ちとがあった。どちらかといえば、テストをやりたくなかった。しかし、筆者にそう言えなかった。彼はまだ心のどこかで筆者を権威者だと感じていた。権威者からの要求を拒否することは考えものであった。なぜなら、以前何回か母親の要求をはねつけたことがあったが、それはきまって母親からの反撃を引き起こし、結果的に彼が得たものは無力感でしかなかった。彼のとるべき道は、バウムテストを行うことで「権威者」の要求を受け入れ、テストを完成させないことで精一杯の抵抗を試みるということであった。

心理テストへの反応がクライアント理解の資料源になるためには、反応を観察しつつ、同時にそれが何を意味するかを考え、仮説を持つことが大切となる。そして、その仮説をもとにして、クライアントと話し合う。仮説は見当違いのこともあるかもしれない。間違っていれば、また考えながら観察する。そうして出てきた仮説をクライアントとの間で相互に検証する。このようにすれば、クライアントの自己認識は拡大していこう。

６　心理テストの種類とテストバッテリーについて

現在の日本において用いられている心理テストは、知能テスト、パーソナリティテスト、発達テスト、職業適性テスト、さらには自閉スペクトラム症等をスクリーニングしたり弁別したりするテストなどいろいろなものがあり、その数は百以上にもなる。表３-10は、数多くある心理テストのなかで比較的多用されているものや、その可能性のあるものを目的別に示した表である。心理臨床家は大学院生のときから、これらの心理テストを少しずつ把握・習得しておくことが望ましい。

〔注〕表３-10について若干注記しておくと、人物画には、パーソナリティテストとしての人物画（ＤＡＰ：Draw-A-Person test）と、簡易知能テストとしてのグッドイナフ人物画知能テスト（ＤＡＭ：the Goodenough Draw-A-Man intelligence test）の二つがある。子どものパーソナリティ欄のＣＡＴはChildren's Apperception Test、脳損傷関係の欄のＣＡＴはClinical Assessment for Attention。認知症の欄のＨＤＳ-Ｒ（Hasegawa's Dementia Scale-Revised）は計九問で、質問は、今何歳か、今日は何曜日か、一〇〇から七を順番に引いて、など。最近はＭＭＳＥ（Mini Mental State Examination）もよく使われる。ＪＡＲＴ（Japanese Adult Reading Test）は認知症患者の病前知能を推定するもので、二十五ないし五十項目の漢字熟語を音読してもらう。知能の欄のＷＰＰＳＩ（Wechsler Preschool and Primary Scale of Intelligence）の適用年齢は三歳十か月～七歳一か月（最近発売されたＷＰＰＳＩ-Ⅲは二歳六か月～七歳三か月）、ＷＩＳＣ（Wechsler Intelligence Scale for Children）-ⅢとＷＩＳＣ-Ⅳは五歳〇か月～十六歳十一か月、ＷＡＩＳ（Wechsler Adult Intelligence Scale）-Ⅲは十六～八十九歳。生活能力・適応行動の欄の日本版VinelandⅡ適応行動尺度は、「コミュニケーション」「日常生活スキル」「社会性」「運動スキル」という四つの領域から成る（オプションとして「不適応行動」）。ＡＳＤ関係のＣＡＲＳ

テストの狙い	選　択　さ　れ　る　テ　ス　ト　例
ASD 関係*	PEP-3（日本版自閉症・発達障害児教育診断検査〔三訂版〕），AQ（自閉症スペクトラム指数・日本語版），AQ 児童用（自閉症スペクトラム指数児童用・日本語版），RBS-R 日本語版（反復的行動尺度修正版），CLAC-Ⅱ（精研式自閉症行動チェックリスト一般用），CLAC-Ⅲ（精研式自閉症行動チェックリスト行動療法用），CARS（カーズ）日本語版（小児自閉症評定尺度），CARS2-HF（カーズ・ツー高機能版），PARS-TR（パース改訂版）（広汎性発達障害日本自閉症協会評定尺度），日本語版 M-CHAT（乳幼児期自閉症チェックリスト），ADOS-2 日本語版（自閉症診断観察検査），ADI-R 日本語版（自閉症診断面接），TTAP（ティータップ）（自閉症スペクトラムの移行アセスメントプロフィール），DISCO-11 日本語版，SCQ 日本語版（対人コミュニケーション質問紙），日本語版 RBS-R（反復的行動尺度修正版），日本版感覚プロフィール（SP-J），発達障害の要支援度評価尺度（MSPA）（エムスパ）
ADHD 関係*	ADHD Rating Scale-Ⅳ日本語版（ADHD-RS），Conners 3® 日本語版，CAADID（カーディッド）日本語版（コナーズ成人 ADHD 診断面接），CAARS（カーズ）日本語版
LD 関係*	LDI-R（LD 判断のための調査票），音読検査（単音連続読み検査・単語速読検査・単文音読検査），教研式標準学力検査 NRT，PRS
DCD 関係*	DCDQ-R 日本語版，Movement-ABC2 日本語版
生活能力・適応行動	新版 S-M 社会生活能力検査，日本版 Vineland Ⅱ適応行動尺度，ASA 旭出式社会適応スキル検査，ABS 適応行動尺度
脳損傷関係（脳卒中関係のものを含む）	CAT（標準注意検査法），CAS（標準意欲評価法），BIT（行動性無視検査日本版），TMT（トレイル・メイキングテスト），WCST（ウイスコンシン・カード・ソーティングテスト），JSS（日本脳卒中学会・脳卒中重症度スケール調査票・急性期　第5版），JSS-M（日本脳卒中学会・脳卒中運動機能障害重症度スケール調査票），JSS-H（日本脳卒中学会・脳卒中高次脳機能スケール），JSS-D（日本脳卒中学会・脳卒中うつスケール），JSS-E（日本脳卒中学会・脳卒中情動障害スケール），JSS-DE（日本脳卒中学会・脳卒中うつ・情動障害同時評価表）
失語症関係	WAB（WAB 失語症検査日本版），DDA（東京都老人総合研究所版失語症鑑別診断検査），SLTA（標準失語症検査）
職業興味・職業適性	GATB（厚生労働省編一般職業適性検査改訂新版），VPI 職業興味検査〔第3版〕，VRT 職業レディネス・テスト〔第3版〕，内田クレペリン精神作業検査
非行関係	MJPI（法務省式人格目録），MJAT（法務省式態度検査），MJCA（法務省式ケースアセスメントツール），CAPAS 能力検査，バウムテスト，ロールシャッハテスト
トラウマ・解離	TSCC（日本版子ども用トラウマ症状チェックリスト），CDC（子どもの解離症状チェックリスト），ADES（思春期の解離体験尺度）

*ASD は自閉スペクトラム症，ADHD は注意欠如・多動症，LD は限局性学習症（学習障害），DCD は発達性協調運動症。なお，ASD は従来の PDD（広汎性発達障害）にほぼ該当する。

表3-10　心理テスト

テストの狙い	選　択　さ　れ　る　テ　ス　ト　例
子どものパーソナリティ	DAP（人物画），バウムテスト，CAT（子ども用主題統覚検査），KSD（動的学校画），P-F スタディ（絵画欲求不満テスト），ロールシャッハテスト，WZT（ワルテッグ描画テスト），TST（20 答法），三つの願い
青年・成人のパーソナリティ	YG（矢田部ギルフォード性格検査），バウムテスト，S-HTP（統合型家・木・人テスト），ロールシャッハテスト，TAT（主題統覚検査），K-SCT（構成的文章完成法），P-F スタディ，日本版 MPI（モーズレイ性格検査），WZT，TST，主要 5 因子性格検査
高齢者のパーソナリティ	PIL（PIL テスト日本版），バウムテスト，ロールシャッハテスト
家族関係	FDT（家族画），KFD（動的家族描画法），動物家族描画法，母子画
精神医学的パーソナリティ特性	MMPI（ミネソタ多面的人格目録），改訂版 INV（精研式パーソナリティ・インベントリィ）
自我状態	新版 TEG Ⅱ（東大式エゴグラム）
全般的な身体的・精神的愁訴	CMI（日本版コーネル・メディカル・インデックス），GHQ（精神健康調査票），UPI（UPI 学生精神的健康調査）
不安	MAS（顕在性不安尺度），CMAS（児童用顕在性不安尺度），新版 STAI（状態・特性不安検査），CAS（キャッテル不安尺度），SCAS-JR（日本語版スペンス児童用不安尺度改訂版）
うつ・うつ状態	SDS（ツアンの自己評価式抑うつ尺度），日本版 BDI-Ⅱ（ベック抑うつ質問票），CES-D Scale（うつ病［抑うつ状態］自己評価尺度）
神経症傾向	CMI
認知症・認知機能・認知能力関係	HDS-R（改訂長谷川式簡易知能評価スケール），MMSE（ミニ・メンタル・ステイト検査），JART（ジャート）（知的機能の簡易評価），CDT（時計描画テスト），N 式老年者用精神状態評価尺度（NM スケール），国立精研式認知症スクリーニングテスト，ADAS J-cog.（ADAS 認知機能下位検査日本版），BACS-J（統合失調症認知機能簡易評価尺度日本語版），DN-CAS（DN-CAS 認知評価システム）
記憶力関係	WMS-Ⅲ（ウェクスラー記憶検査），三宅式（東大脳研式）記銘力検査，RBMT（日本版リバーミード行動記憶検査），BVRT（ベントン視覚記銘検査）
知能・知能構造	WPPSI（ウェクスラー幼児用知能検査），WPPSI-Ⅲ，WISC-Ⅲ（ウェクスラー児童用知能検査），WISC-Ⅳ，WAIS-Ⅲ（ウェクスラー成人用知能検査），田中ビネー知能検査Ⅴ，改訂版鈴木ビネー知能検査，DAM（グッドイナフ人物画知能検査），コース立方体組み合わせテスト，PBT（教研式ピクチャー・ブロック知能検査），日本版 KABC-Ⅱ
発達の度合い	新版 K 式発達検査 2001，国リハ式〈S-S 法〉言語発達遅滞検査，遠城寺式乳幼児分析的発達検査法九大小児科改訂版，PVT-R（改訂版絵画語い発達検査），KIDS（キッズ）（乳幼児発達スケール），JMAP（日本版ミラー幼児発達スクリーニング検査），津守・稲毛式乳幼児精神発達診断法，日本版ベイリーⅢ乳幼児発達検査，ASQ-3 日本語版，LC スケール（言語・コミュニケーション発達スケール）

はChildhood Autism Rating Scale、ＡＤＨＤ関係のＣＡＡＲＳはConners' Adult ADHD Rating Scales。非行の欄のＭＪＣＡ（Ministry of Justice Case Assessment tool）は少年の再非行の可能性などを見るために法務省矯正局が開発し、二〇一三年から少年鑑別所で運用を開始したもの。

心理テストの多くは特定のテスト用紙（質問紙等）やテスト用具が必要であるが、バウムテスト・Ｓ‐ＨＴＰ・母子画・動的家族画のように白紙と鉛筆さえあればよいものもある。また、児童精神科医のＬ・カナーが考案した「三つの願い」、作者不詳の「輪廻転生法」、筆者が考案した「真珠採り」など、言葉だけで被検者に問いかけていくようなテストもある（対象は幼児から成人まで）。

〔注〕「三つの願い」はクライアントが困っていることを知るのにも役立つ。ある軽度の知的発達症（知的障害）を有する女子中学生は「理解」「友だち」「勉強」を挙げた。つまり、彼女が神様にかなえてもらいたいことは、①みんなが自分のことを理解してほしい、②友だちを作れるようになりたい、③勉強して覚えられるようになりたいという三つであり、これらは現在、彼女がそうできなくてひどく困っていることでもあった。

ところで、一人のクライアントに対してどのような心理テストを組み合わせたらよいものか。この心理テストの組み合わせのことをテストバッテリーと言うが、これはなかなかむずかしい。心理テストに費やせる時間的余裕によっても異なってくるし、テストの目的、クライアントの病気や障害によっても異なってくる。

例えば、神経発達症群のなかのいわゆる高機能自閉症（知的発達症のない自閉スペクトラム症）の場合、クライアントの問題点を把握するには知能テストだけでは無理で、それ以外に、クライアントの日常生活における種々の適応行動の様態と度合いを吟味する「日本版 Vineland Ⅱ適応行動尺度」（回答者はクライアントの保護者等）や、感覚刺激への反応特性、例えば感覚過敏や感覚回避などを吟味する「日本版感覚プロフィール（ＳＰ‐

J)」（回答者は三〜十歳用では保護者等、十一歳以上用ではクライアント本人）といったものを組み合わせる必要があろう。

精神科病院ないし総合病院の精神科のなかには患者さんたちに対して、例えば「YGとMMPIとロールシャッハテスト」あるいは「バウムテストとSCTとTEG」といった具合に、ある程度決まったテストバッテリーを組んで施行している所もある。

心理臨床家が医療機関で働いている場合、心理テストはもっぱら主治医からの依頼によって行われるので、どのような心理テストを用いるかは主治医によってある程度決まってくるし、また、疾患の種類によっても決まってくる。例えば、認知症が疑われるような場合には、まずHDS-R、MMSE、国立精研式認知症スクリーニングテストといった認知症の簡易スクリーニングテストを用いて知能の概略をつかみ、次にWAIS-Ⅲで知能構造を詳細に調べることになろう。なお、精神科医から精神鑑定の補助資料としての心理テストを依頼されたときには、知能テストも含めて多くの心理テストを施行する。精神鑑定は一般に殺人などを犯した人を拘置所等に入所させて行うので、テストのための時間も十分に取れる。

参考までに、筆者は思春期以後のクライアントのインテーク面接では次のようにすることがある。まず、クライアントの主訴・生活史・病歴などを聞いたあと、最近見た「印象夢」を聞き、ついで「黒-色彩バウムテスト」と「自画像」を描いてもらう。ケースによっては、「真珠採り」あるいは「ノアの方舟」という質問をする（夢は、「最近見た夢のなかで何か印象に残ったものはありませんか」と聞いてみると、クライアントが現在直面している心理・社会的テーマがそのまま、あるいは隠喩的な形で夢のなかに表出されていることが少なくない。第7章第2節の18をも参照）。

〔注〕二〇〇五年四月一日施行の発達障害者支援法では、発達障害とは「自閉症、アスペルガー症候群その他の広汎性発達障害、学習障害、注意欠陥多動性障害その他これに類する脳機能の障害であってその症状が通常低年齢に

おいて発現するものとして政令で定めるものをいう」とされている（第二条）。一方、アメリカ精神医学会が二〇一三年に発行したDSM-5の日本語版（高橋三郎・大野裕監訳『DSM-5　精神疾患の分類と診断の手引』医学書院　二〇一四年）では、発達障害は「神経発達症群／神経発達障害群」となっており、これの下位カテゴリーは、①知的能力障害（知的発達症／知的発達障害）、②コミュニケーション症群／コミュニケーション障害群、③自閉スペクトラム症／自閉症スペクトラム障害、④注意欠如・多動症／注意・欠如多動性障害、⑤限局性学習症／限局性学習障害、⑥運動症群／運動障害群、⑦他の神経発達症群／他の神経発達障害群である。［例えば「自閉スペクトラム症／自閉症スペクトラム障害」といった具合にスラッシュで区分された二つの病名があるのは、DSM-5の日本語版では「障害」という言い方を避けた新しい呼び名（上側）と、従来の呼び名（下側）とが並置されているためである。なお、①はいわゆる知的障害に相当する。知的障害は発達障害者支援法では発達障害のなかに含まれていないが、DSMに代表される医学領域では発達障害のなかに入る。］

発達障害の概念やその分類名、各分類名の定義等は変遷してきている。また、ICD-10での「アスペルガー症候群」、DSM-Ⅳでの「アスペルガー障害」はDSM-5になるとともに消え去って、すべて「自閉スペクトラム症／自閉症スペクトラム障害」という一つの病名のなかに包含されている。変遷を見ていくのは大変煩雑な作業ではあるが、特に医療領域や学校臨床領域、司法領域で働く心理臨床家は発達障害に出会うことが少なくないので、分類名や定義の移り変わりのポイントを押さえておく必要があろう。

7　テスト結果のフィードバックについて

心理テストの結果は、できるだけクライアント自身にフィードバックすることが望ましい。もしも何らかの理由でフィードバックができないのなら、そのことを先にクライアントに述べて、クライアントの了解を得ておく。

テスト結果のフィードバックは、援助目標の設定とも無関係ではない。例えば、クライアントの抱えている問題が何なのかがインテーク面接ではあまりはっきりしないので、心理テストを行って、その結果、「外界からの情緒刺激に対して回避的で、他者とのかかわりが困難」という結果が出たとする。その場合にはテスト終了後にクライアントに対して、「今行った心理テストの結果からは、あなたは人と心情的にかかわることがむずかしいという結果が出ていますが、どう思われますか」と質問してみる。クライアントが頷けば、「それなら、人とうまくかかわるにはどうしたらいいか、そのことをここで一緒に考えてみませんか」と提案してみる。このようにすれば、テスト結果と援助目標の設定とをうまく噛み合わせることができるかもしれない。

以上、本節では、心理テストを施行する際の留意点を述べた。各テストの具体的なやり方、テスト結果の整理と解釈は成書を見てほしい。言うまでもなく、心理テストがクライアント理解に有効な力を発揮するのは、施行したテストを検査者がどのように解釈するかにかかっている。これは特に投映法に当てはまる。例えば、ロールシャッハテストには片口法・エクスナー法・クロッパー法・名大法など数多くの解釈法があり、それぞれ一長一短がある。それだけに検査者としては、自分なりに納得のいく解釈法を身につけるための不断の努力が必要となる。

最後に参考書について。有益な心理テストの概説書は次の通りである。

①『心理アセスメントハンドブック　第二版』（上里一郎監修　西村書店　二〇〇一年）
②精神科臨床では『精神科臨床における心理アセスメント入門』（津川律子　金剛出版　二〇〇九年）
③神経発達症群の関係では『発達障害児者支援とアセスメントのガイドライン』（辻井正次監修　金子書房　二〇一四年）
④高次脳機能障害の関係では『高次脳機能診断法　新訂第三版』（中野光子　山王出版　二〇〇二年）
⑤ロールシャッハテストでは、『臨床場面におけるロールシャッハ法』（河合隼雄　岩崎学術出版社　一九六九年）と『改訂 ロールシャッハ法と精神分析――継起分析入門』（馬場禮子　岩崎学術出版社　一九九九年）

第4章　心理学的処遇

心理臨床家の活動のなかで、心理学的処遇は最も重要なものであろう。これはクライアントに直接働きかけることによって心理的・教育的効果をもたらそうとするものであり、クライアントの福祉に役立とうとしていく中心的活動である。具体的には、カウンセリングや心理療法、さらにはクライアントをより適切な機関に紹介したり、環境調整を行ったりする活動を指している。

これまでにもこうした心理学的処遇、なかでもカウンセリングや心理療法の理論や技法についてすぐれた書物が出版されてきている。私たちは、こうした書物から多くのことを学ぶことができる。しかし、今日、心理臨床家の働いている職場は多種多様であり、それぞれに特徴があり、現実的制約もある。このような職場で心理学的処遇を実践しようとしている心理臨床家に求められていることは、それぞれの職場の固有性を生かした心理学的処遇を各自で作り出していくことである。これまで心理学的処遇について書かれている書物に欠けているのは、それぞれに異なる職場で、その職場の特徴を生かした心理学的処遇のあり方を考えていくための道筋ではないだろうか。

よく見られる例を挙げてみたい。熱心な心理臨床家のなかには、その職場の固有性や現実的制約を考慮することなく、こうした書物に示されている心理学的処遇だけが唯一のものであると考え、本に書かれていることをそのまま強引に押し進めていく人がいる。その結果、周囲の人たちとトラブルを起こしたり、敵対的になったり、意図とは逆にクライアントを混乱させたり苦しめたりすることになってしまう。また、別の心理臨床家では、こうした書物に示されている条件、例えば静かに二人だけで話せる面接室がないとか、予約制度をとれないとか、クライアントが自発来談ではないといったことのために、初めから心理学的処遇の活動をあきらめてしまっていることもある。

本章の狙いは、多種多様な職場で心理学的処遇を実践しており、またこれから実践しようとしている心理臨床家が、それぞれの職場に応じた、またその職場の特徴を生かした心理学的処遇を考え出し、実践していくための道筋を示すことである。以下に述べられる基本的考え方や取り組み方を、各自がそれぞれの状況に合わせて、応用していただきたい。

第1節　心理学的処遇の多様性とその基礎としての心理療法

1　心理学的処遇の多様性

ひとくちに心理学的処遇といっても多種多様である。それは、今日出版されている心理学的処遇に関する本の多様さをみればよくわかる。心理臨床家のよって立つ理論的背景や人間観にもいろいろなものがある。表４－１は、主要な学派とその特徴を示したものである。この表からもわかるように、基本的人間観や発達観などが理論によってかなり違う。そして、その理論に則った臨床的技法もさまざまである。また、次の第5章に見るように、心理臨床家が活動している領域もきわめて広い。それぞれの職場にはそれぞれの特徴があり、心理アセスメント活動に重点のある所と、心理療法的働きかけに重点の置かれている所とがある。

2　心理学的処遇の基礎としての心理療法

これまで述べてきたことからもわかるように、心理学的処遇や理論といってもさまざまである。しかし、こう

表4-1　心理療法に対する精神分析的，行動主義的，および人間学的実存的なアプローチの比較

問題	精神分析	行動療法	人間学的実存的心理療法
基本的人間観	生物学的本能（基本的には性的本能と攻撃的本能）が即座に解放を求め，人間を社会的現実との葛藤に陥れる。	他の動物と同じように，人間にも，生得的にあるのは学習能力だけである。その能力はあらゆる種に共通な同一の基本原理に従って発展する。	人間は自由意志，選択力および目的をもっている。人間は自己決定と自己実現の能力をもっている。
正常な人間の発達	順次に来る発達的危機と心理・性的諸段階で葛藤を解決することを通して成長する。同一化と内面化を通して，より成熟した自己統制と性格構造が生まれる。	順応行動は強化と模倣を通して学習される。	生まれ落ちたときから独自の自己体系が発達する。個人は彼独自の知覚，感情等の様式を発展させる。
精神病理の本質	病理は，不十分な葛藤の解決と初期の発達への固着の表れである。それが極端に強い衝動と（あるいは）弱い統制力を後に残す。症状は部分的適応または代償的満足，不安への防衛的反応である。	症状的行動は不順応行動を誤って学習したことに由来する。症状が問題である。「基底にある疾病」というものはない。	否定的な自己と潜勢的な望ましい自己との間に不一致が存在する。個人は満足と自尊心を得るために過度に他者に依存する。無目的感と無意味感が存在する。
治療目的	心理・性的成熟，強化された自我機能，抑圧された無意識的な衝動に支配されることが軽減する。	不適応行動を抑制するか置き換えることによって症状的行動を低減する。	人間的潜勢力を解放し覚知を拡大することによって自己決定と真実性と統合を促す。
治療者の役割	根底にある葛藤と抵抗を探し出す探究者。転移反応を促進するために距離をとり，中性的・非指示的である。	患者が古い行動を学習解除し，そして（あるいは）新しい行動を学習するのを援助する訓練者。強化の統制が重要。治療者–患者の関係にはほとんど関心をもたない。	患者と真に出会い，経験を共有する，一人の真正な人間。患者の成長への潜勢力を促進させる。転移はあまり重視しない。あるいはほとんど考慮しない。専門的訓練や形式的な知識よりも，人間的な誠実さと共感が評価される。
必要な資格と技術	理論と監督実習に関する高度な訓練。多くの技法的専門的知識。逆転移の危険を回避するためにしっかりした自己認識をもたなければならない。	第1に学習原理の知識，第2にパーソナリティ理論と精神病理の理解。自己認識には関心なし。実際の介入は非専門的な助手でもできる。	専門的訓練や形式的な知識よりも，人間的な誠実さと共感が評価される。
時間的志向	過去の葛藤と抑圧された感情を発見し解釈することを志向。それらを現在の状況の照明の中で吟味する。	過去の歴史や病因論にはほとんど，あるいはまったく関心なし。現在の行動が検討され治療される。	現在の現象的経験に焦点を当てる。今，ここのこと。
無意識的素材の役割	古典的精神分析では基本的なもの。新フロイト派と自我心理学者はそれほど重視しない。全体的に，大きな概念的重要性をもっている。	無意識的過程には関心なし。実際には意識的領域にある主観的経験にも関心なし。主観的経験は非科学的として回避される。	認める人もいるが，重点は意識的経験にある。
重視される心理的領域	行動と感情，空想と認知，運動行動や治療外の行動には最小限の関心。	行動および観察可能な感情と行為。治療室外の行為を重視。	知覚・意味・価値。ある人たちにとっては感覚的および運動的過程。
洞察の役割	中心的。ただし，知的理解ではなく，「修正的情緒経験」のなかで現れてくるもの。	無関係そして（または）不必要。	覚知をより重視する。「なぜ」という質問より「いかに」「何が」という質問を重視する。

（コーチン／村瀬孝雄監訳『現代臨床心理学』弘文堂　1980年より）

した多様性を超え，心理学的処遇の基礎となるものがある。私たちはそれを力動的心理療法であると考えている。そこで，このことを少し詳しく説明してみよう。

クライアントを，その人の内的・経験的世界をも含めて理解していくことは，すべての心理学的処遇に共通する第一歩である。クライアントの症状や問題行動が異なっても，あるいは自由連想・夢・絵画・箱庭といった手段で自己表現を促すとしても，心理臨床家はまず，クライアントを理解する努力をしなければならない。クライアントの病理が深い場合でも浅い場合でも，またクライアントの持つ問題が非行であろうが夜尿であろうが，クライアントの理解がその第一歩である。心理療法の訓練では，どのようにしてクライアントの内的・経験的世界に接近し理解するか，そして理解できたことをどのような言語表現を用いてクライアントにうまく伝達するかが考えられる。また，理解できたことを伝達する際に，クライアントが「面接者から温かく受け入れられている」「理解されている」と感じることが大切であり，どのようにしてこうした関係を作り上げるかということも訓練の目標となる。

これらは自明のことであるが，ともすれば忘れがちである。例えば，クライアント理解に基づいてクライアントにあった指導・助言をするということを忘れ，一般的かつ紋切型の指導・助言をしてしまったりする。こうしたことは，クライアントを十分に理解していないことから起こってくることが多い。

次に，面接者はクライアントに理解したことを伝えなければならない。その際，クライアントと面接者との間に暖かい信頼関係が作り上げられていくように配慮しなければならない。直観力にすぐれた人で，クライアントの問題をすばやくつかみ，それをそのままクライアントに言ってしまう人がいる。こうした人は他者の理解にはすぐれているのではあるが，それを生かすことができない人である。したがって，クライアントを理解するということに加えて，「理解したことをクライアントの役に立つように伝える」ということは，大変重要なことである。

理論的立場はいろいろと違っても、暖かい関係を作り上げて、理解したことが伝えられるということには、似通っているところが多い。例えば、筆者（一丸）のいたニューヨークのホワイト精神分析研究所では、毎月、講師を招いての会合が行われていた。ホワイト研究所は、対人関係学派・サリヴァン学派である。そのミーティングにO・カーンバーグが招かれたことがあった。彼は具体的に事例や面接経過を示し、彼の「境界例パーソナリティ構造」論を説明した。そのミーティングに参加した人からなされた一つの興味深い質問は、彼の実際の心理療法面接のやり方であり、「そんなに機械を部品に分解するように、あなたは、実際に分析治療を行っているのですか」という質問であった。長い具体的なやりとりについての討論の結果明らかになったのは、対象関係学派のカーンバーグとネオ・フロイト学派やサリヴァン学派では、面接場面での言葉のやりとりはよく似たものである、ということであった。といってももちろん、まったく同じというわけではない。しかし、違いよりも、類似点がはるかに多いということであった。

同じような例をもう一つ挙げておきたい。訓練生のために夢解釈の講義がもたれていたが、あるとき、その講義に正統のフロイト派の一人が招かれた。彼の夢解釈に訓練生は皆びっくりしてしまい、「夢に棒が出てきたら、それはペニスだと患者さんに言うのですか」と質問した。それに対して分析家は、「いいえ、そんなことは言いません。おそらく、男らしく振舞いたいのですね、と言うでしょう」と答えた。質問した訓練生は、「私も同じように言うでしょう」といって安心したようであった。

このように、心理療法の基礎訓練は学派を超えたものであり、また種々の心理学的処遇の基礎となるものである。それゆえに、心理学的処遇の実践に携わろうとする心理臨床家は、心理療法の基礎技法を十分に身につけておかなければならない。

第2節　心理療法の準備

心理療法を始めるまでに心理臨床家がしておかなければならない必須の準備がある。心理療法は、心理臨床家という専門家が行うものであるから、こうした準備なしに自己流・無手勝流に始めることはできない。というのは、心理学的処遇では、人がその対象であり、人の内的・心理的世界にかかわるものであるから、準備なしに始めるのは大変危険である。この危険性は外からははっきりと見えないものであるだけに、心理臨床家は十分に深く認識しておかなければならない。

心理面接を始めるまでにしておかなければならない準備として、心の準備と身のまわりの準備が挙げられる。次にこのことを説明しよう。

1　心の準備

心の準備というのは、心理療法についての認知的学習である。臨床経験のある面接者のテープを聴いたり、症例報告を読むなど、いわば心理療法の間接的体験である。心の準備にはまた、心理療法の技法の実習や心理療法を始めるにあたって心がけておかねばならないことを知るということも含まれる。

(1)　認知的に学ぶこと

これは、クライアントを理解するのに役立つ理論について文献を読んだり、講義を受けたりすることによって学ぶ過程である。理論には、パーソナリティの構造や発達についての一般的理論・精神分析学・臨床心理学・精神医学・社会心理学・学習心理学といったものが挙げられる。なかでも、精神分析学と力動的精神医学は、よく勉強しておかねばならない。また、心理学的処遇の際には精神科医と協力して当たることがよくあるので、一般精神医学についても学んでおく必要がある（第6章を参照のこと）。実際に心理療法を始めると、文献を読んだり、こうした理論についてじっくりと学んだりする時間がなかなか取りにくいので、心理療法を始める前の比較的余裕のあるときにこうした理論についてよく勉強しておくとよいだろう。

認知的学習の第二の領域は、心理療法の技法についてである。これは、文献を読んだり講義を受けたりして、心理療法の諸技法について認知的学習をすることである。精神分析療法・遊戯療法・行動療法・集団療法などで用いられる諸技法について、さらには心理療法の過程で起こるいろいろな現象、例えば抵抗・転移・逆転移・洞察といったことについて、その見取図を頭に入れる努力をする。このことは大変重要である。というのは、この過程で正確な理解がなされていないと、あとになって他の心理臨床家とのコミュニケーションが困難となったり、討論したり、討論から学ぶことが困難になってしまうからである。

認知的学習の第三の領域は、人間の生き生きとした内的経験的世界が表現されているものに親しむということである。心理療法の中核は、クライアントの心理的世界に敏感になり感じとることである。だから、こうした内的世界が表現されている芸術的諸活動に親しみ、感受性を養っていくことである。小説・伝記・手記・映画・音楽・演劇・絵画・彫刻など、機会を作ってできるだけ接するようにすべきであろう。

また、神話や民話やおとぎ話に親しむことも大切であろう。E・フロムは、「神話も夢もすべて同じ言葉、すなわち象徴言語で書かれている」と述べている（外林大作訳『夢の精神分析』創元社　一九五二年　一三ページ）。神話だけでなく、民話やおとぎ話も同じように象徴言語で書かれているので、こうしたことに親しむことは、人間の内的世界を理解するうえで役に立つのである。

H・ウェルナーは精神病者と未開民族の心性が非常に似かよったものであることを指摘しているが（鯨岡峻他訳『発達心理学入門』ミネルヴァ書房　一九七六年）、文化人類学・動物生態学などもクライアントの内的世界を理解する手がかりを与えてくれることがある。

（2）心理療法を間接的に体験すること

これには、経験を積んだ面接者が行った面接の録音テープを聴いたり、先輩の行った面接記録を読んだり、出版されている事例報告を読んだりすること、また機会があれば、エンカウンターグループなどに参加したりすることが含まれている。

経験を積んだ面接者のなかには、自分の行った心理療法を録音し、じっくりと検討している人が多い。こうした経験の深い人の行った心理療法の録音を聴かせてもらうことは、有効な学習である。実際の面接場面でのクライアントと面接者のやりとりやトーンなどを聴くことで、心理療法の雰囲気や様子を肌で感じることができるであろう。

また、面接記録を読ませてもらい、心理療法の経過について考えてみるということも役に立つ。ただし、あれこれと多くの録音テープを聴いたりケース記録を読んだりするのではなく、少数のものをじっくりと繰り返し味わってみることである。こうした学習の際に、もしその面接者が同席してくれて学習者の疑問に答えてくれたりすれば、理想的であろう。ただし、録音テープを聴いたり、記録を読んで学習する際に注意しなければならないことは、守秘義務を守るということである。つまり、心理療法を学習しているだけで直接クライアントとかかわっていなくても、クライアントの秘密を守らなければならない義務があることを忘れないように。

専門雑誌や書物に報告されている事例報告を読み、検討するのは、録音テープを聴いたり面接記録を読むことと少し目的が異なっている。つまり、そうした事例報告は報告者のはっきりとした観点や興味から心理療法がまとめられており、生のデータではない。これは、どちらかといえば、心理面接（心理療法面接）とパーソナリティや精神病理の諸理論との統合・結びつきといったことについて学ぶことになる。認知的学習で知識を習得することと、心理面接の実際を録音テープで聴くこととのちょうど中間に位置する、と言えるのではないだろうか。

近年、比較的健康な人たちを対象にしたいろいろなグループ活動が行われている。例えば、エンカウンターグループや感受性訓練グループなどである。少し注意していれば、必ず見つかるものである。こうしたグループに実際に参加し､体験してみるのも役に立つであろう｡しかし､グループに参加するということは心理療法の学習の一部分であり、それだけで心理療法のための準備ができたことにはならないということに注意しておかなければならない。それは精神分析をいくら受けても､それだけでは精神分析家になれないということと同じことである。

（３）心理療法技法を実習すること

ここまでは、主に認知的な学習であった。ここからは、各自が実際に受け答えしたりする心理療法技法の実習である。認知的学習は努力すれば一人でやることも可能であるし、時によると一人でやるほうが能率のあがる場合もある。しかし、技法の実習は、経験を積んだ指導者のもとでグループでやるほうがよい。したがって、心理療法技法の実習の第一歩は、指導者を探すことと仲間づくりであるといえよう。実際に心理療法を始めるまでに準備として終えていなければならない最小限の技法の実習は、ロールプレイングや試行カウンセリングである。これらについては、倉石精一編の『臨床心理学実習』（誠信書房　一九七三年）や鑪幹八郎著の『試行カウンセリング』（誠信書房　一九七七年）を参照されたい。

（４）その他の留意すべきこと

心理面接を始める心理的準備として、その他、若干の留意すべきことがある。

まず、心理療法は技術であるということについて触れておきたい。これは、いくら強調してもしすぎるということはない。ここで技術というのは、小手先のもの、理論的背景もなく勘や熟練によるもの、という意味ではない。ここでいう技術とは、一定の手順・手続きを踏んで訓練することによって獲得できるもの、それには理論的裏づけがあり、技術の体系は公共性を持つ、という意味である。これはちょうど、ピアノの演奏技術を学習する過程と同じようなものである。ピアノの演奏技術を学ぶのは、教則本の第一ページから順を追って進められる。教則本を一歩一歩学んだ結果として、例えば「乙女の祈り」とか「エリーゼのために」が弾けるようになるのである。ときどき「乙女の祈り」だけがうまく弾ける人がいる。このような人たちは、基礎的訓練の結果からその曲を弾けるようになったというわけではないから、その他の曲はまったく弾けない。このようなことは、心理療法の技術の訓練にも、そのまま当てはまることである。つまり、教則本によってピアノの練習をするように、心理療法も教則本によって体系的に練習しなければならないのである。

このように心理療法は技術なのであるから、面接者の情熱や努力だけでは心理療法はうまくいかない。技術を学ぶために情熱や努力が必要なのである。

第1節で、心理臨床家にはそれぞれに個性があり、心理療法もそれぞれに個性的である、ということに触れた。これは、すぐれた二人の演奏家が同じ曲を演奏した場合、同じ曲でありながら演奏はそれぞれに個性があり、同じものではないということと似ている。ピアノの演奏の訓練では、定まったルールに従って演奏できない場合、それは「癖」とされ、矯正されなければならないものである。「癖」は決して個性的とは認められないし、肯定もされない。

心理療法の技術の学習も同じことであり、真の意味での個性的ということと自己流ということとはまったく異なったものなのである。しかし、心理療法では両者がしばしば混同され、しかも、自己流ということが肯定的にとらえられている場合すらある。心理療法においても、癖を癖としてとらえ、矯正していく努力が必要であろう。

次に、心理療法は万能でもないし魔法でもない、ということについて若干触れておきたい。これは、ごくあたりまえのことではあるけれども、初心者のなかには意識的・無意識的に心理療法を万能視する者もいる。面接者のあせりは、心理療法を万能視した結果の一つの現れであることがある。その結果、面接者は、クライアントの進歩の遅いことに腹を立てたり、心理療法はまったく役に立たないものだと決めつけてしまうことがある。また、これとは逆に面接者は、自分に力量がないからだとか、素質がないからだとか、努力が足りなかったからだとして、自分を責めることもある。

『ヒステリー研究』でフロイトは次のように述べているが、これは、こうした問題について示唆に富んでいるように思われる。

「私の病気はきっと境遇や運命と関わりがあるだろう、と先生はおっしゃいました。それでは、先生はそれをどうなさることもできないじゃありませんか。だとすれば、いったいどんな方法で私を治してくださるつもりですか」という異議申し立てを（患者さんたちから）聞かざるをえなかった。これに対して私はいつもこう答えることができた。――あなたの病気を取りのぞくためには、私より運命の方に分があることは疑いもありません。けれども、あなたのヒステリーのみじめさをありふれた不幸に変えてしまうことにわたしたちが成功するのだったら、それだけでもずいぶんとくをしたということになる、とお気づきになりましょう。

（S・フロイト／懸田克躬訳『フロイト著作集』第七巻　人文書院　一九七四年　二二八―二二九ページ）

2　身のまわりの準備

さて、心理的準備が整ったら、次には、身のまわりの準備が必要である。

（1）物理的準備

物理的準備は、面接室・待合室といった心理面接をする物理的状況全体の準備である。心理療法を行うために立派な面接室・待合室が準備されている職場もあるだろうし、まったく何も準備されていないような職場もあるだろう。

面接室がある場合、面接者は自分が快適に感じられるように部屋のなかをアレンジすることである。椅子をどのように並べるか、クライアントと面接者の椅子をどのくらい離しておくか、壁にどんな絵をかけるかといったことが、まず挙げられる。また、面接室内は禁煙にするか否か、どの椅子に面接者が座るのか、食べものや飲みものを持ち込んでもいいのかどうか、といった面接室のルール作りもある。クライアントが面接室のルールがわからずに困っているようなときには、面接者は、その面接室のルールを教えてあげるべきである。

面接者の手近に、メモ用紙と筆記用具を置いておくと便利である。例えば、クライアントの住所・電話番号・家族構成・家族の年齢などは、すぐその場でメモをしておかなければ忘れてしまいやすい。また、クライアントがこみ入った交遊関係とか親戚関係などについて話し出したときなど、クライアントに断ってメモ用紙に図示したりすると理解しやすい。時にはメモ用紙をクライアントに渡して、例えば家の間取りを書いてもらうことで重要な情報を得ることもある。

時計は、クライアントの背後の、面接者から見えやすい所に置くのがよい。面接者が何度も腕時計を見たりすると、クライアントは落ち着いて話ができなくなる。面接室は、面接者の個性や好みが現れるものであるし、そうすべきである。病院の医師の診察室のように没個性的にする必要は少しもない。可能なら落ち着いていて、くつろげる雰囲気のあるものにしたいものである。

他の面接者数人と面接室を共同で使用しなければならないこともある。こうした場合、面接者は面接の始まる十分前には面接室に入り、自分が快適に感じられるように部屋を準備しておかなければならない。また、こうした準備が可能になるように、他の面接者と相談して、面接時間をうまく調整しておく必要がある。

面接室のない場合、面接をする場所を探すことが第一歩である。よく探してみれば、どこにでも面接のための場所は確保できるものである。例えば、廊下の隅などに衝立を置くといったちょっとした工夫次第で面接の可能な場所とすることができる。

待合室も同様である。衝立と椅子を置くだけでも待合室としての機能を果たす。いずれにしても、物理的準備は各自がそれぞれに気を配り、試行錯誤を重ねて一歩一歩改善していかなければならないものである。

（2）環境的準備

次に環境的準備であるが、これは面接者を取り巻く人たちとの相互理解と協力体制づくりである。このことは第1章でも触れた。まず、面接者は自分の置かれている状況を把握しなければならない。心理臨床家は、いかに自分が専門家であると思ったところで、国家資格はまだないので、法的にいえば専門職ではない。また、病院で心理療法を行う場合、医師の監督・指示の下で行わなければならない。こうしたことはすべて、私たち心理臨床家が置かれている現実なのである。

また、面接者はそれぞれの職場で自分がどのような位置に置かれているかについて、またその職場の特徴や制約について理解しなければならない。心理臨床家は国家資格がないのが現実であるから、たいていの人たちが心理療法がどのようなものであるのか正しく理解していないのは当然のことといえるだろう。その結果、面接者は、まわりの人から過大な期待を持たれたり、逆にまったく無視されたり、時によるとまったく見当違いの要求をされたりする。面接者を取り巻く人で直接間接にクライアントとかかわりのある人たちに心理療法を理解してもらい協力してもらうことは、心理療法をうまく進めていくうえで重要な要因である。面接者が孤立していたり、まわりの人と敵対的であるような場合、クライアントが攻撃されたり、混乱してしまうことがたまにある。したがって、環境的準備は間接的ではあるが、大変大切なことである。

環境的準備で心しておかなければならないことは、変化には時間が必要である、ということである。面接者は、心理面接が受け入れられやすいように環境を改善する努力をしなければならないのであって、これまでの状況を急激に壊してはならない。

3　初めての心理面接

心の準備や身のまわりの準備が整ってから、初めて面接者は直接クライアントに会い、心理面接が始められるのである。

最初の心理面接は、次のようにして始めるのがよいだろう。理想的にいうと、始める前にスーパーヴァイザーに会い、面接の準備が整っているかどうか話し合う。準備が整っていれば、次に、どのようなクライアントと始めるのがよいかを話し合う。可能ならば、スーパーヴァイザーに最初にそのクライアントに会ってもらうとよい。しかし、このようなことは、日本では限られた大学の心理教育相談室（ないし臨床心理センター）で可能であるにすぎないだろう。

スーパーヴァイザーが得られない場合、一般的な目安として次のようなことが考えられる。まず、面接相手のクライアントは、病理の比較的浅い、自分よりも年少の同性の者がよいだろう。初心者は自信がなくて不安なのが普通なのだから、年長のクライアントと面接を始めるのはむずかしいだろう。また、一人のクライアントのみの面接を担当するのでなく、二人か三人を受け持つほうがよいだろう。というのは、一人だけの場合、面接者は全精力をそのクライアントに向けてしまい、一回一回の面接に一喜一憂し、のめり込んでしまいやすいからである。

以上の点を注意しながら、慎重な面接のスタートを切れるように心の準備を整えておいてほしい。

第3節　心理療法の基本ルール

心理療法は専門的な、特別に組み立てられた人間関係である。そして、この人間関係を媒介にして、面接者がクライアントに建設的な影響を与えていこうとする活動である。それでは、専門的面接というのはどんなことだろうか。他の人間関係とどこが違うのだろうか。本節で問題にするのは、このような専門的人間関係についてである。このことを心理療法における「基本ルール」と言っている。

野球には野球のルールがあり、サッカーにはサッカーのルールがある。このルールのなかで競われるゲームは、ルールそのものによって制約されるものでもある。しかし、ルールがないと、ゲームそのものが成り立たなくなるものでもある。つまり、ルールこそ、野球を野球とし、サッカーをサッカーとするものである。日常の私たちの人間関係にも、ちゃんとしたルールがある。しかし、これは野球やサッカーのように、狭い枠のなかや時間のなかで競われるゲームと違って場面がいろいろに変わり、時間も毎日毎日続いていくものであるし、そのルールも、表面化されないで、暗黙のうちに作られ、暗黙のうちに私たちは従っていることが多い。私たちがいつも分をわきまえて行動したり、度を超さないように、枠を超えないようにして行動したりするのは、その証拠である。この「分」や「度」や「枠」というのは、日常生活における対人関係のルールなのである。

面接者－クライアント関係のルールは、同じく人間関係のルールであるが、専門的援助関係に見合うようにできている。このルールのなかで、面接者もクライアントも共に守られ、日常生活と違う人間関係が保証されることになるのである。このようなルールがあるからこそ心の秘密に属することや苦しいことや面倒で複雑な心のいろいろの問題が安心して自由に語られ、問題の解決への糸口が得られる話し合いが可能になるのである。このような意味で、「心理療法」とは何かといえば、この「専門的関係のルール」といってもよい。

それでは、このようなルールとは具体的にはどのようなものだろうか。それらは、「面接契約（心理療法契約）」「面接の時間」「面接の場所」「料金」「面接者側の諸要因」「家族との関係」「コミュニケーションの手段」などの取り決めである。

ところで、先に、野球にルールがあり、サッカーにルールがあると言った。勝負はこのルールの枠内で行われる。しかし、勝敗は技の優劣や監督の采配によって決まるだろう。選手はそのために長年の間、厳しい訓練を行い技を磨くのである。心理療法にもこの技の側面があり、その技をどのように使用するかの側面がある。基本的ルールに対してこの側面を「面接構造の操作」といっている。

面接構造の操作とは、面接者－クライアント関係における「距離」「解釈」「転移分析」「逆転移分析」など、種々の援助技法の組み立てによって成っているものである。これらについては、本書の枠を超えるので触れない。この点については、『心理療法を学ぶ』（H・ブルック／鑪幹八郎・一丸藤太郎監訳　誠信書房　一九七八年）と『精神分析的心理療法の手引き』（鑪幹八郎監修　誠信書房　一九九九年）を参照されたい。ここでは基本ルールとして形式的側面に重点をおいて説明する。この面で必要不可欠な事柄を確実に身につけておいていただきたい。

1　基本ルールの必要性

心理面接のルールのなかには、「時間を一定にして守る」「場所を確保する」「話された秘密は守る」など、たくさんのものがある。この枠のなかで、面接者はクライアントと話をする。この枠があることによって、クライアントは気兼ねなく、積極的に援助を仰ぐことができる。ルールによって安心感が与えられ安全感が保証されていることは、すでに述べたように、第一に、クライアントを無用な気遣いや不安から守るものであり、同じように面接者もこのような気遣いや不安から守られている。第二に、基本ルールがあることによって、面接者－クライアント関係の性質が浮き彫りになるのである。例えば、一定の時間を超えても話を続けようとしたり、料金の他に贈物を持って来たり、面接場所を面接室の外に変えて会いたがったりして、基本ルールを逸脱しようとするクライアントがいる。その場合、クライアントがどうしてこの時期にこのような逸脱した行動をしようとするのか、ということを吟味することによって、面接者－クライアント関係の性質を深く知ることになるのである。そして第三に、このように逸脱して特別な関係を持とうとするクライアントの動きは、クライアントの心理的問題に深く関係している。したがって、これらの逸脱行為はクライアント理解について重要な資料を面接者に与える手がかりとなるものである。

以上のように見てくると、この基本ルールが心理療法の土台として確定していなければならないことがわかるであろう。そこで、次に個々の問題を取り上げて、この基本ルールをさらに吟味してみよう。

2　基本ルールと面接状況の設定

(1)　面接契約

「契約」という概念は私たちには馴染みの薄い言葉だが、心理療法でこれから何をするか、どういう形式で進めるか、といった面接を始めるにあたって取り決めるべき事柄の全体を指している。

インテーク面接でクライアントの問題がある程度明確になり、心理面接を続けることがクライアントにとって役に立つことが予想され、クライアントも面接者の「見立て」に同意すると、援助目標が設定される。その際に必要なのは、クライアントと満足のいく関係ができていなければならないことである。最初の出会いから、クライアント・面接者共に、好意的態度や尊敬の感情が生まれることは、その後の心理面接の重要な土台となるものである。

援助目標の設定ができると、次回からの具体的な面接の打ち合わせになる。その主なものとしては、すでに述べた時間・場所・料金・回数などである。面接契約で大切なことは、基本ルールを明確にすることと、ルールは面接者がクライアントに押しつけるのでなく、面接者自身も守らねばならないものであることをはっきりさせておくことである。

基本ルールをつき崩そうとする動きは、面接者－クライアント関係が深くなっていくと繰り返し出てくる。そのとき、この面接契約に立ち帰って問題を考え直すことが大切である。そして、面接契約とは、専門的援助関係に入る面接者とクライアントの関係をその出発から終わりまで、規定し縛るものである。

この契約の取り決めなしに援助関係はスタートしない。心理療法における人間関係は専門的で人工的な人間関係であり、むずかしい心の問題や複雑な心の動きを最も扱いやすいように、長い年月をかけて経験的に作り上げられてきたものである。だから、似ているところはたくさんあっても、自然発生的な親子関係や友人関係とは異なるものである。日本では、自然発生的な親子関係や友人関係を好み、契約のうえで成り立っている専門的関係を、人工的なものとか水くさい関係として排除しようとする。そして、心理面接が始まっても、この専門的関係のなかに自然発生的な親子関係や友人関係を持ちこもうとすることが多い。だから、面接者は、この心理面接の特殊性をよく意識しておく必要がある。この特殊な人工的関係を枠づけるのが面接契約なのである。だから、契約のない専門的関係はないし、契約が終わると専門的関係も終わるのである。

(2) 面接時間・面接期間

心理面接でいう時間には、一回の面接時間をどのくらいの長さにするか、面接と次の面接との間隔をどのくらいにするか、面接期間の長さをどのくらいにするかといった問題がある。

現在、心理面接の時間は一回五十分程度がよく用いられている。しかし、インテーク面接などでは長くなるのが普通であり、筆者は七十分ぐらいの時間をかけている。というのは、インテーク面接では十分にクライアントの訴えを聞き、クライアントにある程度の満足を与える必要があるからである。また、援助目標を設定したり今後の会い方などを決めたりする契約をしなければならないからである。初回面接でクライアントを安心させ満足させることは、クライアントの来談意欲を高め、その後の面接の進行に大きな影響を与える。

面接回数は週に一、二回が普通である。ただし、クライアントの病理のレベル・発達のレベル・年齢などに応じて、面接時間や間隔を短くしたり、回数を増したり少なくしたりしなければならないことがある。例えば、統合失調症の人との面接では五十分は長すぎるので二、三十分の面接を週二、三回にするとか、行動化傾向の強い人の場合も面接回数を増やさなければならない、ということがある。

仕事を持ち、外来通院をしている人では、その人の現実生活を壊さないように慎重な面接の進行にしなければならない。したがって、二週に一度、一か月に一度という間隔でやることもある。また、夫婦面接の場合は一時間をあてることが多い。

面接契約ができて面接を開始したら、事故や緊急の場合あるいは公的な出張などを除いて、確実に時間を守るのが原則である。心理臨床家のほうから任意にあるいは勝手にこの約束の時間を変更することは許されない。このような一定の時間枠のなかでこそ、時間オーバーする人やいつも遅れて来る人などが示す、枠組みを壊そうとする病理や枠にすがろうとする動きなどのさまざまなクライアントの動きを観察することができるのである。

ここで、時間の約束に対するクライアントの違反にどう対処するかについて触れておこう。約束の時間に遅れたり、来なかったりするような時間枠に触れるクライアントの行動は、クライアントのいろいろな動機を表している。もちろん、突然の用事・事故・交通渋滞その他のまったく外的なできごとで遅れたり、来なかったりする場合もある。しかし一般には、面接者に対するクライアントのいろいろな感情が無意識に示されていることが多い。例えば、約束した時間によく遅れ、あと十分しかないときにやってくるような場合がある。普通はその十分のなかで遅れた理由を聞き、次の予約を決めるだけにする。自分が遅れてきたにもかかわらず約束の時間で終わったことに対して、「せっかく来たのに、冷たい人だ」といった反応をするクライアントは面接者と張り合ったり、時間枠を自分の支配下におこうとすることも少なくない。もちろん、遠い所から来て、列車の都合その他で遅れるような場合もあるから、よく状況を確かめることが大切であろう。このような場合には、都合のつく限り時間をとってあげるべきであろう。

時間を引き延ばそうとする人もいる。普通は約束の時間で終わる。時間の引き延しにも、面接者への依存性や張り合いなど、さまざまな感情が表現されているので、面接者は十分に注意しておく必要がある。

逆に、面接者のほうが時間に遅れたり、予定時間をすっかり忘れてしまう、ということもないではない。それらは面接者がスケジュールのうえで無理をしすぎていたり、クライアントに何らかのこだわりがあったりすることから起こることが多い。そういう面接者側の約束違反は、クライアントの心を深く傷つけることになる。そのようなときには、自分の行為を素直にクライアントに詫びると共に、面接者は自分の心のなかに起こっているクライアントとの関係をよく反省しなければならない。このことについては、あとでさらに述べよう。

定期的面接の場合、約束した時間にクライアントが来なければ、次の時間まで待つのが普通である。しかし、事故や家族の不幸で来れないことがわかれば、面接者は人間としての同情心を示すことが大切であろう。

面接期間は、クライアントの問題やさまざまな条件によって異なってくる。数回から数年までいろいろである。クライアントに面接期間はどのくらいかかるのかと尋ねられたら、まず、クライアントがどのような意図で質問しているかを確かめる。そして次に、おおよその期間を伝えるのが親切だろう。問題からみて長くかかりそうな印象があれば、一年とか半年とかを一つの区切りとして伝え、「ともかく、それまで通ってみませんか。そして、その時点でまた考えましょう」といったやり方がよいだろう。というのは、「二、三年はかかりそうですね」などと言ったりした場合、クライアントはそれだけで自分の問題の重大さに圧倒されてしまい、心理面接に取り組むよりも、絶望してしまうということがありうるからである。

面接者側の事情で面接が中断することがある。例えば、面接者の病気とか、公務の出張とか、転動など。これらは普通、面接過程のなかで大きな問題となる。一般には、はっきりと理由を伝えて、クライアントに理解してもらわねばならない。それと同時に、面接者は早くから面接のなかで「別れ」の準備をする必要がある。このことは、重症のクライアントを援助対象としている精神科病院の心理臨床家の場合、特に注意を要する（第5章第10節をも参照されたい）。

（3）面接場所

面接場所の問題は、クライアントの訪れた機関によってかなり異なってくる。ここでは共通した点だけ触れておきたい。面接場所は、クライアントが安心して面接者に心を開くことができる所を配慮しなければならない。

したがって、静かでクライアントのプライバシーが保たれる所が望ましい。そういう場所がないからといってクライアントの家に行って会うとか、喫茶店で会う、ということはやめるべきである。特に初心者の場合、そのような方法は基本ルールをはみ出していると考えたほうがよい。

面接者にとって、いつも馴れた落ち着ける場所であることは、心理面接をするうえで大切なことである。しかし、場所がないとやれないからといって、強引に面接室や遊戯室（プレイルーム）を要求することも考えものである。すでに「身のまわりの準備」（第2節の2）で述べたように、自分の置かれている臨床の場の状況をみて考えていくべきであろう。強引に確保したところで、他のスタッフや関係者の協力がなければ面接などやれはしないことを、しっかり心に留めておいていただきたい。

（4）面接場面

この問題には、面接形態、例えば一対一にするか、複数面接にするかということから始まり、椅子の配置、部屋の大きさと模様、面接者の服装、遊戯療法であればおもちゃや箱庭の道具などの配置の問題などがある。

面接形態は目的に応じて選ばれる。普通、大人の神経症の人であれば一対一の面接になる。しかし、問題が夫婦間の感情の調整であれば夫婦同席面接になるし、子どもの心理面接の場合は親子並行面接を行うこともある。どの方法を用いるかは、面接の目標いかんである。

面接室の配置は普通、対面法が用いられる。どのような角度と距離がいいかは、面接者とクライアントの好みがあり、一定しない。筆者は二メートルくらいの間隔を置き、百五十度の角度でクライアントと会うことが多い。椅子はどんなものでもいいが、ゆったりと寛いで話せるようなものがあれば都合がよいだろう。精神科の診察室で面接するような場合、精神科医の面接態度と心理臨床家の心理面接との違いを、クライアントがどのように受けとっているかに注意をしておく必要がある。また、病院の心理臨床家の場合、白衣を着るか、着ないで面接するかの問題がある。一般には、着ないほうが長い目でみてクライアントに安心感を与えるようである。しかし、職場の慣習もあるので、場全体のことを十分考慮に入れることが大切であろう。

遊戯療法の部屋の広さは普通の面積より二、三倍の広さがあればよい。遊戯療法の部屋も遊具もこれだけないといけない、というのではない。子どもの動きから内的世界が判断され、面接者と子どもがともに気持ちを分かちあえるような体験ができるだけのスペースと遊具があればいいのである。できるだけ子どもにとって魅力のある部屋であることを心がけておくことも大切である。

面接をテープにとる場合、クライアントに許可を得なければならない。テープをとるときには、テーブルの上に見えるようにマイクをおいて目の前でとるべきである。どこか見えない所に置いておくと、かえってクライアントの不安をかき立てる。隠しマイクでクライアントの許可なくとることは、いかなる場合にも許されない。

(5) 料　金

心理面接を行っている所を機関別にみると、医療・教育・福祉・法務・産業それに個人開設の心理相談室などがある。このなかで面接をして料金をとっているのは、医療機関と個人開設の心理相談室だけである。最近では大学の心理教育相談室や心理臨床センターが料金を取っているが、他の教育機関では徴収していない。また、医療機関は保険適用の範囲内で料金を支払うことになる。

金銭の問題は、面接にいろいろな影響を与えるので注意が必要である。料金が明確に示されると、面接者の責任と義務が明確になり、クライアントの権利と責任も明確になる。病院以外の公的機関では無料で行われることが多いため、クライアントと面接者のたがいの権利と義務関係があいまいになったり、権力的関係になったり、必要以上の罪悪感が出たりして、面接者－クライアント関係そのものに影響することがあるので注意を要する。

面接者に対するクライアントの贈り物も、面接関係の力動性として重要であるので、面接関係の問題としても考えておかねばならない。これについては、第7章にも述べてあるので参照していただきたい。

（6）面接者の側の要因

心理面接の基本ルールを規定する面接者の側の要因として、面接者と対象との相性、面接者の年齢、経験、性別などがある。面接者もまたクライアントと同じように、個人的相性がある。心理療法が面接者とクライアントの全人格的かかわりを引き起こすものであるだけに、この個人的な相性が面接関係に及ぼす影響を取り去ることはできない。

野球でバッターが特定のピッチャーを苦手とするように、面接者も特定のクライアントを苦手にすることがある。ヒステリーを中心問題とした人に会うと、いつも喧嘩別れになってしまう面接者がいる。また、思春期の人たちに会っていると、とりかかるところがなく、いつもイライラしてしまう面接者もいる。これらは、面接者自身の未整理の心の問題とかかわっていることが多いから、面接者自身の問題として解決しておかねばならない。しかし、当面、相性のよくないクライアントは、避け得るなら避けたほうがよいだろう。そして、クライアントを他の面接者や施設に紹介するようにするのである。

面接者の年齢や臨床経験も、考慮に入れておかねばならないものの一つである。初心者がよく出会うのは、面接者よりもクライアントが年長の場合である。この場合、相手の社会的立場・社会的経験の豊かさを尊重することが大切である。また、夫婦の問題・子どもの問題・セックスの問題・会社の上下関係の問題など、面接者としては未経験の領域が多くてむずかしい場合も多いだろう。ここでも、わからないことはわからないと言い、敬意を失うことなく事情を教えてもらう姿勢が大切である。そのなかから、クライアントの陥っている心の問題が浮き彫りにされることが多い。同様に、クライアントがかなり重症の人の場合、例えば統合失調症の人の場合など、初心者としては関係の論文や著書をよく読んで、準備しておかねばならない。このことについては、第5章第10節を参照していただきたい。

次に、面接者の性別の問題がある。思春期のクライアントの場合、一般に同性の面接者が望ましい。とはいっても、面接者が同性のみだったり、一人だけのため望ましい性別の面接者が得られない場合、思春期・青年期のクライアントは特に異性に敏感であることを十分に注意して、初めからいきなり性の問題などに触れないようにして、面接者－クライアント関係を深める努力をすべきであろう。この点については本章の第4節に述べているので、これも参照していただきたい。

独身の面接者は、既婚者との面接をする際にしばしば困難に出くわす。面接者が独身だとわかると、クライアントのほうが、自分たち夫婦のセックスの悩みが話せないと感じたり、遠慮したりすることがある。若い異性の面接者になると、クライアントは一段と話しにくくなる。このようなとき初心者によくみられるのは、自分のほうでも意識しすぎたり、照れたりすることである。基本的には、セックスもクライアントの対人関係における障害の重要な表現である、という観点に立って取り扱うべきであろう。それでもなお面接者にこだわりが出る場合には、第1章第5節で問題にした内的動機を吟味しておく必要がある。

面接者自身の内的問題に敏感であることはマイナスではない。内的問題が面接過程を妨害したりしないように努力すればよいのである。それでもうまくいかないときには、誰かに代わってもらうか、他の施設に紹介することが考えられよう。

（7）クライアントの来談動機

クライアントの来談動機は、面接者－クライアント関係を左右する要因の一つである。特に、クライアントが自発来談ではないときに問題が大きい。例えば、思春期やそれ以前の子どもの場合は、親に連れられて来談してくる場合が多い。精神科病院でも、自発的に来談した人でない人も少なくない。だから、まず来談の動機を明らかにしなくてはならない。

自発来談でない場合、面接契約をすることがむずかしい。例えば、登校拒否の子どもの場合、初回の面接者との出会いが面接関係を受け入れさせ、自発来談にもっていくこともあり、反対に、初回の面接で面接者や面接場面を決定的に拒否することになってしまうこともある。また、動機を知ってこれに対処できることは、その後の援助関係をうまく進めるのに役立つことが多い。この場合に注意することは、面接者が家族や親と結託してクライアントに会おうとしているのではない、ということを知らせることである。面接者はあくまで第三者であり、他の関係者の意向に左右されず、援助的でありたいと思っていることを知らせることである。

(8) 他の専門家との関係

クライアントが他の機関から紹介された人であったり、入院していて主治医とのかかわりを必要とする事態になったりすることがある。ここでは、その際に注意すべき点をいくつか取り上げてみよう。

どこかの機関からクライアントを自分の所に紹介された場合は、紹介を受けてその後、クライアントをどのように見立て、どういうかかわりをするかを、簡潔に紹介者に伝えねばならない（本章第6節を参照のこと）。紹介されてきたクライアントの場合、紹介者とクライアントとの関係をしっかりつかまねばならない。また、紹介者と面接者との関係もはっきりさせておく必要がある。例えば、面接者の知人からの紹介である場合、面接者が知人である紹介者に気を遣い、そのことがクライアントとの関係に何らかの偏りをもたらしたりする。

病院で面接を行っている場合、面接者は主治医との関係をうまく保たねばならない。主治医のいる病院での場合の長所は、主治医に管理医の役をとってもらって、面接者は心理療法に集中することができる。しかしまた、主治医－面接者－クライアントの間で三角関係が起こることも少なくない。そういう場合、クライアントが主治医か面接者のどちらかに強く取り入って、二人を張り合わせようとしたりしていないかを注意する必要がある。三角関係が起こるような場合、面接者は主治医としっかり納得のいくまで話し合い、協力態勢を立て直すことが大切である。このことはよく起こりがちであるうえに、大変微妙な問題でもある。それだけに、クライアントに与える影響が大きいことを考慮しながら対応することが望まれる。

以上、心理面接の基本ルールについて述べた。ここで述べたことは一般的に考えられる基準である。心理臨床の初心者は、自分の属する施設の特殊性に応じてこれらの問題をよく吟味し、心理面接を開始する前に、自分なりの基本ルールを明確にしておかなければならない。

第4節　クライアントの発達段階および自我の強さに応じた心理療法の基本ルール

前節では、すべての心理学的処遇の基礎となる心理面接には基本ルールがあるという立場から心理面接の基本ルールを支える諸要因を取り上げ、その援助的な働きについて述べた。これらの基本ルールのなかにある要因は、心理面接の技術の体系のなかでは、いわば最低限必要な基本ルールである。

心理面接を行う者は、このような基本ルールをしっかりと身につける必要がある。しかし、それだけでは十分ではない。実際の面接では、クライアント一人ひとりにふさわしい面接を工夫していく必要がある。また、相談機関によって心理面接のあり方は微妙に異なってくる。

そこで、次に、これまで述べてきた心理面接の基本ルールの考え方に沿って、クライアントや相談機関に適した心理面接の組み立て方について考えてみたい。まず、本節では、クライアントの「自我の強さ（ego strength）」に即して心理面接をいかに組み立てるかを考えてみよう（自我の強さとは、自我の持つ諸機能の働き方の健全さの度合いのことである）。

自我の強さには、クライアントの自我がどの発達段階に位置するかという発達的側面と、自我の防衛機制がどの程度正常か病理的かという病理的側面がある。そこで、幼児期から児童期、思春期から青年前期、青年後期から成人期、老人期といった発達段階を縦軸に、正常・神経症・境界例・精神病といった病理水準を横軸にした座標軸にクライアントの自我の強さを位置づけながら、それに即した心理面接を組み立てていくうえでの留意点を述べたい。

１　幼児期から児童期の心理面接の組み立て

（１）発達段階に即した特徴

この時期の心理面接は、ほとんどの場合プレイルームで行われる。これは、子どもの遊び（play）というものが大人の言葉と同じように子どもの内的世界を豊かに表現し、他者との意思疎通の手段として役立ち、自我に援助的に作用するからである。プレイによる面接は、子どもが内的問題を行動や身体症状として示すというこの時期の精神病理の特徴に即していることからも適切な方法である。いずれにしても、子どもにプレイルームという場を提供することがこの時期の面接状況の第一の特徴である。

子どもは、たとえ知的・情緒的・行動的問題を呈していても、自らの意志で相談機関を訪れることは少ない。面接者（ここではプレイセラピスト）としては、そのような子どもの来談意欲を高め維持する工夫が必要である。「プレイルームは楽しい所だ」「先生はやさしい」「プレイルームへ行くことはためになる」――こうしたよい印象を子どもに与える工夫が面接者には要求される。これがこの時期の第二の特徴である。

来談意欲の低い子どもとの心理面接を維持するためには、親の協力が欠かせない。また、言語表現力の乏しい子どもの問題や日常生活に関する情報を得るためには、親から話を聞くのがよい。さらに、子どもは未だ親から直接的な影響を受けて生活しているので、子どもの問題を改善するためには、親自身の態度を改善しなければならないことが少なくない。このように子どもの心理面接では、心理面接の継続・情報の収集・環境調整といった目的で、親の並行面接を導入することがごく一般的なやり方になっている。これが子どもの面接状況の第二の特徴である。

以上のように、この時期の心理面接は、子どもの自我の発達段階にできるだけふさわしい、無理のない形で行われなければならない。けれども、子どもと面接者の双方が時間や場所の約束を守るなどの心理面接のさまざまな基本ルールに従わなければならないのは、他の発達段階の心理面接の場合と変わらない。

（２）病理水準に即した留意点

子どもの心理面接を組み立てることは、子どもを無理やりプレイルームに押し込めたり、心理面接の約束事で縛ってしまうということではない。基本ルールの持つ形式的側面に面接者がとらわれることなく、子どもがのびのびとプレイできる場を作り、なおかつ基本ルールを生かすことが望ましい。例えば、落ち着きのなさが主訴で来談した子どもや自閉的傾向のある子どもは、プレイルームを窮屈に感じたり、あるいは限られた場所で一定の時間を過ごさなければならないことが理解できない場合があるかもしれない。したがって面接者は、しばらくの間は子どもの後を追ってプレイルームの外へ出て、庭やグラウンドで多くの時間を過ごさなければならないだろう。このようなときも、面接者はあまりにも子どもに迎合的になったり、プレイルームをまったく放棄してしまわないことが大切である。むしろ、可能な範囲で面接状況の組み立ての努力を辛抱強く重ねる必要がある。そのような面接者の一貫した姿勢に応えて、多くの子どもたちは、屋外で展開していたプレイの主題を、次第にプレイルーム内のプレイや箱庭に、さらには面接者との関係のなかに凝縮された形で表現するようになるものである。

心理面接を基本ルールに従って組み立てていくことは、クライアントの心的世界を次第に浮き彫りにしていく一つの力動的プロセスであることを、子どものプレイセラピーはよく教えてくれる。

ところで、自我の病理が神経症レベルから精神病レベルへと進めば進むほど、親の並行面接が重要な役割を果たすのは、子どもの場合も同じである。この親の並行面接の導入に際しては、注意しなければならないことがいくつかある。

まず、心理面接の初心者ほど、子どもと同一化して、親を子どもの問題の原因ときめつけ、親の態度の改善を性急に迫る傾向がある。このような面接者の態度は、親の罪悪感をいたずらに強め、親の来談意欲を低めるばかりでなく、子どもの心理面接の継続をも危うくする。

子どもの自我の病理が深く、面接が長期に及ぶことが予想されれば、それだけに、親の並行面接は子どもの心理面接と同じく、まず協力関係づくりから始め、長期的見通しを持ってのぞむ必要がある。

次に、子どもの面接者と親の面接者の関係は、子どもの面接ができるだけ円滑に展開するように親の面接者が子どもの面接者に協力する、というのが原則である。子どもの面接者が子どものプレイを深く理解できるように、親の面接者は親から適切な情報を収集する。親が子どもの変化についていくのが遅れたり、子どもの改善を妨げることのないよう、親に働きかける。時には、親だけでなく、担任の先生や医師とも話し合う。このように、子どもと親とが足並をそろえて無理なく変化していくためには、二人の心理面接者の間で各面接回の終了後、きめの細かい情報や意見の交換を持つ必要があろう。さらには、親の面接には、二人の心理面接者がそれぞれ子どもと親を分担して行う並行面接の他に、一人の面接者が子どもと親に別々に会う継時面接、子どもと親に同時に会う合同面接などの形態があり、それぞれの長所と短所をわきまえて採用するのがよい（図４－１を参照）。技術的には、並行面接・継時面接・合同面接の順にむずかしくなるので、初心者はこの順に経験を積んでいくのが望ましい。

2　思春期から青年前期（中学・高校生）の心理面接の組み立て

（1）発達段階に即した特徴

中学生になると、心理面接の場はプレイルームから面接室へ移行する。けれども、中学から高校にまたがるこの時期の子どもたちは、言語による自己表現力をまだ十分に開花させていない。したがって、心理面接でも言葉による意思疎通を第一としながらも、手紙・日記・詩・絵・漫画といった援助的補助手段を用いることが多い。

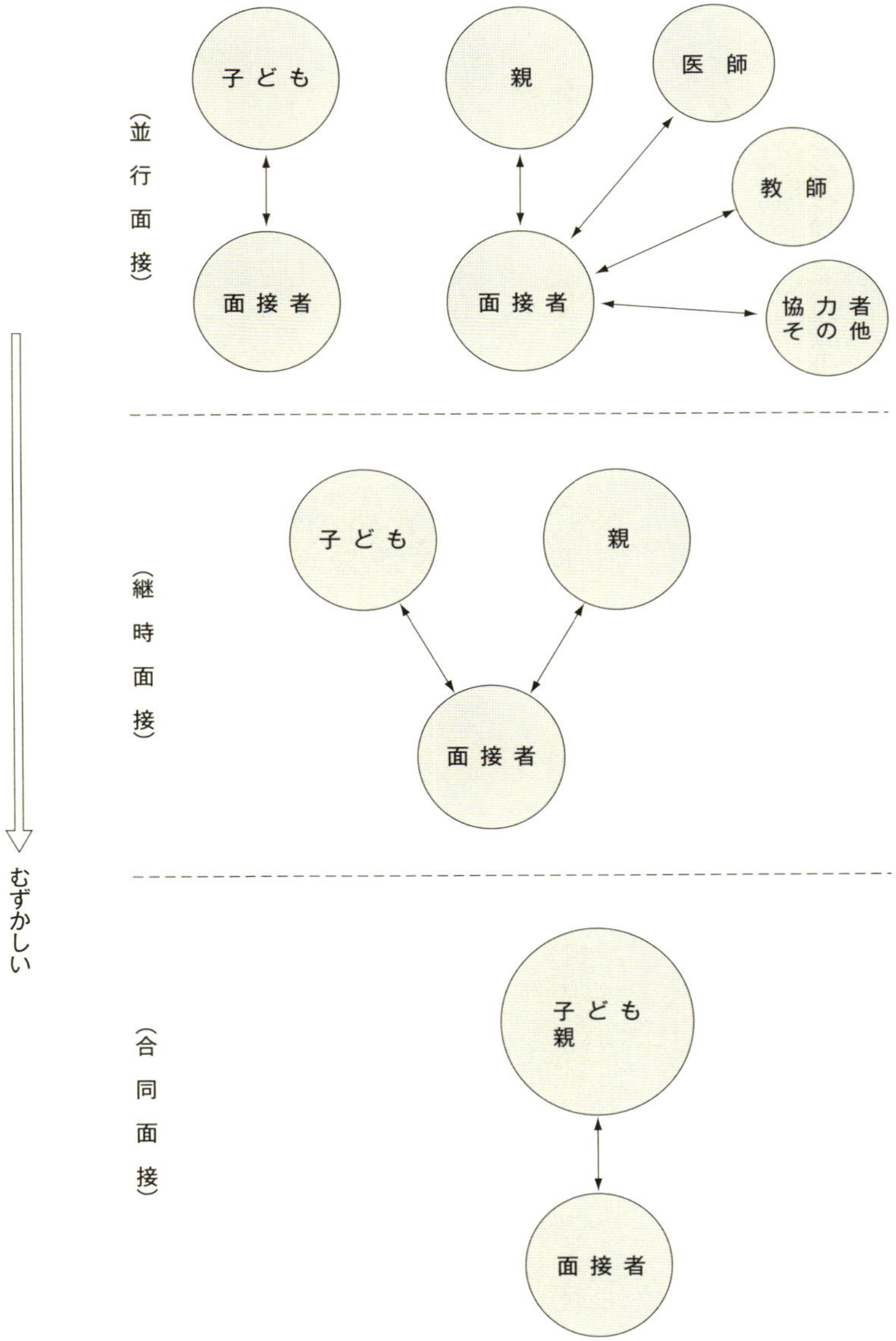
（並行面接）
子ども
面接者
親
面接者
医　師
教　師
協力者
その他
（継時面接）
子ども
親
面接者
（合同面接）
子ども
親
面接者
むずかしい

図4-1　親との面接

こうした補助手段を面接状況にいかにうまく組み込むかが，面接の成否を左右することがある。これが，この時期の心理面接の第一の特徴である。

この時期は自我の発達からみて子どもが親から心理的な分離独立を激しく試みるときである。この時期特有の依存－独立の葛藤の渦中にいる子どもたちは，心理面接のなかにこの葛藤を持ち込んでくる。したがって，幼児期から児童期の子どもたちとは違った意味で，まず面接に参加させるという段階で来談意欲を高めるような配慮が必要となる。彼らは，内心援助の手が差し伸べられることを望んでいながら，面接者が周囲の大人たちと同じように大人の論理を押しつけてくることを恐れ，面接に拒否的となることも少なくない。面接者としては，このような子どもに対して粘り強く，しかも押しつけがましくならないように，面接とは何かを伝えていく必要がある。例えば，子どもが面接者を信頼して自発的に来談するまで，手紙のやりとりを続けながら辛抱強く待つのもよい。これがこの時期の心理面接を組み立てていくうえでの第二の特徴である。

この時期の子どもたちは，内的な両親像からの分離独立にあえいでいるために，子どもにとって大人である面接者は，敵か味方かという二者択一的な形でとらえられやすい。したがって，親面接の導入に当たっては，面接者と親が子どもの見えない所で結託しているという印象を与えないように，細心の注意が必要である。

親だけでなく，学校の担任などと接触する場合も，事前に本人の了解を得，親面接のあとでは話し合いの内容をできるだけ本人に伝えるといった配慮が必要である。この時期も，親面接や学校との協力関係が重要な役割を果たすだけに，本人の面接者以外にもう一人の面接者が並行面接という形で協力することが望ましい。これがこの時期の心理面接の組み立ての第三の特徴である。

（2）病理水準に即した留意点

この時期には，思春期ヒステリー・思春期うつ病・思春期心身症・非行・性的逸脱行動など，思春期の開始と共に現れ思春期の終わりと共に急速に減少していく，いわば一過性の精神病理や行動上の問題がある。また，さまざまな神経症や境界性パーソナリティ障害，統合失調症といった成人の精神病理が最初に現れるのもこの時期である。したがって，この時期の子どもたちの心理的・行動的問題は症状や問題行動といった現象面ではなく，その子どもの自我の病理にまで立ち入ってとらえなければ，とらえ損なう危険がある。そして，心理面接も，現象面ではなく自我の病理水準に応じて柔軟に組み立てを調節する必要がある。

例えば，神経症的登校拒否と診断された子どもでも，状態像や経過さらには自我の強さの程度から，神経症的うつ病（神経症レベル）や，思春期妄想症（境界例レベル），さらには統合失調症（精神病レベル）の初期と診断するのが適切な場合が少なくない。このような場合，心理面接の状況として，子どもの自発来談を気長に待つか積極的に働きかけるかどうか，家族面接・薬物療法・入院治療を導入すべきかどうか，学校とどのような協力体制を組むか，といった点が自我の強さのアセスメントの違いによって異なってくる。家庭内暴力や思春期やせ症，さらには非行の場合も，そうした現象や症状の背後にある自我の病理水準はさまざまであり，したがって心理面接の構造もさまざまに変化させなければならない。

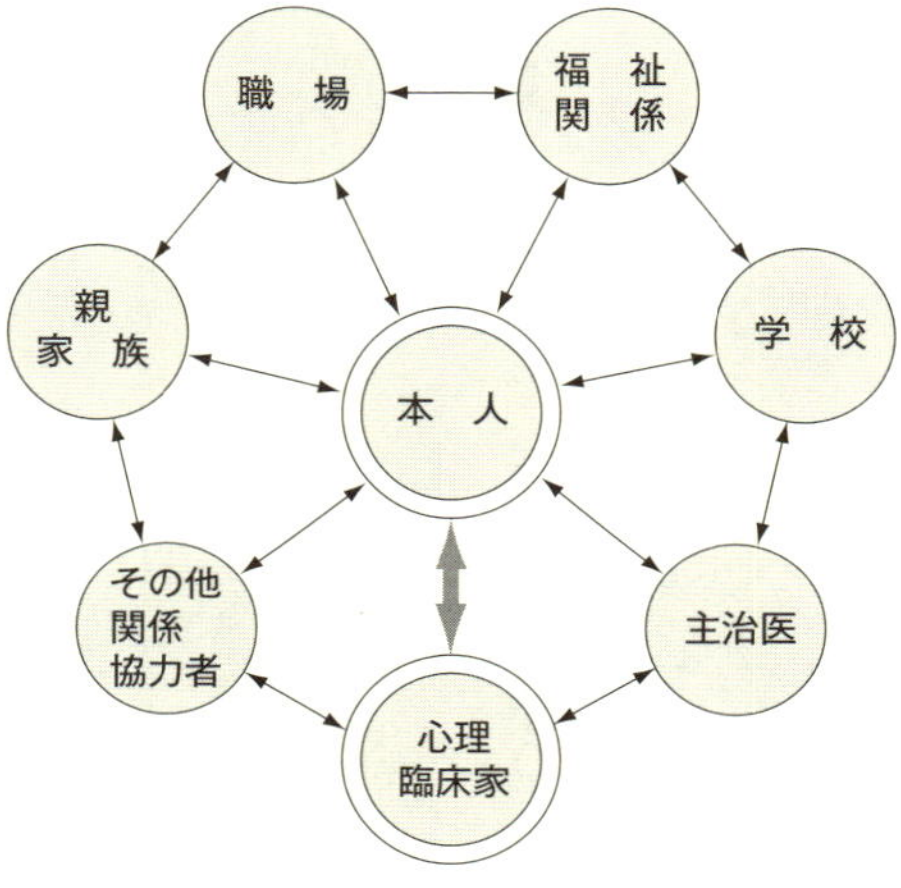

図4－2　本人と関係者

この時期の精神症状や問題行動のもう一つの特徴は，症状や問題行動の変化が速く，またその度合いが大きいことである。したがって，そのような変化に迅速かつ適切に対応するためには，複数の面接者や複数の相談機関が役割分担を決めて連携しあう必要がある。例えば，統合失調症の発症間もない子どもには，学校では担任・教育相談担当教諭・養護教諭，病院では主治医と心理臨床家，家庭では両親に加えて心理学の素養のあるカウンセラー的家庭教師、といった人々がそれぞれの場で援助する。非行を犯して矯正施設を出てきたばかりの少年のなかには、強烈な孤独感や疎外感から再び非行を繰り返してしまう子もいる。こうした社会復帰直後の危機状態にいる子どもには、カウンセラー・お兄さんお姉さん役のボランティア・保護司・教師や職親、（抑うつ反応・イライラ・不眠などが出ている場合には）医師、といった人々の一連の援助の手が必要である（図４－２を参照）。そして、このようなチームワークを組織するのに最も適任なのが、心理面接者である心理臨床家なのである。

3　青年後期（大学生）から成人期の心理面接の組み立て

（1）発達段階に即した特徴

この時期になると、それまでの発達段階に比べて心理面接は比較的組み立てやすくなる。しかも、心理面接の基本ルールに対するクライアントの反応から、そのクライアントの自我の特徴をかなり明確にすることができるようになる。例えば、遅刻・欠席、沈黙、その他面接中の態度などを、発達的要因よりもクライアントの自我の防衛機制の視点から意味づけることができるようになる。これがこの時期の心理面接の第一の特徴である。

日本の場合、心理面接とは何かという理解が乏しい。特に、話すだけで自分の問題の解決に本当に役立つのかという疑問を抱いたり、心理面接で何をどう話していいかわからず途方にくれるクライアントも少なくない。したがって、学生や成人のクライアントにも、導入に当たり心理面接の目的を説明したり、心理面接に入ってからでも初期のうちは、心理面接を自己表現の場としていかに利用したらよいか、示唆したり励ましたりするほうがよい場合もある。少なくとも面接者がいきなり自由連想風に、「何でも思いつくことを話してください」とだけ言って始めるのでは、あまりにも不親切だといえよう。

青年後期は、思春期や青年前期の発達課題である親からの分離独立やアイデンティティの確立といった内的作業の仕上げの時期である。また、結婚相手と職業という人生の二大選択を迫られる時期でもある。日本では最近、この時期の終わりは男女共に次第に引き延ばされる傾向があり、特に男子青年の場合は二十代後半まで延ばされることも少なくない。

この時期のクライアントとの心理面接においては、日本の青年の置かれたこのような心理・社会的モラトリアム状況を考慮する必要がある。彼らはモラトリアム期間において、スポーツや芸術や若者文化と称されるサブカルチャーに熱中し、異性との関係を初めとする性的実験を繰り返す。面接にもきちんと通ってくるとは限らない。けれども、このモラトリアム状況は好むと好まざるとにかかわらず、彼らが投げ込まれている社会文化的状況なのである。したがって、面接者にとって大切なのは、このような状況を彼らが自我の成長のためにうまく生かしながら通過しつつあるかどうかをじっくりと見きわめる姿勢である。これがこの時期の心理面接の第二の特徴である。

これに対して成人のクライアントは、そのほとんどが職業を持ち、家庭や地域社会での責任ある役割を担っている。そのために、時間の約束をするうえで、できるだけ家庭生活や社会生活に支障のない時間帯を考慮する必要がある。心理面接に通わざるを得ないことを恥ずかしく思い、人目を避けて来談したいという気持ちも無視できない。筆者（児玉）は、ある高校の教師をしているクライアントと心理面接の時間の予約をしたあとで、次の時間に同じ高校の生徒と面接の約束をしていることに気づいて、慌てて時間を変更したことがある。もし、自分の学校の生徒と面接室の前でばったり出くわしたら、その教師は大変当惑するだけでなく、職場でも困ったことになったであろう。これがこの時期の心理面接を組み立てるうえでの第三の特徴である。

成人期のクライアントは長い生活史を持ち、性格や自我防衛のあり方も、それまでの時期に比べて柔軟性を失いつつある。また、クライアントの抱えている家庭的・社会的現実は、必ずしも長期の心理面接を許すとは限らない。したがって、この時期の心理面接の目標を設定するにあたり、クライアントの自我の柔軟性や社会的・経済的条件を考慮して、きわめて現実的に判断しなければならない。病的な性格や自我機能の根本的な改善までいかずとも、症状の軽快や、症状を抱えたままでも現実適応が可能になるといったレベルで満足しなければならない場合も少なくない。これがこの時期の心理面接の第四の特徴である。

心理面接の初心者は、この時期のクライアントと同年代か年下になることが多い。このように、同年代かあるいは年長のクライアントを相手にした場合、面接者はクライアントにたえず専門家としての腕を問われているような気がするものである。職業的に未熟であるがゆえの不安から、クライアントに迎合的になったり卑屈な態度になったり、逆に権威的・高圧的になったりする場合がある。他の時期にもまして、この時期のクライアントに接する初心者には、自分の面接態度を客観的にとらえ修正していくためのスーパーヴィジョンが必要である。これがこの時期の心理面接の第五の特徴である。

（2）病理水準に即した留意点

この時期の心理面接の構造は、クライアントの自我の病理水準に即して適切に組み立てる必要がある。そこで、本来は神経症レベル・境界例レベル・精神病レベルといった自我の病理水準ごとに心理面接を組み立てるうえでの留意点を具体的に述べなければならないが、これは本書の枠を超える。ここでは、二つの古典的神経症と統合失調症の心理面接を例にとって、初心者が留意すべきことをいくつか述べてみたい。

成人の神経症のなかでは、ヒステリーと強迫神経症が代表的である。この二つの神経症の心理面接はいろいろな点で対照的であるが、心理面接の組み立ての観点からも興味ある対照を示している。ヒステリーのなかでも自己愛的性格をもつクライアントは、心理面接が始まるや否や、面接のいろいろな約束事を自分の都合のいいように変えようとしはじめる。面接時間を延ばしてほしいとか面接回数を増やしてほしいといった要求に始まり、面接者から手紙や電話を寄こしてほしい、面接室外で会ってほしい、といった誘惑に近い要求にまでエスカレートする。これに対して、強迫神経症のクライアントは、定刻通りきちんとやって来て、面接時間一杯熱心に話し続ける。面接を休むこともほとんどない。要求がましいどころか，大変礼儀正しい。けれども，いくら回を重ねても，彼らは症状の訴えや日常生活の細々とした報告を延々と話し続けるだけで，その背後に渦巻く激しい感情は容易に吐露されるにいたらない。

要するに，ヒステリーのクライアントは，面接場面や面接者という現実を自分の自己愛的な妄想の世界にとり込もうとして心理面接の基本ルールを揺さぶる。これに対して強迫神経症のクライアントは，心理面接の外的・形式的なことには必要以上にあわせるものの，肝心の自分の感情を表すのは巧妙に避け，心理面接を空転させる。

ヒステリーや強迫神経症に限らず，神経症のすべてのクライアントは心理面接の基本ルールに大変独特な反応を示す。だから，面接の基本ルールは，クライアントの神経症的防衛や病的対人関係様式を浮き彫りにする枠組みとしての役割をも果たすものである。また，心理面接の基本ルールは，面接者がクライアントの病的な対人操作に巻き込まれたり，心理面接をいたずらに空転させないよう，クライアントと面接者を保護する役目をも果たすのである。

統合失調症のクライアントとの心理面接は入院・外来のいずれの場合も，大変困難な課題を抱えている。統合失調症者と一対一の集中的な心理面接を行うためには，他の病気や障害の場合よりも何倍もの準備期間が必要である。統合失調症者の精神病理についての知的理解を深めておくことはもちろん，彼らの対人関係の持ち方や日常の生活態度の特徴を，体験的によく把握しておく必要がある。例えば，精神科病院勤務の心理臨床家は，心理テストを通して，あるいは院内行事の機会に病者と接触するなかで，徐々に理解を深めておくことができるであろう。そして，病者の話からだけでなく表情や態度からも，そのときどきの精神状態の良し悪しがわかるようになる必要がある。このように病者と生活を共にして，統合失調症者の心の内と外がかなりわかるようになってから，心理面接を開始することが望ましい。

精神科病院勤務の心理臨床家のなかには，統合失調症者に対して心理面接の基本ルールを当てはめることはとてもできない、と最初から諦めている人たちもいる。もちろん、病院内に面接室もなければ病者との心理面接を依頼してくる医師もいないところでは、そうであろう。けれども、心理面接の必要性を認め、そのための部屋を設け、患者さんを紹介してくる医師も少なくない。そのような場合、まず患者さんに心理面接が適当なのかどうか慎重に判断して受理することが大切である。

面接者が初心者ならば、例えば退院の日もさして遠くない比較的安定した状態の患者さんを選び、面接の目標も、退院の準備と退院後の社会生活への適応を円滑に進め再発を防ぐといった現実的なレールに限定するほうが望ましい。次に、患者さんに病室から面接室まで自発的かつ定期的に通うように粘り強く働きかけ、患者さんと面接の契約を交わすことが大切である。また、その患者さんに関しては、医師・看護者・ケースワーカーといったスタッフ間の役割分担に従い、心理面接者としての役割を忠実に守り、けっしてその枠を超えないことも、心理面接を成功させるうえで大切である（この点に関して、第5章第10節「精神科病院における心理臨床」をも参照してほしい）。

ただ残念なことに、現状としては、病院の医師を初めとするスタッフが心理面接に過大な期待を寄せ、病棟のトラブルメーカーの患者さんを紹介してくることが多い。また、心理臨床家が最初から大変むずかしい患者さんに魅入られる場合もある。そしてどちらの場合も、これまで述べてきた基本ルールの努力を省略して、とにかく無手勝流で悪戦苦闘することになる。それは病者の問題の解決にならないばかりか、そのような無謀な行為をもとに、病院のスタッフそして面接者自身も心理面接を不当に過小評価して、それ以上心理面接を試みようという意欲を失うことになりやすい。統合失調症者との心理面接においてこそ、「クライアントの病理水準が深ければ深いほど、面接者の経験が浅ければ浅いほど、面接の基本ルールはしっかりと組み立てられるべきである」という原則に従うべきである。そうすれば、かなり困難な道程ではあるが、患者さんの役に立つ心理面接が可能となるであろう。

4　老人期の心理面接の組み立て

(1) 発達段階に即した特徴

日本の高齢者の人口が増加し、老人問題が社会問題となっている。また、それとは別に精神科病院では長期入院患者の高齢化が進んでいる。したがって、面接者としても、高齢のクライアントのニーズに応えなければならなくなる。けれども、高齢者の相談に関しては、医師や看護師、保健師、ケースワーカーと比べて、心理臨床家の活動は多くない。心理面接の経験の蓄積も十分ではなく、これまでの時期と比べて明確な面接上の指針が得にくい。これがこの時期の心理面接の第一の特徴である。

老人期の問題に心理臨床家が取り組みにくい理由として、老人のクライアントの多くが、心理的問題だけでなく、慢性病であれ老化現象であれ、身体的な問題を抱えていることが挙げられる。死への不安も、身体の衰えと深く結びついている。高齢者の問題の相談にのるには、高齢者の身体的な問題から心の問題へ入っていくという姿勢が求められる。そのために、心理臨床家としては、医師や看護師・保健師といった身体の健康管理の専門家との密接な協力関係が不可欠であろう。これがこの時期の心理面接の第二の特徴である。

老人期は、経済的にも生活面でも再び家族に依存する時期である。同居・別居にかかわらず、主に長男の家族に支えられている。特に、高齢者が老人性うつ病や認知症といった精神的・身体的な問題を抱えたとき、家族の協力は欠かせない。もしも家族に頼れないときは、その代理としての社会福祉制度（具体的にはケースワーカーやホームヘルパー）の活用も必要となる。このように、家族の支えや制度をいかに心理面接の過程で活用するかも重要な鍵となる。これがこの時期の第三の特徴である。

高齢のクライアントと接する場合、成人期までのクライアントと異なり、現実適応や人格の変容といった心理面接の目標と違う面も大きい。むしろ、人生最後の段階でこれまでの人生をふり返り、来るべき死をいかに受け入れていくかということをどう援助するか、ということも重要な課題となる。治療（cure）ではなく世話（care）が高齢期医療で重視されるゆえんである。これが老人期の第四の特徴である。

（２）病理水準に即した留意点

高齢のクライアントといっても、自我の柔軟性が老化によって失われている度合いにはかなり個人差が大きい。壮年期の人と同じように精力的に仕事をし、みずみずしい感受性をいつまでも失わない高齢者もいる。このような人々には成人期とほとんど同じ面接の構造が保てるし、保つべきであろう。けれどもその一方では、老化の進み具合が早く、退行が進み、狭い内的世界に閉じこもってしまっている高齢者も少なくない。そのような人々には、一緒に考える姿勢の面接はわずらわしがられるだけである。このような場合、むしろクライアントの話をよく聴き、いかに具体的にわかりやすく実行可能なアドバイスを与えるか、ということが大切になる。いずれにしろ、高齢者の場合、成人の精神障害と同じバリエーションがあるのに加えて、老化の進み具合や高齢者を支える心理的・経済的環境がどの程度整っているかという要因も絡んできて、一人ひとりの問題が異なり、それだけ心理臨床家としても大変柔軟な対応が必要となる。

第５節　心理療法の過程で生じる諸問題

心理面接は数回で終わることもあるし、数か年という長期間続けられることもある。特に心理面接が長期間にわたる場合、面接者が取り扱いに苦慮するようなさまざまな問題が生じてくる。ここで問題というのは、面接者、それも特に初心者にとって理解することが困難に感じられたり、不快や不安になったりするクライアントの面接者に対する強い感情、さらに面接室外でのクライアントの行動のことである。本節では、そうしたもののなかで比較的よくみられ、取り扱いに注意しなければならないものをいくつか取り上げよう。さらに、こうしたことを理解するためには面接の過程を明確にすることが重要である，ということについて述べよう。

1　面接者へ向けられる激しい感情

心理面接がうまくすべり出し，面接者－クライアント関係が深まってくると，クライアントが面接者をすばらしい人に出会っているというふうに，極端に理想化することがある。また，クライアントと面接者の性が異なる場合，クライアントが面接者に恋愛感情を抱き，明らさまにそうした気持ちを向けてくることもある。また，こうしたこととは逆に，強い非難や敵意を向けてくることもある。こうしたクライアントの感情は強烈である。そのため，面接者はたじたじとなってしまい，どのように対処すればいいのか途方にくれてしまうことがよくある。

（1）面接者を理想化すること

先に，心理面接は技術であるということを述べた。しかし，ごく一般的にいって，心理臨床家は，人の心を読むことができる人，黙っていても心の奥底まで見通すことのできる人と見られやすい。「私はカウンセリングをやっています」とか「心理学を専攻しています」というと，それだけで，相手は一瞬警戒したり，一種独得の反応を示す経験を何度か持たれていることであろう。心理臨床家やカウンセラーは一般的にこうしたイメージでとらえられやすいものである。このことを初心者は，まず認識しておかなければならない。だから，心理面接の初期に，クライアントがこうしたイメージで面接者をみているとしても，それ自体はクライアントの病理ということにはならない。しかし，こうしたイメージをそのままにしておいていいというわけではない。

面接者が心理面接の初めから，わからないことはわからないと告げ，面接者とて単に一人の人間にすぎず，万能でもなければ魔法が使えるわけでもないという態度をとり続けたとしても，心理面接が進展し面接者－クライアント関係が深まるにつれて面接者がますます理想化される，ということがよく起こる。クライアントによって

「面接者は有能で素晴らしい人」だと理想化されるということは、面接者にしてみれば悪い気持ちはしない。むしろ気持ちよいものである。特に若い初心者で、クライアントが異性の場合ではなおさらであろう。「先生は何でもわかるのですね」とか、「先生は、私がわからない私の心の底まですっかりわかってくれているのですね」などと言われると、面接者はうまく心理面接が進展していると感じたり、いい気持ちになってしまいやすい。

しかし、やがて面接者は、この理想化がやっかいなものであることに気づくだろう。例えば、「私より先生のほうがよく知っているのだから、この先どうしたらいいのか先生が決めてください」とか、「私の苦しみを先生なら今すぐ解決できるでしょう。どうして解決してくれないのですか」などといった期待となって示される。こうなると困ってしまうだろう。

こうした場合、面接者が第一に考えなければならないのは、それまでの面接の経過をふり返ることである。そして、面接者に対するクライアントの理想化を積極的に促すようなことはしていなかったかどうか、また積極的ではないにしろ、理想化されることを内心歓迎していたのではなかったかどうか、よく考えてみることである。

第二に、いったいどのようなことをきっかけとして理想化が発展したのかを考えてみる。よくあることだが、面接者がクライアントの葛藤を要約したり、いわゆる深い解釈をした際に、クライアントはびっくりすることがある。そして、「先生はどうしてそんなことがわかるのですか」とか、「すごいですね」というところから理想化が発展することがある。H・S・サリヴァンは、クライアントが面接者を理想化することに特に注意を払った人である。サリヴァンは、解釈するという言葉をほとんど用いなかった。その代わりに、「言う」「尋ねる」「指摘する」という言葉を用いた。それは、解釈という用語は権威主義的であり、理想化を促し、共に問題に取り組むという基本的関係を壊してしまうと感じていたからである。サリヴァンは自分のなした指摘にクライアントが、「どうしてそんなことがわかったのですか」とびっくりしたとき、「私は二十数年もあなたのような人たちと話し合って勉強してきたのですよ。それだけやってきて、今あなたの言ったことの意味がわからないとすれば、私はよっぽど駄目ということになるんじゃないですか」と言ったということである。面接者が理想化され、それに酔うということは、反対にクライアントにとっては面接者との差を感じさせられ、クライアントの自尊心はいっそう低くなる。

第三に、理想化はクライアントの側の何らかの意識的・無意識的な欲求や必要性から生じるものである。甘えや依存性を満たすためだったり、心理的距離を保つためだったり、その他にも種々の要因があるだろう。このようにみると、理想化はクライアント自身の問題を理解するための重要な鍵であることがわかる。だから、共に探求することが必要である。理想化の奥にはまた、いろいろな感情が隠されている。例えば、面接者に対する嫉妬・うらやましさ・劣等感・自分自身への無力感などである。

理想化は、心理面接の進展に妨害的にだけ働くというわけではない。面接関係を維持したり、面接者にクライアントが同一化して取り入れをしたりするのは、理想化による部分が大きい。重要なことは、クライアントが面接者を理想化していることを面接者が気づいており、それが面接の進展を妨害しないように操作することであろう。

（２）面接者に対する恋愛感情

これは面接者を理想化することと関連している。ヒステリーや境界性パーソナリティ障害のクライアントと、異性の面接者との場合にこうしたことが起こりやすい。特に初心者は、クライアントの恋愛感情の強さにたじたじとなり、動きがとれなくなってしまうことがよくある。境界性パーソナリティ障害のクライアントの場合、恋愛感情は非常に強烈でむき出しになり、面接者を直接的・間接的にしつこく誘惑しようとする。できることなら初心者の場合、こうしたクライアントと心理面接をすることを避けるほうがよいだろう。また、もしこうしたクライアントと心理面接をしなければならないような場合には、スーパーヴァイザーを持つことがどうしても必要であろう。

こうしたクライアントと心理面接をする際、まず第一に重要なことは、これまで何度も繰り返し述べてきたように、基本ルールをしっかり守って面接をすることである。特に、面接室で、合意して決めた時間に、一定時間だけ会うことが重要である。面接室外、例えば喫茶店やクライアントの家、さらに面接者の家などでは絶対に会ってはならない。また、時間を延長したり、面接回数を十分な考えなしに増やしたりしてはいけない。面接者が心しておかなければならないのは、クライアントだけでなく面接者自身もまた、面接の基本ルールは守らなければならない、ということである。これは、たとえていえば、交通信号のようなものである。誰でも自分勝手に変えられるものではないということである。面接者は、面接の基本ルールをこうしたものとしてとらえておくべきである。そして、クライアントへもそう伝えるのがよいだろう。例えば、「これは、面接者としてやってはいけないことになっていますので」といった言い方で伝える。喫茶店で会うということは、クライアントにとってはデートであり、恋愛そのものであり、それ以外の何物でもない。面接の基本ルールを守り、クライアントと面接者という職業的関係をきっちりとさせておいてこそ、クライアントの恋愛感情の意味について一緒に探究することが可能になる。そして、こうした基本ルールを面接者が守ることで、クライアントもまた守られ、安心感が与えられる。「あの人は面接者で、私はクライアントである。そういう職業的関係なのに、私はなぜか強い恋愛感情を持っている」と実感することが重要である。そのことに気づくと、クライアントは安心する。制限や現実の枠組みをはっきりととらえることで、クライアントは不満に思いつつも安心する。

面接者は、クライアントから向けられる激しい恋愛感情をそのまま個人的に受けとらないように用心しなければならない。いってみれば、クライアントは面接者を借りて恋愛感情を発展させているのである。面接者その人に恋しているわけではなく、面接者の幻影（image）に恋をしているといってよいだろう。とはいっても、この感情はクライアントの心理的世界では、まさにリアルな激しいものであることも忘れてはならない。しかし、特にクライアントが向けてくる恋愛感情は、あくまでも面接者－クライアント関係という職業関係で生じたものにすぎない、ということを十分認識しておかなければならない。毎週きまった時間に会い、非難されることなく受け入れられ、しかも他の誰にも話したことのない、また話せないような心の奥のことを話すという関係を続けていけば、いろいろな感情が湧いたり空想が起きたりするのは当然のことである。

第二に、恋愛感情はその奥にある甘えや依存感情を隠そうとする無意識的な努力であることが多いということである。例えば、二十五歳の女性が若い男性の面接者にあからさまに依存感情を示すのは恥ずかしいことであり、脅威的であろう。それに対して、恋愛感情を示して依存しようとするのは、社会的にも、またクライアント自身にとっても容認できることであろう。こうした女性が、女性の面接者と面接する場合、依存感情が比較的容易に表されやすい。男性同士の場合も同じである。したがって、クライアントが面接者に強い恋愛感情を向けてきたときに探求しなければならないのは、クライアントの甘えや依存のことがらについてである。

(3) 面接者に対する非難・敵意・怒り

これまで述べてきたように、クライアントが面接者を理想化したり恋愛感情を向けてくる場合、面接者は、どちらかといえばいい気持ちになりやすい。しかし、クライアントが面接者を非難し、敵意や怒りを向けてきた場合、面接者は拒否的になりがちである。面接者へのクライアントの非難・敵意・怒りは、心理面接を深めるうえで大変重要なものであるので、その取り扱いには注意が必要である。

まず、クライアントが面接者に敵意・怒りを表明した場合、それが正当であるかどうかを確かめることが重要である。面接者といっても人間であるから、いろいろ誤りをおかしたりすることもあるだろう。特に初心者の場合、誤りをおかすことは少なくない。だから、面接者への敵意・怒りが正当なものであることがはっきりすれば、面接者はその非を認め、謝るべきである。例えば、面接者のほうで約束の時間を忘れて面接をすっぽかした場合とか、時間を約束していたにもかかわらず長く待たせたとか、クライアントの名前を呼び間違えたりした場合、面接者はその非を認め謝るべきである。そして、なぜそのような失錯をしたのか、その理由を考えてみなければならない。

反対に、クライアントが面接者を非難したり怒ったりした場合、なぜクライアントが怒ったのか探究もせず、わからないままますぐに、「私に力量がないものですから」と謝ってしまう面接者がいる。これはちょうど、「郵便ポストが赤いのも、電信柱が高いのも、みんな私が悪いのです」といったやり方である。これは面接者の受身性や無力感と関係が深い。このようなやり方だと、せっかくのクライアント理解の道をふさぐことになってしまう。

次のようなことがしばしばある。クライアントのなかで、自分の気持ちや欲求を表明するのがひどく困難な人の場合である。このようなクライアントは、大変微妙にぼんやりとしかも巧妙に、自分の気持ちや欲求を面接者に表明する。あたかも、「あとは察してほしい」というように。そして、そうした表明のなされた数回後に、「私があれほど何度も先生にはっきり言ったのに、先生は少しもわかってくれない」と面接者を非難することがある。面接者には、そうした表明がなされたことにまったく気づかないか、あるいはせいぜい録音を聞き返してみて、やっと見当がつくくらいの言い方であることが多い。こうした場合よく、「言った―言わない」という論争になってしまうことがある。このような人では、心理的にはちょっとほのめかすと、はっきりと言ったということになるのである。このようなときに重要なことは、論争にしてしまわないことである。たとえ、面接者のほうが正しくて論争に勝ったとしても、クライアントには何の益にもならない。一つのやり方として、面接者は次のように言うこともできるだろう。「もし何回もはっきりと言ってくれて、私が理解していなかったとしたらごめんなさい。それはそれとして、ともかくそのことは重要なことですから、もう一度一緒に考えてみましょう。どういうことでしょうか」と。

次に、面接者がクライアントから非難され敵意を向けられても、その非難に相当することが見つからない場合がある。また、明らかにクライアントの思い違いで、クライアントが面接日を間違えたような場合がある。そうした場合、面接者はクライアントをやっつけたいとかやり込めてやりたい衝動にかられることがあるので、注意しなければならない。

2　面接室外でのクライアントの問題行動

面接室外でのクライアントの行動で、面接者が困惑したり取り扱いに苦慮したりすることがある。ここでは、クライアントの自殺企図・家族への暴力・社会的に望ましくないかクライアントにとって不利になる可能性のある行動といったものを取り上げて述べてみたい。

(1)　自殺企図

面接者にとって最も不安にかられることの一つが、クライアントの自殺念慮・自殺企図であろう。まず、うつ状態のクライアントの場合から考えてみたい。うつ状態にあるクライアントに対しては、面接者は積極的に自殺念慮があるか否か質問すべきである。なぜなら、うつ状態にはたいてい自殺の問題が伴っているから。もしも質問によって自殺念慮のあることが明らかになった場合、面接者は次に、どのような方法でどんな場所で行うつもりか、といったような具体的なことについて積極的に質問する。うつ状態のクライアントが具体的に、しかも詳細に自殺方法・場所などを考えている場合、それは本当に緊急事態であるので、可能な限りの保護態勢を整えることが急務となる。きちんと看護のできる体制の整った病院へ入院することを勧め、関係者に連絡をする必要がある。

近年特に、うつ病・うつ状態のクライアントには、薬物療法が大変有効となってきている。だから、抑うつ状態の重い場合、面接者はまずクライアントに精神医学的治療を勧める必要がある。そして、心理面接は、抑うつ状態が軽減したときをまって、精神科医と協力して行わねばならない。

うつ病のクライアントの回復期に自殺が多く発生するということは、よく知られていることである。だから、面接者は、特に回復期には細心の注意を払うことが必要である。

次にヒステリーのクライアントの自殺念慮・自殺企図について考えてみたい。この人たちはよく、自殺する可能性をほのめかすことがあるし、実際、試みることもある。しかし、たいていの場合、それは未遂に終わることが多い。この人たちの自殺の仕方には、どこか演技的であり、助かるようにうまく計算されており、家族や面接者の注目をひこうとする意図がみられることが特徴的である。例えば、ある女性は、市販の睡眠薬を一錠飲み、残りをトイレに捨て、それから家族のいる居間に空のビンを持って入り、「私、死んでやる。今、睡眠薬を飲んだから」と告げた。

けれども、ヒステリーのクライアントが自殺することをほのめかしたり宣言したような場合、面接者はクライアントのそれ以前の自殺企図についてできるだけ詳しい情報を得ることが大切である。「ヒステリーの自殺念慮だから」と安易に考えるべきではない。過去に何度も繰り返し自殺を企てて、それが失敗に終わっているような場合、家族はよく、「どうせ死ぬ気はないのだから」と、驚きもしないし心配もしない。そのうえ、「やる気なら本気でやってみろ」といった態度をとる場合がある。このような場合、クライアントの過去の自殺企図について詳しく聞いてみることが必要である。そして、もしクライアントの自殺手段が次第に致死度の高いもの、例えば、手首を切るとか睡眠薬などから、首つりや飛び降りなどになってきているような場合、面接者は、家族と会い十分な注意体制を整えなければならない。というのは、未遂のつもりで試みたのが、運悪く既遂になってしまうことが実際にあるからである。

ヒステリーのクライアントが自殺することをほのめかしたり表明したりするようなとき、少なくとも面接者はまじめに取り上げるべきであろう。面接者がどうせまた狂言だからというように無視したり軽視したりすることで、かえって、クライアントは自殺を試みなければならない羽目になってしまうこともあるから、注意しなければならない。

いずれの場合にしても、クライアントが自殺念慮をほのめかしたり表明したり、面接者からみてクライアントが自殺をするおそれがあるような場合、面接者は、クライアントとそうしたことについて話し合うのをためらったり避けたりしてはならない。話し合った結果、クライアントが自殺をするおそれがあることがわかれば、積極的に自殺予防のための体制づくりをしなければならない。なかでも、とりわけ家族の協力を得ることが重要であり、家族・友人などに会い彼らの協力を求めることが必要になるであろう。精神科医に会って相談したり、家族・友人などに会い彼らの協力を求めることが必要になるであろう。なかでも、とりわけ家族の協力を得ることが重要であり、緊急の際の家族相互の、家族と面接者との連絡方法やキーパーソンなどについて細かく決めておかなければならない。クライアントに、緊急のとき必要ならば電話をしてもいい、という許可を与えておくのも役立つかもしれない。

こうした予防体制づくりと同時に、面接において自殺の意味・意図について話し合うことが重要であり、緊急面接をすることが必要かもしれない。しかし、心配のあまり、面接室外で会ったり、クライアントの部屋を訪問したりすることには慎重でなければならない。特に、自殺をするということで、面接者も含め他の人をコントロールしようとするクライアントの場合や、面接の基本ルールを壊して自分の欲求をやみくもに押し通そうとするクライアントの場合、面接の基本ルールを守ることが重要であろう。

クライアントに自殺のおそれがあるということは、面接者にはひどく不安なことである。初心者は、ともすれば不安のあまりに、明らかにクライアントに自殺のおそれがある場合でも、この話題を避けようとしたり無視したり否認したりしがちである。またこれとは反対に、クライアントが自殺念慮を少しほのめかしただけで、面接を中断したり、他の面接者に紹介したり、面接の基本ルールをなしくずしに壊していったりすることもある。無視したり否認したり極端におそれたりするのではなく、クライアントの自殺念慮の意味・程度を知る努力が面接者にまず求められることである。また、このような問題が起きた場合、誰か信頼できる心理臨床家に連絡をとって相談することを忘れないように心に留めておくべきであろう。

（2）家族への暴力

青年期前期のクライアントで、心理面接が深まり進展しだしたと思われるときに、家族に暴力をふるい出すことがある。また、面接を始めたときから家族に暴力をふるっていたクライアントが、面接を始めてからますます激しく暴力をふるい出す場合もある。多くの場合、家族に暴力をふるうクライアントは中・高校生の男女であり、その対象は母親である。このような事態が生じたとき、面接者、特に初心者は、面接をすることによりクライアントを悪くしたのは自分の何らかの落度や失敗のせいではないかと、自責感にとらわれたり、無力感にうちひしがれてしまうことがある。クライアントの家族もまた、面接をしたことでかえって子どもが悪くなったのだと考え、クライアントが面接に行くことに反対したり、別の面接者に替えようとしたりすることがある。時には、家族が面接者を直接非難することがある。

中・高校生のクライアントのなかには、特にそれまでいわゆる良い子で従順だった子どもの場合、面接が深まるにつれて親、特に母親に対する敵意に気づき、それが暴力として示されることはよくある。表面的には悪くなったようにみえる。けれども、精神的に発達し自分独自の個体であるということを実感として得るためには、こうした過程が避けられないことがある。ある十八歳の女性は、母親に対して公然と、「今まで自分では何もやっていない。ただ貯めていたことをやっているだけにすぎない。長い間貯めていたので、利子がたくさんついているだけだ」と言ったことがある。

年少の子どもの面接をみてみると、このことはよく理解できるだろう。子どもの場合、面接にうまく導入され、遊戯面接場面で子どもが生き生きと自己表現をし始め、面接過程がうまく進展しだすとたいていの場合、親は、「最近、子どもが悪くなった」などと面接者に報告する。例えば、「最近、口ごたえをしだした」とか、「わがままになった」とか、「親の言うことを聞かず、反抗的になった」とかいった苦情がいわれる。そうした場合、面接者からみれば、そうした子どもの行動はパーソナリティの発達からみてみればその子に必要な、むしろ当然の過程である。だから、子どもの面接の場合、前もって親に対してそうなる可能性があり、元気になるためにはそうしたことが必要だ、と予告しておくことが重要である。そうした事態が起こった場合、親と話し合うことで、面接がうまく進展することが多い。しかし、中・高校生の場合、体力があり力も強いので、面接者がいくら前もって親に予測を告げていても、現実に親がその暴力の激しさに耐えきれないし、親が本当に怪我をしてしまうこともよくある。

このような場合、面接者は親に会うことが必要である。そして、親と一緒にどのような場合に暴力をふるうのかその状況を明確にし、その子は一体何を求めているのか、何が不満だから暴力をふるうのか、ということについて話し合うことである。そして、面接者は、それまでにその子と話し合い理解したことに照らしあわせて、親に具体的かつ詳細に、どのようにその子に接してやるのがいいかをアドバイスすることである。多くの場合、親は子どもの暦年齢にとらわれてしまっている。そして、子どもの退行的・幼児的欲求が理解できないし、拒否的であることが多い。そのような場合、こうした幼児的欲求について説明し、ある程度、そうした幼児的欲求を親が満たしてやるように指導するのがよいだろう。その際、親はしばしば、これまでも好きなようにやらせてきたのに、それ以上幼児的欲求を満たしてやったら、いつまでも幼児のままにとどまってしまい、そこから抜け出さなくなるのではないか、と心配することがある。

中・高校生の子どもが親に暴力をふるう場合、しばしば父親の動きが決定的な役割を果たすことが多い。こうした子どもの父親はたいていの場合、家族の統率者としての影が薄かったり、心理的にみると親というよりも子どもの一員であるような場合が多い。

このような中・高校生のクライアントに対して、面接者はひどく拒否的になり、説教じみてきたり反省を促そうとしたりしがちである。しかし、彼ら自身は内的行動に打ち負かされた、いわば敗者なのである。そして、深い自己嫌悪感におそわれていたり、やけっぱちの気持ちになっていることが多い。また、若い心理臨床の初心者のなかには、反対にクライアントに同情してしまい、親に敵意を抱き、間接的・直接的にクライアントのそうした行動を肯定したり促したりする場合がある。いずれにしても、面接者は、自分の感情を強く揺り動かされがちであることに注意しなければならないであろう。

このような子どもたちの場合、一時的に親子を分離することが有益なこともある。具体的には、入院させたり、クライアントが下宿したり、親威の家に置いてもらったり、といったことが考えられる。

(3) 非行・反社会的行動

二十歳未満の少年が家出・盗み・不純異性交遊などを行って警察の保護を受けたり通報された場合、児童相談所や家庭裁判所の調査官が彼らの心理学的処遇に当たることになる。家庭裁判所の少年係調査官や児童相談所の児童心理司は、そうした子どもとその親に来談を求める呼び出しを行い、その呼び出し状を受けて非行少年と親が来談することになる。こうした場合、もちろん自発来談ではなく、しかも多くの場合、面接が処罰の一つとしてクライアントには感じられやすいので、面接には特有の困難さがあり、それに応じた工夫が必要となるであろう。

他の問題で来談し、面接経過中に家出とか盗みとかいった行動を起こすことがある。そして、警察に保護され、子どもを児童相談所に通告されるか、家庭裁判所に送致された場合、そうした公的な機関の決定が優先することになる。ただ、面接中であることを相談員や調査官に告げるようにと少年に勧めておくことが役に立つこともある。

警察に補導・保護されたりしない場合でも、クライアントの非行や反社会的行動によって、面接者は家族に対する暴力の場合と同じように不安になったり、自責感にかられるものである。そうした行動の意味を共に探究していくことはもちろん面接者の重要な仕事である。しかし、同時に面接者は、社会道徳や規則といったことに柔軟な態度や考えを持っていることが重要である。よく調べてみると、中学や高校でその年代特有の発達課題を達成させるのが困難なような多くの規則があることに気づくことも少なくない。

面接の経過中に少年がこうした行動を起こした場合、それを親に告げるか否かを決定するのはなかなかむずかしい。いずれにしても、告げる場合にはその前に少年とよく話し合うことであり、少年の許可を得てから告げるのがよいだろう。しかし、少年が許可を与えてくれないからといって、そのままにしておくべきではない場合もある。面接者が親に告げる必要があることを確信した場合、それは面接者のルールであることを少年に明確に示し、そのあとで親に告げることが重要であろう。

盗みは別として、家出・不純異性交遊といった行動は、二十歳以上のクライアントの場合、法的には問題とならない。二十歳以上の自発来談のクライアントの面接経過中に犯罪を犯す者はまずいない。ただ、明らかに自分の不利になるようなことをクライアントが続けるということはある。このような場合、面接者はその不利な行動をはっきりと指摘すると共に、クライアントと共にそのような不利な行動を行う理由を考えていくべきである。

3　心理面接の終結と中断

心理面接の導入期にクライアントと面接者の相互で確認した目標や、面接経過中に変更されたり新たに明らかにされた目標のいくつかが解決され、特にその中核的な目標が解決されたとき、面接は終結する。

(1) 終結のための作業

面接の経過中、目標についてその達成の程度を何度か確認することが重要である。来談時、クライアントはただ一つの問題の解決を求めてやって来ることが多い。しかし、導入期にできるだけ詳細な目標のリストを作成しておくことが後に役立つだろう。

一つしか目標がない場合には、その面接の成果は黒か白になってしまう。心理面接ですべての目標が達成されることはまずないだろう。多くの場合、終結は現実的な要因でなされる。中核的な問題が解決された場合が終結の目安であろう。

終結に当たっては、面接者が一方的に決定してしまうのはよくない。終結について十分に話し合う余裕を持つのがよい。その際に、初めの契約の目標と比べて心理面接過程で達成されたものや、まだ未解決なものについて検討し、クライアントの将来について話し合う。特に、今後予測される問題について検討しておくのがよいだろう。そして、クライアントが将来困ったことがあればいつでも、また面接者の所へ来れるように配慮しておくべきである。フリーダ・フロム＝ライヒマンは、心理面接が終結に近づいたころ、クライアントと一緒に、回復に最も役立ち意義があったことについて話し合うのが習慣であった、ということである。目標の達成（未解決も含め、これまでなしてきたこと）を二人でふり返ってみるのは大変有意義であり、特に面接者は多くのことを学ぶことができるだろう。

（2）心理面接の中断

自己理解には終わりがないのであるから、心理面接を終結するということは、ただ一つの区切りをつけるということにすぎない、といえるかもしれない。けれども、普通、クライアントの中核的問題が解決されたところで面接を終わることをおたがいに合意した場合、これを「終結」といっている。したがって、心理面接の中断というのは、面接契約の目標に反し、クライアントの中核的問題が未解決であり、面接者は継続すべきであると思っているにもかかわらずクライアントの側からやめてしまう、という意味である。この意味で、終結は成功、中断は失敗ととられがちである。

中断した場合、まず第一に必要なことは、中断をうやむやにしてしまわないことである。いつのまにか中断になっていた、というようにあいまいのままにせず、中断した理由について、できることならもう一度会って話し合う機会を持つべきである。

多くの場合、面接者は中断を避けたがる。中断は面接者にとって失敗あるいは自分の力量のなさの証と考えられがちである。実際、面接の中断にはそうしたことがあるだろう。けれども、中断に際して重要なことは、その中断をクライアントの役に立つようにすることも面接者の仕事、ということである。特に青年期のクライアントの場合、中断で終わることが少なくない。けれども、それでもその面接を生かすことができ、有意義なものとすることができる。青年期の発達的問題が依存からの独立であるということを考えると、青年が面接者からたとえ中断にしろ離れていくというのは、健康な動きであることも少なくないからである。

第6節　記録について

1　記録の意義と必要性

心理面接は常に基本ルールに則ってなされなければならないことは、これまで繰り返し述べてきたところである。この専門的面接は、各回の面接の記録によって支えられている。面接の記録は専門関係を保証するものである。その意味において、包括的な面接の記録は欠くことのできないものである。

私たちはまた、毎回の心理面接のあとで時間をとり記録を作ることによって、その面接のセッションを反省し、面接中には気づいていなかったことや注意しなければならないことなど、面接上の種々の問題を考える時間が与えられる。したがって、初心者は毎回、面接のあとに一定の時間をとり、面接の記録と反省をする習慣を作ることが大事である。そして、どんなに多忙になっても、この記録の習慣を壊さないようにすべきである（すぐに多忙になり、なかなかわずかの時間も割くことがむずかしくなるだろう）。忙しいからといって、その日の終わりにまとめて記録を作ろうとしたり、また、一週間分まとめるとか、何回かをひとまとめにして記録を作ろうとすると、忘れたりなどして記録がうまく作れないことが多い。さらに、記録なしでやったりしはじめると、その安易さに馴れ、今度は毎回記録を作ることが億劫になり、習慣化されて、本来ならほとんどエネルギーを使わないですむ記録作りに大変なエネルギーを使う羽目になる。そうなると、エネルギーを消耗することのしんどさのために、記録を作ることも、面接をすることも面倒になったりする。

記録を作らない面接は、無責任でいい加減な面接である、と考えてもよいだろう。経験の豊かな心理臨床家はいつも詳しい記録を作っているものであり、心理臨床家はこの毎回の記録のなかから成長するといっても過言ではない。

それでは、面接の記録はどのように作り、どのようなことを記入していけばよいのだろうか。すでにインテーク面接については第3章第1節において述べたので、ここでは心理面接が開始されてからの各回の面接の記録、何回かの面接をまとめていく記録、面接終結の記録、その他について述べよう。

2　心理面接の記録

心理面接が始まってからの記録には、大きく分けて三つのものがある。すなわち、毎回の面接の記録、何回かの面接の経過をまとめていく記録、および面接の終結あるいは中断のときの最終のまとめである。

(1)　各回の面接のまとめ

まず第一に、その日の心理面接に入るまでの「クライアントの様子」について記録する。定刻に来たか、定刻より何分早く来たか、何分遅れたか。その日のクライアントの服装にこれまでと変わったところはないか。男性ならネクタイが新しく派手になっているとか。女性なら髪形が変わった、口紅が濃くなった、初めてマニキュアをして来たなど。また、これまでと少し違った表情がみられる、調子が少し軽いなど。

第二に、「面接中の話題」を要約して記録する。なかには、各面接をクライアントの許可を得てテープにとっている面接者もいる。しかし、その際にも、テープが記録だからそれ以外の記録は必要ないというように考えないで、同じように話題の要約を文字で記録すべきである。この要約は、箇条書きにしてもよいし、書き流しの文章にしていってもよい。できるだけクライアントの言葉をまじえながら、ちょうど警察の調書のようにクライアントを一人称にして、「このごろは大変気分がよい感じがする」「心配していた試験が終わって、ともかくほっとしました」というように書くのがよいだろう。あとで自分で読み返して、そのときの面接の感じが思い浮かびやすいように書いておくことが大事である。箇条書きにして、論文体調に「このごろ好調である」「試験が無事終わる」といった書き方だと、後で雰囲気を思い出しにくいことがある。

この記録はゆっくり作っていくと、随分細かいことまで書いていけるだろう。しかし、時間は限られているので、各回の面接に用いられる時間内でまとめられるようにする必要がある。何回か記録を作ってみると、自分なりのまとめといったスタイルができあがってくるものである。後に私たちの使用している記録用紙を参考として呈示するが、早く自分のスタイルを作ってほしい。普通、十五分から二十分を目安にまとめるようにするとよいだろう。一時間を、四十五分面接と十五分の記録および反省としてスケジュールを組んでいる人や、一時間半をとり、五十分から一時間の面接と三十分から四十分の記録および反省時間としている人が多いようである。この点も施設での自分の置かれている位置によって、自分に最もピッタリした方法を見いだしていってほしい。

第三として、「面接中の印象」をまとめる。特に、これまでと違っている点に注意する。「今回は話が通じにくかった」「悲しい話題にもかかわらず、悲しみの感情がこちらに伝わってこない。なぜだろう」「何となく妙にいらいらさせられた。これまであまりなかったことなのに」「面接を始めたら、ものすごく眠気がきて、困ってしまった。なぜだろう」といったことを、そのときに感じたままに書いておくのである。また、これまで考えてもみなかったような意外なこと、驚かされたこと、面接者としてうれしく感じたことなど、どんな感想や印象でも書いておいてよい。これら面接者が印象として得たことは、クライアントのその回の話の内容や話し方や態度その他によって面接者の内部に誘発された情緒的体験である。このことに注目しておくことは、次の問題を考えていくうえで役に立つだろう。

第四は、面接の話題と印象（第一から第三まで）から総合して得られるクライアントの訴えや問題についての

「心理力動的解釈の仮説」である。ここでは、毎回の面接のなかで新しい発見とか新しい仮説が得られるというよりも、むしろ以前の仮説を確認するようなことが多いかもしれない。しかし、いずれにしても、このようなことを考えさせられるようなことが出てきたら、記録しておくべきである。私たちの使用している面接記録の用紙は表4－2のようなものである。

さて、ここで面接記録について注意しておくべきことを述べておきたい。特に、精神科病院や児童相談所など、クライアントに関して一つの記録簿（カルテ）にいろいろな専門家が書き込むようになっている総合記録方式（P・O・S）のような場合に、毎回の心理面接の記録をどのように、どの程度記入するか、という問題がある。これは大変むずかしい。総合記録簿は、関係者全員がクライアントをより総合的に理解し、よりよい福祉のサービスを図るためになされているものである。その点では、面接者である心理臨床家も、施設全体の臨床チームの一員として同じようにかかわっているのであるから、心理面接の内容も同じように記入すべきだとも考えられる。

しかし一方、心理療法の面接者は、クライアントの秘密を守る専門家として関係している（たとえ病院や児童相談所などの職員といえども）。クライアントと面接者の二人だけの心理面接のなかで交わされた話題が、総合記録簿やカルテに記入されると、これを通じて洩れてしまい、その内容が他の職員からクライアントに伝えられることがある。この場合、伝える意図がクライアントを援助しようとする好意的なものであっても、クライアントは普通、面接者によって信頼を裏切られたと考え、深く傷つくことが多い。そうなると、面接者－クライアント関係も中断してしまうか、よそよそしいものになってしまうだろう。これは、実際頻繁に起こっている問題である。現在のところ、すべての心理臨床家の働く施設が心理療法におけるこの特殊な面接者－クライアント関係についての理解があるとはいえないので、記録に関してこの問題を解決しておくことは大変大事なことである。

では、この点をどのように解決したらよいだろうか。解決の方法はいろいろ考えられるだろうが、次に二つの

表4-2　面接記録用紙

#	年　月　日

No.	氏名

内容	
印象	
問題・方針	
Th	

方法を示唆しておきたい。

第一の方法は，積極的な解決の方法である。それは心理療法の記録に関しては，総合記録簿やカルテではなく，心理療法専門の記録簿を作り，心理療法を行っている心理臨床家がその保管をしておく，という方法である。そして，総合記録簿の記載には，「何月何日に心理面接を行った」ことだけにとどめるようにする。これによって，面接者－クライアント間の話題が面接者によって守られるようにするのである。このためには，他の専門の関係者，特に管理責任者や主治医などに，そのようにする理由をしっかりと話して了解を求めておかねばならない。その際，特に注意を要するのは，面接者－クライアント間の心理面接の情報を面接者が保管することが，純粋に援助的目的から発しているものであって，決して情報を制限して関係する他の人々をコントロールしようとする権力的発想から来るものではないことを，十分に理解してもらうことである。だから，他の関係者は必要であればいつでも面接者に尋ねることができるし，面接者は，どのようなことが心理面接のなかで展開しているかを口頭で他の専門家の納得のいくように説明する。心理療法に理解のある専門家であれば，このようなことはほとんど問題でなく，一般に，面接者に記録の保管をまかせるという形で何のトラブルもなく行われている。しかし，どちらかというと，このように理解のある専門家はそれほど多くはない，というのが現状である。

さて，第二の方法は，消極的な解決方法である。この方法は，第一の積極的な方法が試みられても理解が得られず，むずかしい問題が多い，というときにとられるものである。これは一種の二重帳簿の方法である。心理面接の各回の記録はきちっととっていくとしても，総合記録簿やカルテに記録するものは必要最小限にとどめる。例えば，面接の日時，全体の印象，一般化した形で箇条書きされた話題などである。

一般化した形で箇条書きされた話題とは，例えば，その日の面接で父母の夫婦仲の悪さや，それについてのクライアントのつらい気持ちが詳細に語られたとすると，「家族関係に関して論じられた」「両親の問題が語られた」「家族関係に対する自己の態度が吟味された」といった記述にとどめるのである。このようにしたからといって、クライアントを取り巻き世話をする関係者との話し合いに、必要ならばいつでも応ずる用意はしていなければならない。クライアントに関心を持つ関係者であれば、面接関係の力動性と特殊性を理解してもらうことはむずかしくない。理解してもらったうえでいろいろと話し合う内容については、専門家同士で行う内々の吟味であるので、不用意にクライアントに伝えられて、そのためにクライアントが裏切られたり、面接関係が切れてしまったりすることはないであろう。

この方法をとることでまず明確にしておかねばならないことは、あくまでクライアントと面接関係とを守るためのものであり、それ以外の意図はないということである。心理臨床の初心者は、以上のことに留意し、自分の属する施設における情報の伝達が真にクライアントのためになされているかどうかを吟味し、心理療法の体制を作り上げるように努力してほしい。特に、クライアントに関する情報についてとる心理臨床家の一種の秘密主義の態度は、ときどき誤解を生み、心理臨床の活動や心理臨床家自身が、何かうさん臭い仕事であり人間であるようにみられることもある。これらは、心理療法という特殊な専門的人間関係が持つ特徴なのである。心理臨床家は、この特徴について日頃から、周囲の共に働いている他の専門家に理解してもらうよう努力をすべきである。心理臨床家個人的動機による秘密主義でなく、仕事の特殊性からきていることを理解してもらうと、記録の方法も第一に述べた積極的な形を取りうるようになるのではないだろうか。

（２）何回かの面接経過をまとめる記録

これまで各回ごとの心理面接をまとめることについて述べてきた。これらは毎回積み重ねられるとやがて膨大なものになっていく。そこで、心理面接では、各回の面接ができるだけ鮮明に反省できるようになっている記録が作られていると同時に、面接の経過に応じた記録も必要となる。つまり、面接の経過、「流れ」という面からみていくことである。実際にクライアントの病理をとらえたり面接関係上の問題をとらえたりするのは、心理面接の経過を反省してみていくときであることが多いのである。

特に心理面接が長期間続けられる場合、その流れや経過の筋道をしっかりと把握しておくことが重要な作業となる。各回の面接、つまり各セッションについては詳しい記録を作成する人でも、ともすれば心理面接の経過や大まかな筋道をつかむ努力を忘れがちである。心理面接の経過を要約し流れをつかむことは大切な基本的訓練の一つであり、心理面接を始めるに当たって、最初から取り組まなければならない作業なのである。

次に若干、面接者－クライアント関係の経過を把握しなければならないということの意味について、音楽を例に挙げて考えてみよう。音楽には、メロディと共に和音がある。和音は、一定の規則に従って進行している。例えばブルースの典型的な和音進行は図４－３のようである。このなかで、二段目の和音Ｆは、先行するC_7に規定されているのであり、次に来る和音Ｃを規定しているのである。もちろんこれは典型的なブルースの和音進行であり、その他にもいろいろなバリエーションがある。しかし、Ｃ—Ｃ—Ｃ—C_7—Ｆという和音の流れからして、次に来る和音はいくつかのものに限定される。例えば、和音B_7はまず来る可能性がない。また、いくつかの可能性がある和音のなかでも、どの和音がピッタリするかある程度定まっている。心理面接の経過を明確にすることが重要なのは、このような和音の進行を知ることと同じようなものである。

今あるセッションで、Ｍという事態、例えば、クライアントが家出をした、面接者に激しい非難をあびせはじめた、といったような事態が生じたとしよう。なぜ、そのＭという事態がその時点で生じたのか、また、Ｍにはどのような意味があるのか、ということはそれまでの面接の経過から考えなければならないことであるし、経過を抜きにしては理解できないものである。

経過要約の際に特に変化に注意することが重要であることはすでに述べた。いつでも、何らかの変化が起こった場合（起こらない場合も含め）、なぜその時点で起こったのか、さらにどういういきさつから起こったのか、を考えてみることが重要なのである。また、心理面接の経過を明確にすることから、将来起こりうる事態を予測することが可能となる。つまり、将来起こりうることは、それまでの経過からしていくつかのものに限定されるで

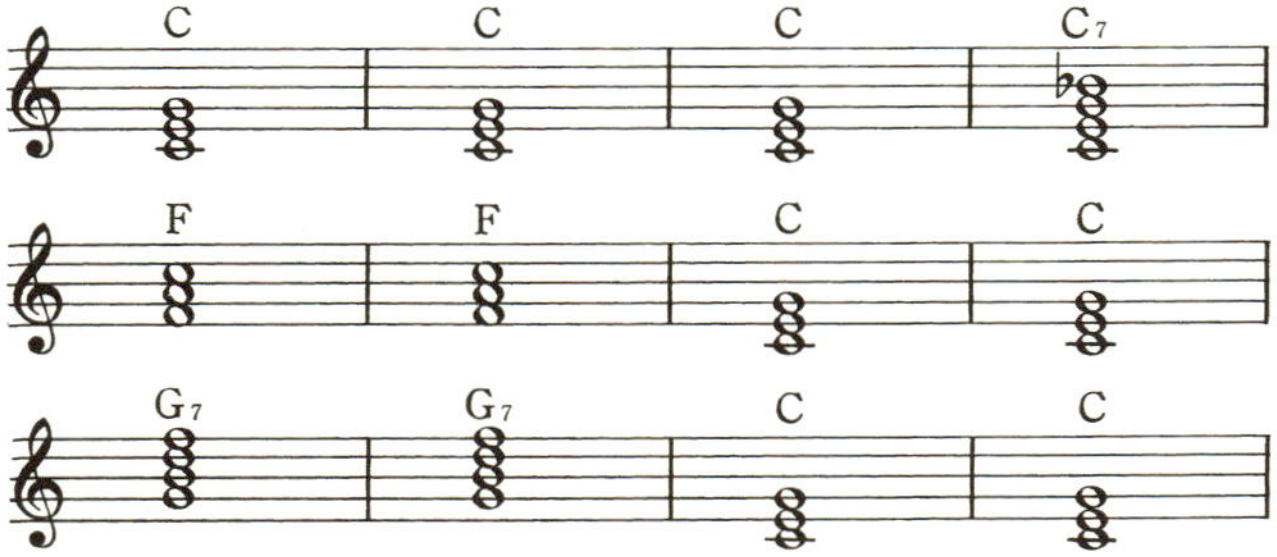

図4-3　ブルースの和音進行

あろうし、そのなかでも最も起こりうることがある程度予測できるようになるだろう。このようになるまで、初心者は経験を大事にし、繰り返し吟味することが大切である。

予測が可能になれば、まず第一に、面接者自身余裕を持って安定した心理面接ができるようになるだろう。これまで述べてきたような面接経過中に起こる諸々の問題も、経過のなかでとらえることができれば、その取り扱いはより容易になるであろう。また、クライアントの不利益になりそうな行動とか自殺企図といったことに、未然に対処できることにもなるであろう。心理面接の経過をつかむにはただ漫然と数回の面接を要約すればいい、というものではない。何らかの視点が必要である。私たちは、面接の経過を明確にするために、表4-3の経過一覧表と、表4-4の経過要約を用いている。

経過一覧表には面接をした月日や面接回数を書く。注の項には、面接者が特に気づいたこと、例えば二十五分クライアントが遅刻したとか、夢が報告された、といったことを書いておく。予約をしていたのに、面接を電話でキャンセルされたり、断りなく面接に来なかった場合、その月日を書き入れ、注の項に説明を書き加えておく。経過一覧表は、一見なんでもないようにみえるけれども、こうした単純な事柄も、表にしてみれば意外な事実に気づかされることがある。

表4-4に挙げた経過要約では、大体四、五回の面接の経過を要約する。したがって、週一回の面接の場合一か月ごとに、週二回の面接では半月に一

表4－3　経過一覧表

No.	氏名

No.

年　月　日	Session	注	年　月　日	Session	注

Th

表4-4　経過要約

No.	氏名

No.

#　～#	要　　　　　　約

Th

回くらい、経過を要約することになる。ここでは各面接のまとめを、さらに数行にまとめる形になるだろう。要約のポイントは、次のようなものである。

話し合われた内容の要約　まず、どのようなことについて話し合われたか、話し合った内容を要約することである。その際、目についた変化、例えば親友のことから父親のことが話し合いの主な内容となってきた、というような変化に注目することである。また、同じことについて続けて話し合っている場合でも、その内容に変化がみられる場合もあるし、逆に、一見内容がバラバラのようにみえても、同じことを話していることもある。

このように、内容の要約をしていくうちに、面接者はいろいろなことに気づくだろう。例えば、あれこれバラバラと断片的にいろいろなことを話していてまとまりがないように思えるとか、父親のことが重要と思えるのになぜか話し合われていない、とかいったことなど。

面接室内外でのクライアントの変化　次に、クライアントの面接室内外での変化に注目する。面接室内では、例えば服装が変わってきたとか、笑顔が多くなったとか、沈黙することが多くなった、とかいったことである。面接室外では、例えばよく外出しはじめたとか、両親に攻撃を向けだした、というようなことである。次に、クライアントに対する面接者の印象の記録も要約する。例えば、最近急に生き生きとしてきたとか、何か生気がなくなったようだ、といったような印象を面接者が持った場合、それは大変有益な情報であることがしばしばである。いずれにしても、クライアントに何らかの変化があった場合、その変化は面接目標に照らしあわせて考えてみなければならないだろう。

（3）面接の終結および中断の際のまとめ

心理面接が契約時の目標を達成したことで終結したり、心理面接の途中何らかの理由で中断したような場合、できるだけ早い機会に、心理面接者は面接のまとめをしなければならない。時間の余裕をみて、少なくとも一か月以内にはまとめの記録を作り上げるようにしたいものである。家庭裁判所や児童相談所といった公的な機関では、最終的に処遇がどのようになったかが、もっと早く、しかも公的な文書としてまとめられるようになっている所もある。私たちは、大学の心理教育相談室で次のようなまとめの用紙を用いている（表4－5～4－8を参照のこと）。

普通、心理臨床家は中断や失敗の事例から多くのことを学ぶものである。それゆえに、この最終のまとめをおろそかにせず、誠実に取り組むことが大切である。ときどき、心理臨床家のなかには、面接の中断を面接の失敗と受けとり、心に大きな負担となったりして、まとめの記録がおろそかになることがある。しかし、面接の成功・失敗、つまり、契約目標を達成したか否かということは、複雑な要因がからんでいて、簡単に一つの理由や要因に還元することはむずかしい場合が多いものである。その意味からも、できるだけ詳しい記録をまとめとして作ることが重要となろう。たとえ初心者が未熟なために面接の中断が起こったとしても、そのことがはっきり理解されるかあいまいなままに否認されてしまうかによって、次のクライアントに与える貢献の度合いは異なってくる。初心者は、そのことをも十分に認識して、この最終のまとめを早く作ることを心がけておきたいものである。

また、面接のまとめは、単に面接者の個人的動機や欲求に基づいてなされるのではないことも知っていなければならない。専門家として活動することが記録によって裏づけされることについては、本節の1において述べたが、終結や中断後に、クライアントについて他機関からの問い合せなどがある場合もある。また、二、三年後に、再度来談してくることもけっして少なくない。このような場合に備え、しっかりしたまとめの記録を残しておくことは、むしろ心理臨床家にとって義務の範囲に属する仕事なのである。

表４－５　面接のまとめ記録用紙（その１）

年　　月　　日

氏　名	年　齢　　担当者
（紹介者　　　　　　）	
受　付　　年　月　日	紹　介　先
相談開始　　年　月　日	報告書送付先
終　結　　年　月　日	
期　間　　年　か月	心理アセスメント送付先
相談回数　#	

1. 終結理由（できるだけクライアントの言ったままの表現で書く）

2. 終結後の紹介先と理由

3. 終結時の状態像

表4-6　面接のまとめ記録用紙（その2）

No.	氏名

4. 面接の経過（変化の段階ごと，10回ごと，あるいは2〜3か月ごとにまとめる）

表４－７　面接のまとめ記録用紙（その３）

No.	氏名

5. 行動的変化の側面 ⑴　仕事上での変化
⑵　対人関係における変化
⑶　家族関係における変化

表4－8　面接のまとめ記録用紙（その4）

No.	氏名

6. 終結時におけるクライアントの心理力動性 ―インテーク時の理解との違いおよび変化―
7. 今後配慮しなければならない点

3　紹介状について

心理臨床家はさまざまな理由でクライアントを他機関に紹介したり、反対に紹介を受けたりする。ここでは、紹介のことについて若干触れておきたい。他機関に紹介する場合、大きく分けて、身体的診断や処置について依頼する場合と、何らかの理由で心理療法が続けられなくなったクライアントを他の施設や心理臨床家に紹介して、心理療法や心理学的処遇の継続を依頼するような場合がある。どちらにしろ、紹介するときには必ず文書を用いるべきである。電話や、たまたま出会ったときに口約束として依頼する、というやり方はしないほうがよい。紹介しあう者が親しい間柄であっても、さらに時間が許せば、電話で前後の事情を紹介先に説明するのは大変丁寧なやり方である。紹介状を書いたうえに、職業的・専門的関係と友情ないし社交的関係とは区別しておいたほうがよいだろう。

次に、目的に応じて、紹介状の書き方として注意すべきことを述べてみよう。表４－９に示したのが、紹介状の用紙である。

（1）診断や処置を求めるための紹介

心理臨床の活動は、医学やその他の領域との関連が深い。それゆえに、他の施設にいろいろな診断や処置を求めるための紹介をしなければならなくなる。成人を対象としている所では、例えば、けいれん性疾患、神経学的疾患の可能性、うつ状態や急性の精神病反応への処置など、心理臨床家の働く施設に精神科医その他の医師がいない場合、身体的障害や疾患のチェックはことのほか慎重に行っておかねばならない。その際、次の点に気をつけて紹介状を書く。

表4－9　紹　介　状

紹　　　介　　　状

＿＿＿＿＿＿＿＿＿＿＿＿先　生　　　　＿＿＿＿＿＿年　　月　　日

＿＿＿＿＿＿＿＿＿さんを御紹介申しあげます。

以下のことについて困っておられますので，御相談にのってあげて下さいますようお願い申しあげます。

施設名：＿＿＿＿＿＿＿＿＿＿＿＿

担当者　＿＿＿＿＿＿＿＿＿＿＿㊞

《要点》
▽クライアントの氏名・年齢（生年月日）・性別・職業
▽主訴となっていること（具体的に）
▽これまでの面接の経過――医学的な治療歴がわかっていればそれも記入する
▽特に紹介の理由を具体的に
▽診断・治療・処遇の指針をうかがいたいこと

それぞれの項目を詳しく書くか必要最小限にするかは、クライアントの問題と、診断結果を知りたいこちらの程度によって異なるだろう。しかし、ただ「○○さんをよろしくお願いします」とだけ書いて、紹介理由も何も書かないということは無責任であろう。ただ、紹介状は普通、クライアントに託することが多い。クライアントが読んで傷つけられたり面接意欲を失ってしまうようなことが書かれていないようにすることも、大切な配慮の一つである。紹介状をクライアントに読んでもらって納得してもらってもよい。紹介する心理臨床家は熱心なあまり、自分の知っている情報を何でも記入してしまうことがあるので、注意が必要である。紹介者の印象とか解釈を最小限にして、具体的に問題点と思われることを指摘しておけばよいわけである。

クライアントによっては、離婚についての法律知識を知りたかったり、障害児の福祉手当とか特別支援学級のことを知りたい、といったこともある。これらにも、紹介理由を明記して、それぞれの施設や係の所に紹介すればよい。心理臨床に関連する相談施設その他の社会資源については、第8章にまとめているので参考にしてほしい。また、家庭裁判所や児童相談所などのように、触法・犯罪少年の情報を収集するための、「学校照会」「職場照会」といった照会状もあるが、これは各施設によって確立されたものなので、ここでは触れない。

（２）心理療法の依頼と紹介

これには二つの場合がある。第一は、クライアントが遠方から来ていて、心理療法を行うことはクライアントにとって必要だと思われ、クライアントも心理面接を求めているが、自分の施設で実施することは時間的にみて非現実的であるときに紹介する場合である。第二は、継続的に心理療法や遊戯療法を行っているときに、クライアントか面接者のどちらかの何らかの理由で継続が不可能になって紹介する場合である。

まず第一の場合について述べてみよう。心理相談や心理面接を継続的に続けていくうえで距離的に遠すぎる場合には適切な距離にある施設・機関で心理面接を受けられるように紹介する。この際の紹介状には、その理由を明記しておく必要がある。要点は次のようなことであろう。

《要点》
▽クライアントの氏名・年齢（生年月日）・性別・職業
▽主訴となっていることを具体的に
▽心理療法が可能性として考えられること。しかし、遠隔地のため、当施設で行うことがむずかしいこと
▽ぜひ相談にのってあげてほしいこと

紹介状には、「ぜひ相談にのってあげてほしい」と書いて、「ぜひ心理療法をお願いします」とは書かない。心理療法をやるかやらないか、やるとすればどのようにやるか、やらないとすればどのように相談にのるか、ということは紹介先の心理臨床家が決めることだからである。要するに、紹介者としては、心理療法を適切な処遇方法として考えるが、それを参考にしてクライアントの福祉につながるサービスをお願いする、というのが紹介の主旨である。何をどのように行うかを指示することはできないし、指示をすることは相手の心理臨床家に対する礼儀に反することでもある。

それでは、どのような心理臨床家あるいは専門家に紹介すればよいかということになるが、これは大変むずかしい。私たちは日頃から、日本全国に広く知人を持つように努力しておかなければならない。このために、全国的な学会や協会に参加することは単に専門性の維持・向上というのみでなく、このような点でもクライアントの福祉に役立つことなのである。また、公的機関の場合、例えば精神保健福祉センターとか児童相談所などには支所や他の府県に同じものがあるので、それを紹介することができる。

第二の場合は、クライアントが転勤その他のため、心理面接を中断しなければならない場合である。これも、クライアントが場所を変わっても他の新しい面接者と面接を続ける希望がある場合、ほぼ第一の場合と同じように紹介する。その際、心理療法の経過をある程度書いておく必要がある。内容としては、いつから始め、現在までどのくらいの期間と回数行ったか、主訴からみて、面接結果としての変化点はどんなことか（行動的レベルで書く）などである。最後に、「もし心理療法の継続を引き受けていただければ、後に必要であれば、心理療法の経過記録を送ってもよい」という旨を書いておく。たとえ新しい所で面接を始めたとしても、紹介した人によっては、過去の面接経過を求める人と求めない人がいることも一応知っておくべきであろう。主導権は紹介先にあるので、紹介先の指示に従うべきである。心理療法のこれまでの経過を求められたら、本節の2-（3）で述べた「面接の終結および中断の際のまとめ」の記録を役立てたらよい。

面接の中断が外的事情のために起こることのなかには、クライアントの要因のみでなく、面接者自身の要因も含まれる。面接者も転勤したり、長期の出張（国内・国外）、長期の療養、事故その他が考えられる。その際にも紹介が考えられる。しかし、紹介者は同じ地域内の心理臨床家である場合が多いので、ずっとやりやすいであろう。口頭で事情を説明すると共に、求められれば、「終結・中断のまとめ」「面接経過のまとめ」を提出しなければならない。

4　報告書について

報告書は、他から送られてきた紹介状に対する応答と考えればよいだろう。紹介状は診断や処遇を求めるもの、心理療法の継続を求めるものであった。そして、報告書は、それぞれに対する応答なのであるから、診断や処遇の報告があり、心理療法を引き受けるかどうかの報告があるわけである。次に、それぞれについて要点を述べておこう。

初めに、それほど多くはないが、他の施設から心理臨床家に心理アセスメントを依頼してくることがある。それから、処遇として心理療法を引き受けてほしい、という依頼は多い。紹介を受けた心理臨床家は、できるだけすみやかに紹介された本人に会い、紹介者に連絡しなければならない。ここでも、連絡の報告書はすべてコピーして一部保存しておく。心理臨床家が多忙すぎ、十分な時間をとって紹介されたクライアントに会えない、ということがあるかもしれない。そのときには、クライアントに事情を話し、紹介されたクライアントをさらに自分の責任で他の心理臨床家に紹介する。そのときにも最初の紹介者には、事情を説明した簡単な報告書を送る必要がある。

紹介されたクライアントに会って一定の方向が出たら、その時点で、紹介者に対して報告書を書く。表4－10は私たちの使用しているものである。次のような項目を含んでいることが多い。

《要点》
▽氏名
▽面接して自分の得た印象
▽どのように処遇を決めたかを具体的に

表 4－10　報　告　書

報　　告　　書

＿＿＿＿＿＿＿＿＿＿＿＿＿＿　　　　　　年　　　月　　　日

＿＿＿＿＿＿＿＿＿＿＿＿＿＿殿

＿＿＿＿＿＿＿＿＿＿さんを御紹介くださいましてありがとうございました。
以下のように考えますので，ここに御報告申しあげます。

施設名：＿＿＿＿＿＿＿＿＿＿＿＿＿＿

担当者　＿＿＿＿＿＿＿＿＿＿＿＿＿＿㊞

紹介されたことに対する報告書はできるだけ早く出すことである。これは直接郵送することが多い。遅くとも一か月以内に報告書を郵送する。

心理アセスメントに関する依頼紹介に関しては，結果がどのような目的に利用されるかによって，その報告書は異なる。最も公的なものとしては，少年鑑別所の鑑別結果通知書などがある。また，学校や教育委員会から，非行児や不登校児の心理アセスメントや心理学的所見を求めてくることも多い。このような場合，繰り返しになるが，どのような目的のものであるかを確かめて，目的にあった報告書を書くことになるであろう。要点は，具体的に書くこと，しかも行動レベルの記述を重んじること，むやみに心理学用語を羅列して相手を煙にまくようなことをしないこと，最小限の情報を表現することに心がけること，などである。表4-11は心理アセスメントの一例である。

5　記録と秘密保持との関連

クライアントのプライバシーを守らねばならないことについては，第2章で述べた倫理的要請の他，これまでいろいろな所で何度も繰り返し述べてきた。また，記録との関連では，毎回の心理面接のまとめ（本節の2-(1)）の所でも述べた。記録として残されると，徹底した保管がなされていないと散逸したり，不用意に関係のない人に見られてしまう，ということもありうる。

心理臨床の初心者に限らず，記録と秘密の保侍の問題がむずかしいのは，施設間の研究会・対外的な研究会・学会その他いろいろな所で研究資料として記録が利用されることがあるからである。専門家の間では慎重に扱われるが，それ以外の人の参加するような講習会や講演会などでは，秘密の保持は慎重でなければならない。普通，研究会などで資料が用いられた場合，研究会の終了後には回収されて保管されることが大部分である。また，学会誌や研究会誌に記録が発表される場合，十分に配慮して，他人の目に触れても本人であることがわから

表 4－11　心理アセスメント

心 理 ア セ ス メ ン ト

＿＿＿＿＿＿＿＿＿＿＿＿＿＿　　　　＿＿＿＿＿＿＿＿年　　　月　　　日

＿＿＿＿＿＿＿＿＿＿＿＿＿殿

＿＿＿＿＿＿＿＿さんにつき，以下の心理学的な所見を得ましたので，ここに御報告申しあげます。

施設名：＿＿＿＿＿＿＿＿＿＿＿＿＿＿

担当者　＿＿＿＿＿＿＿＿＿＿＿＿㊞

ないようになっていなければならない。公表される際には、このような配慮がなされるのは当然であるが、可能な限りクライアントの許可を得ていることが望ましい。特に、面接のごく一部のやりとりといったものでなく、「事例報告」として詳細な記録が公表される場合には、このことが必要である。

さらに気をつけたいのは、講演会の講師として心理臨床家が出かけていくときである。最近、心理学的なものへの一般の関心も高く、教育界・産業界その他いろいろの所で心理学的な話をさせられることが多くなった。その際に実例としてよく自分の経験した面接例などを語ることがある。この際にも、私たちは慎重に注意深く、クライアントの秘密やプライバシーに触れないようにしなければならない。時には、臨床的な経験を誇大に得々として話をする心理臨床家がいないでもない。この点ではおたがいに心理臨床家の倫理を十分に意識して話をするように努めたいと思う。カウンセラーや心理臨床家の講演などで、自分のことが「事例」として語られて深く傷ついたクライアントも、決して少なくないのである。

最近は電子機器の開発が目ざましく、小さくて目立たない録音機も多いので、講演会場などに持ち込んで話を録音している人も多い。臨床資料を話すような場合に無断で録音をされてはならないので、これはまず会の始まる前に注意を促すことが大切であろう。しかしなお、すべての録音を統制することはむずかしい場合も多いので、前に述べたように、常にクライアントの福祉・守秘の義務を念頭においてやることが大切であろう。

第5章　いろいろな援助施設における心理臨床

心理臨床家はいろいろな施設で活躍している。仕事の内容と援助対象は、表5－1にまとめておいたように、児童福祉関係、司法・裁判所関係、医療関係、教育関係、産業関係など、各施設の特性によってそれぞれ異なっている。本章では、いろいろな施設における心理臨床家がどのような問題に遭遇するのか、その際、どのように対処していったらいいのかということについて述べたい。

第1節　児童援助施設に共通する問題と留意点

まず、子どもの援助施設全般に共通する問題と留意点について述べておきたい。

1　インテーク面接の記録と要約

心理臨床家の最初の仕事はインテーク面接である。子どものインテーク面接の場合、一人の面接者が子どもと子どもの母親を一緒に面接することもあるが、実際には二人の面接者が別々の部屋で彼らを面接することが多い。このように、母親とは別に子どものインテーク面接を行った場合、子どもの言葉や行動だけでなく、面接者の質問や動きに対する子どもの側の反応も細かく記録しておく。

インテーク面接の記録が終わったら、面接者は簡単な要約を作る。要約にはいろいろな様式があるが、要約項目として次の四つを記載しておくことが大切となる。

①主観的訴え――子どもが述べる訴えを語られる言葉のまま記録する。
②客観的状態――面接者が観察した事柄や印象などを記す。
③評価――面接者が感じ取った範囲での所見や、心理アセスメントの結果を記す。
④方針――今後の方針について記す。

2　援助技法

インテーク面接が終了し、諸種の医学的検査や精神医学的診断も終了すると、いろいろな専門スタッフの参加による合同検討会がなされる。そして、そこでの総合判定の結果、心理療法が有効だと判断されると、外来による心理療法が開始される。ただし、子どもの心理療法といっても、その種類は表5－2に見られるようにさまざまである。私たちは心理力動的な観点に立つ遊戯療法を用いることが多いが、それ以外、子どもの問題行動や症状によっては、絵画療法を初めとする各種の芸術療法なども用いている。なお、カウンセリングは言葉を用いて行われるので、もっぱら思春期以降の子どもが対象となる。

3　家族病理について

子どもの心理療法においては、家族をどう扱うかがきわめて重要となる。なぜなら、子どもの問題行動や症状は家族病理の表現であることが少なくないから。家族病理の具体的な内容としては、次のようなものがある。これらは相互に絡み合っていることが多い。

施設	対象となる問題	心理臨床の内容	関連スタッフ
県警本部 少年サポートセンター （被害少年カウンセラーとして）	性犯罪被害 家出・盗癖 薬物乱用	カウンセリング 街頭補導 環境調整	警察官 補導員 少年相談員 電話相談員
精神科病院	統合失調症・境界性パーソナリティ障害・躁うつ病 薬物乱用・アルコール使用障害	心理療法 心理テスト グループワーク デイケア	精神科医 看護師 精神保健福祉士 作業療法士
精神保健福祉センター	統合失調症・うつ病 神経症・不登校・非行 ひきこもり 職場不適応	心理療法 心理テスト コンサルテーション 自助グループの育成	精神科医・保健師 精神保健福祉士 デイケア指導員 電話相談員
保健センター・保健所 （心理相談員として）	就学前幼児の発達相談 療育相談 子育て相談	乳幼児検診 心理療法 心理テスト 母親指導	各科医師 保健師・栄養士 理学療法士 精神保健福祉相談員
精神科クリニック 総合病院の精神科・神経科・心療内科	神経症・心身症 うつ病 統合失調症	心理療法 心理テスト	精神科医 看護師
小・中・高校内のカウンセリングルーム （スクールカウンセラーとして）	不登校・対人関係（いじめなど） 進路・職業相談 教師の悩み	心理療法 心理テスト コンサルテーション	校長・教頭・担任 生徒指導担当教諭 教育相談担当教諭 養護教諭・学年主任
私設心理相談室	それぞれのカウンセラーが得意とする対象	心理療法 心理テスト コンサルテーション	受付

＊児童相談所のなかには，児童総合センター・総合療育センター・福祉総合相談所などのなかに設置されている所もある。例えば「熊本県福祉総合相談所」は，熊本県中央児童相談所・熊本県女性相談センター・熊本県身体障がい者リハビリテーションセンター・熊本県知的障がい者更生相談所の四つが一つにまとまったものである。

表5－1　心理臨床家が働くいろいろな施設

施設	対象となる問題	心理臨床の内容	関連スタッフ
病院の小児科・小児病院・子ども病院・療育センター・療育医療センター	心身に障害のある乳幼児期から児童期・思春期にかけての子どもたち	心理療法 心理テスト 療育活動	小児科医・各科医師 看護師・児童指導員 作業療法士・理学療法士・言語聴覚士・保育士
児童相談所* (児童心理司・心理療法担当職員として)	不登校・いじめ・非行・虐待 子育て相談	心理療法 心理テスト コンサルテーション	児童福祉司 嘱託医 電話相談員
教育センター・教育研究所・教育総合センター (教育相談員として)	不登校・いじめ・非行・子育て相談 療育相談	教育相談 心理テスト コンサルテーション	学校教師 嘱託医
大学の心理教育相談室・臨床心理センター	児童期・思春期のいろいろな問題 青年期・成人期の神経症・心身症・境界性パーソナリティ障害など	心理療法 心理テスト コンサルテーション	大学教員 精神科医 スーパーヴァイザー
大学の学生相談室	神経症・無気力・恋愛問題 進路・職業相談	心理療法 心理テスト 助言	精神科医 大学教員
大学の保健管理センター	神経症・パーソナリティ障害 統合失調症・うつ病	心理療法 心理テスト コンサルテーション	精神科医・内科医 看護師 大学教員
家庭裁判所 (少年係調査官・家事係調査官として)	少年保護事件（非行） 家事調停事件（離婚・遺産分割など） 家事審判事件（養子縁組・遺産分割など） 家事手続案内 少年相談	調査 調整活動 心理テスト 試験観察による指導	裁判官・書記官・家事調停委員・裁判所技官（医師・看護師）など 少年鑑別所の法務技官・少年院の法務教官・保護観察官や保護司

表５−２　児童に対するいろいろな援助技法

分　類	問題行動・症状の内容	援助技法								
		遊戯療法	箱庭療法	絵画療法	音楽療法	認知行動療法	自律訓練法	催眠療法	集団療法	カウンセリング*
対人関係をめぐる問題	自閉スペクトラム症	○			○	◎				○
	選択性緘黙	◎	○	○		○				
	対人緊張・対人恐怖	○		○		○	○	○	○	◎
	かんしゃく・乱暴	○	○	○						
	内気・小心・孤立	◎	○	○					○	○
制限や枠組みに触れる問題	注意転導性・過活動性	◎			○	○				
	情緒不安定	◎					○	○		
	非行	○	○	○		○			○	○
学校生活をめぐる問題	学校内乱暴	◎				○				○
	不登園・不登校	○	○	○		◎			○	◎
	限局性学習症					○				
習癖上の問題	遺尿・遺糞	○	○	○		○		◎		
	チック	○	○	○				○		○
	爪かみ・抜毛症・身体いじり	○	○	○		○				
	吃音・早口症・書痙	◎	○	○		○	○	○		○
心身症的問題	腹痛・下痢・嘔吐・頭痛	○	○	○			○			
	摂食障害（過食・拒食）	○	○	○						◎
	ぜん息・胸内苦悶	○	○	○		○	○		○	○
	夜驚・不眠などの睡眠障害	◎	○	○		○	○			
その他	強迫観念・恐怖症					◎		○		◎
	アパシー（無感動・無気力）			○						○
	妄想			○						○

＊ひとくちにカウンセリングといっても，精神分析的な心理力動論に立つもの，行動理論に立つもの，来談者中心理論に立つものなどいろいろある。これは，遊戯療法についても同様である。
◎有効と考えられ，比較的よく使われる方法。

①夫婦葛藤――多くの事例に見られる。夫婦がおたがいに強い不満や敵意を抱きあっており、夫婦関係がうまくいっていない。精神的離婚状態といってもよい。
②家族成員間の歪んだコミュニケーション――家族成員間のコミュニケーションが歪んでいる。その背後には、相互不信感が渦巻いていることが多い。
③家族役割の混乱――親としての役割や子どもとしての役割がうまく取れていない。子どもが親役割を取っていたりする。夫婦の性役割が混乱していることもある。
④スケープゴート――子どもが問題児（犠牲の山羊）となることによって、家族成員間のバランスが保たれる。
⑤母子共生関係――母親と子どもがおたがいに強い心理的依存関係にある。
⑥三世代葛藤――祖父母・父母・子どもという三世代にわたる複雑な葛藤である。もともと祖父母と父母との間で解決されるべき問題が、未解決のまま子ども世代へと持ち越されてくる。

4　家族面接

ひとくちに家族面接といっても、内容は多岐にわたる。面接対象を誰にするかによって、母親面接・父親面接・父母（両親）面接・家族合同面接といったものに分かれる。また、面接形式によって、並行家族面接・継時家族面接・家族同席面接に分かれる。これらのうち最も多いのが並行家族面接である。並行家族面接のなかでは、母子並行面接、つまり二人の面接者が同じ時間に並行して母親と子どもを別々に面接するという形態が最も多い。父母を一緒にした両親面接では母親面接のみでは得られない情報が得られ、夫婦関係の性質も如実にわかることが多い。ただし、技術的には大変むずかしく、両親面接をしたために、それまで続いてきていた母親面接が中断してしまうこともある。

家族面接のほとんどは子どもの面接者とは別の面接者によって行われる。この場合、二人の面接者間の情報交換は正確かつ十分になされる必要がある。もっとも、面接者同士が相互に不信感や不満を抱くことも少なくない。スーパーヴィジョンや事例検討会が大切となる。

家族面接にはいくつかの重要なポイントがある。面接に対する家族側の意欲はどの程度か、援助目標をどのように設定したらよいか、面接の進み具合、つまり家族側の心理力動的な変化はどのようになっているのか、現在とっている面接の仕方が適切かどうかなど、面接者はこれらの点をたえず考慮しながら家族面接を進めていかなければならない。

家族面接におけるむずかしい問題の一つとして、中断がある。例えば、面接初期に面接者が家族の病理性を指摘することは面接者への抵抗を引き起こし、結果として中断に至ることがある。面接者としてはまず、わが子の問題に悩んでいる家族の苦しみを十分に受け止め、家族の混乱や不安を鎮めてあげることが大切である。面接がかなり進んだ段階でも中断が生じる。それは、家族の病理を家族が自覚するにつれて面接への抵抗が生じ、それを面接者が適切に処理できない場合や、外的・物理的理由による場合である。前者は技法上の問題であり、これを防ぐにはスーパーヴィジョンが必須となる。後者は、家族の転居や崩壊（離婚）である。転居の場合、面接者は面接経過を記した紹介状を作って、転居先の面接者や専門機関につなぐ必要がある。

子どもを家庭から隔離する入院治療の場合、施設側の指導方針と家族の要求との間にズレが生じたり、面接者以外の援助スタッフへの強い不信感や不満が表明されたりすることによって、家族面接者が施設側と家族側の板挟みになることが少なくない。家族としてはわが子が手元から離れると不安になることが多く、また、子どもの入院を契機として家族の病理があらわになってくることも多い。面接者は、このようなことを十分わきまえたうえで家族の訴えに耳を傾ける姿勢が必要となる。家族側の要求がもっともな理由に基づくものであればもちろん、スタッフ会議などの機会を利用して改善を計るべきである。

5　援助スタッフとのコミュニケーション

子どもの援助施設では，例えば児童精神科医が医学的治療を行い，ケースワーカーが環境調整に従事し，児童指導員が生活指導を行い，心理療法士が子どもや親の面接を行うといった具合に，いろいろな役割を持つ援助スタッフが一人の子どもにかかわっていくことが多い。だから，心理臨床家は他の援助スタッフとの専門性や役割を尊重し，かつ理解しておかなければならない。同時にまた，心理臨床家の機能を他の援助スタッフにわかっておいてもらわなければならない。そのためには，①一つの施設内で用いる専門用語を統一すること，②他の援助スタッフとも積極的に打ち合わせを行うこと，③合同で事例検討会を持つことなどが有効である。

第2節　総合的な児童援助施設における心理臨床

子どもの心身の障害について総合的な援助・相談を行う施設では普通，障害の相談・指導・診断・判定の部門と，リハビリテーション部門の両方を兼ね備えている。リハビリテーションの施設としては，知的障害児通園施設・情緒障害児短期治療施設・難聴幼児通園施設などがあり，実に多彩な職種が障害に対応している（図5−1を参照）。

このような総合的施設のなかでは，心理臨床家は特に自分の位置づけや，全体のなかでの役割・専門性・限界などを十分に認識しておく必要がある。

1　チーム援助

一般に子どもの心理臨床においては，心理臨床家が一人で援助しようとしても現実にはむずかしい。特に総合

相談・指導部門	検査・判定・診断部門	治療部門	リハビリテーション部門
相談員	臨床検査技師	薬剤師	児童指導員
児童心理司	脳波検査技師	小児科医	保育士
ケースワーカー	放射線技師	精神科医	看護師
	薬剤師	整形外科医	言語聴覚士
	小児科医	耳鼻咽喉科医	理学療法士
	精神科医	眼科医	心理療法士
	整形外科医	看護師	
	耳鼻咽喉科医	言語聴覚士	
	眼科医	理学療法士	
	看護師	心理療法士	
	言語聴覚士		
	理学療法士		
	児童心理司		
	心理療法士		

図5－1　総合的な児童援助施設における援助スタッフ

的援助施設では専門領域が分化しているため、多くの職種が一人の子どもにかかわる。例えば心理療法が開始される前のアセスメントの段階では、インテーク面接者・医師（精神科医や小児科医）・臨床検査技師・児童心理司・相談員・児童福祉司など、数多くの専門職員が関与する。援助が開始されてからも、多くのスタッフが関与する。社会診断のための家庭訪問調査・学校訪問・連絡などをケースワーカー（児童福祉司）に依頼し、心理アセスメントのための心理テストを児童心理司に、薬物療法を医師に、身体の安全衛生管理を看護師に、というように援助を有機的に展開させていくためには、他のスタッフとのチームワークが重要となる。そのためには、スタッフそれぞれが持つ情報を相互にフィードバックしあって、スタッフ間の見解の一致を図るようにする。

チーム援助にはもちろん、いろいろな困難がつきまとう。入院治療における看護師と心理臨床家との感情的対立とか、情報が伝達される際の歪曲など、枚挙にいとまがない。このような問題があると、子どもの心理力動にスタッフが巻き込まれてスタッフ間の感情的対立や混乱がいっそうひどくなる。子どもによっては巧妙にスタッフの感情を操り、職種間の分裂を引き起こしたりする。心理臨床家としては、スタッ

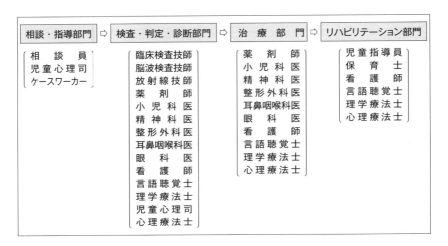

フ間の対人関係上の問題、たがいの役割や専門性についての認識不足、コミュニケーション技術の基本的な訓練不足などを機会あるごとに調整していくようにする。

2　チーム援助の留意点

スタッフ間のコミュニケーションを有効なものとするには、日常の相互的スーパーヴィジョンの他、公的なスタッフ会議や事例検討会を定期的に催すとよい。これは毎日行うことが理想的であるが、無理な場合には、週に一回、三、四時間のまとまった時間を設定しておいてもよい。

チーム援助の場合、記録ファイル（カルテ）は他のスタッフも読めるよう一冊にまとめるほうがよい。その一冊のなかに、インテーク面接の記録・医師の診察記録・事例検討会の記録・各種の検査結果・心理療法の記録などを、援助の流れに沿って綴り込んでいく。このような記録ファイルがうまく活用されれば、記録のうえで事例検討をしていることになり、情報の統合と共有に役立つ。

チーム援助は、一人ひとりの専門スタッフがいくら優れていてもチームとして一つに統合されていなければ、その効率は低下する。逆に、一人ひとりの能力や技術がたとえ未熟であったとしても、それぞれが相互に補完しあえばチーム援助の機能は十分発揮される。心理臨床家は、このようなチーム援助のキーパーソン的な役割を担っている。スタッフ同士の人間関係はどうなっているのか、うまく機能しているのか、情報伝達はスムーズに行われているのかといったことにたえず気を配っておく。

3　関係機関との連携

子どもが所属している学校の教師との連携は、広い意味でのチーム援助である。しかし、学校教師と連携していくのはなかなかむずかしい。学校教師は、例えば神経症的登校拒否をややもすると「横着病」「わがまま病」とみなしたりする。心理臨床家としてはいろいろな機会をとらえて教育・啓発活動を行っていく必要がある。この点で，学校教師に対する心理力動的コンサルテーションは特に有効である。子どもが以前にかかわっていた相談機関や，子どもと直接のかかわりがあった保健師・医師・ケースワーカーなどに対して，心理学的所見や面接経過を報告することは，今後の協力を得るためにも，また心理臨床家の仕事の性質をわかってもらうためにも大切である。

子どもについての詳しい情報を得たり，文書では表現しにくい微妙な事柄を伝えたりするためには，関係機関を直接訪問するとよい。その場合，心理臨床家が一人で行くよりも，他のスタッフと一緒に行くほうが心理的に安定できるし，得られる情報も客観的になってよい。

第３節　児童の入院施設における心理臨床

入院治療はあくまでも，子どもに対する援助プロセスの一つである。最初から入院治療が行われることはめったにない。ある程度の期間，外来通院の形で心理療法が行われて，それに限界がみられたときや，援助をより有効に促進させたいときなどになされるものである。本節では，小児病院や児童精神科病棟など，子どもの入院施設における心理臨床活動について述べてみたい。もっとも，前節の総合的援助施設における入院治療の場合と共通するものも多い。

１　入院治療の意義

子どもの入院治療の意義は成人のそれとは若干異なっている。成人の場合には，外来では困難な重症例の治療とか医学的検査のための入院といった形で病棟に収容されることが多い。しかし子どもの場合には，必ずしもそうではない。例えば思春期の子どもなら、入院は個体化（自立）をより早く達成させるための場を積極的に与えるためになされる。母子間の強力な共生関係のなかで症状が発展・増悪《ぞうあく》している幼児なら、入院は子どもを母親から引き離すためになされる。保育士や児童指導員が配置され、施設全体が受容と制限という心理療法の基本構造を有しているような施設であれば、それはきわめて有効な援助機能を発揮する。そこでは例えば、保育士が退行促進的な役割を引き受け、児童指導員が子どもの自我の再建に手を貸すといった役割分化も可能である。

入院治療はまた、子どもの二十四時間の生活をまるごと引き受けることになり、そのため子どもの全生活を詳しく見ることができる。例えば、外来では対人関係面でさほど大きな問題がないように思えた子どもが、入院すると同時に院内で激しく暴れたり、弱い者いじめをするなど、心理臨床家が予想もできなかった子どもの生の姿を知ることができたりする。このように、入院治療にはいろいろな利点がある。心理臨床家にとっては、それらを子どもの援助のなかにどのように生かしていくかということが入院治療における最大の課題となろう。

2　入院治療における留意点

入院治療場面にあっては、心理臨床家は、自分が行っている心理療法が入院治療全体の流れのなかでどのような位置を占めており、どのような意味を有しているかということを常に考えておく必要がある。外来と異なり入院治療では、心理臨床家は面接場面以外でも子どもと接触する。そのため、大変優しくて受容的な人だと子どもが思い込んでいる面接者が自分の面前で他の子どもを叱責するのを見て、子どもの面接者イメージが混乱したり、面接者が他の子どもに親密そうに接しているのを見て、強いねたみを抱いたりして症状が悪化する、といったことが生ずる。心理臨床家は、自分の動きがどのような影響を子どもに与えているかということに常に留意しておく。

第4節　教育センターにおける心理臨床

各都道府県には，公立の教育センター（教育研究所）が設置されている。教育センターは教育委員会の直轄下にある施設である。基本的には学校教職員に対する研修機関であるが，教育センターの相談部（ないし研修部）では，幼児や小・中・高校生，彼らの保護者，学校関係者などのための教育相談サービス事業を行っている。

近年，文部科学省や県の学校不適応問題対策の一環として，教育センターに適応指導教室を併設しているところも多い。また，いじめ相談の窓口として，電話相談を行っているところもある。教育センターの相談員は教員免許を有し，かつ教職員経験の豊かな指導主事が常勤として勤務している。また，もっぱら非常勤の嘱託相談員として，教員免許を持たない心理臨床家や精神科医などがいる。学校教師で教育相談や生徒指導を担当する先生が半年とか一年間の一定期間，研修生として教育センターで相談業務に携わることがある。

大学院に臨床心理士養成コースを有する大学が教育委員会と連携して，教育センターを心理臨床実習機関として位置づけている場合には，臨床心理学専攻の大学院生が教育センターで補助的に相談業務に携わることがある。ただし，大学院生の修士課程（ないし博士課程前期）に在籍している学生は無資格であるということ，つまり臨床心理士の資格をまだ有していないということを考慮する必要がある。相談内容は，知能・学業・性格・行動・精神・身体・進路・適性問題と多岐にわたっている。相談の申し込みは生徒本人・保護者・学校関係者などから電話でなされることが多い。相談は原則として予約制である。

他の相談機関と比べると，教育センターでの相談には学校関係者が登場することがきわめて多い。したがって，学校関係者との連絡や学校への事後報告の必要性が他よりも多くなる。また，学校コンサルテーションが多くなるのも特徴である。

1　教育相談について

教育センターでの相談は、生徒の保護者が直接電話してくることもあるが、多くの場合、担任や養護教諭などからの依頼で始まることが多い。したがってインテーク面接も、クライアントである生徒本人の他に学校関係者が一緒に来所することが多くなる。この場合、生徒本人の面接担当者と学校関係者の面接担当者とを別々にしたほうがよい。というのは、小学校の高学年以降の生徒の場合には、面接者が何を知っているかということを大変気にするからである。

インテーク面接が終了したら、それぞれの面接者同士の協議によって援助方針についての打ち合わせを行い、打ち合わせた事柄を学校関係者に伝える。もちろん、援助方針については生徒本人や保護者の了解を得る。援助方針についての確認があいまいなままでズルズルと面接を開始すると、途中で面接者と生徒の双方にとって相談することの意味がよくわからなくなり、その結果、例えば面接者がクライアントにどう介入してよいかわからなくなったり、クライアントの来談意欲が低下するといった問題が生じたりすることになる。

2　学校との連携

生徒や保護者がまったく来所せずに学校関係者のみが来所するといったことも稀ではない。その場合には特に、学校側から生徒の問題理解や学校での対処の仕方について、説明や指示を求められることが多くなる。ここで相談員（面接者）として困るのは、ハウツー式の答えを要求されるような質問が頻発することである。つまり、生徒本人の内面的な理解を抜きにして、「この生徒は担任である私の指示にことごとく逆らうが、この場合、厳しく叱ったほうがよいのか悪いのか」「何度訪問しても、自室に引きこもっている生徒が顔も見せてくれないのだが、このまま家庭訪問を継続すべきか否か」といった形の質問になることが多いが、相談員としては、この種の質問には安易に答えないことである。安易に答えてしまうと、学校関係者自身に生徒についての真の理解が育たなくなる。つまり、学校での主体的な取り組みや指導といったものが期待できなくなり、学校生活面での生徒の支えを失うことになるからである。このような場合には、相談員の側から説明や指示を与える前にまず、学校関係者が生徒の問題をどのように理解し、これまでどういう方針で指導を行ってきたのか、指導の結果はどのようであったのかといったことを聞いてみるとよい。

ときには担任・教育相談担当教諭・生徒指導担当教諭などを対象として、カウンセリング技法についての役割演習（ロール・エクササイズ）をやってみるのも効果的である。教育センターの相談員はもっぱら指導主事であり、ややもすると相談員と学校関係者との関係を指導する側とされる側という役割にはめこんでしまいがちであるが、そうではなくて、それぞれの立場を尊重しながら協同して生徒を援助していくという関係を維持するように努めることが大切となる。

事例によっては、生徒本人や保護者の、学校に対する感情が悪いこともある。その場合、相談員が最初から学校関係者と緊密な連絡を取りあうことは、かえって生徒本人や保護者との相談を困難にしてしまうという危険性があるので、時機をみて彼らの承諾を得たうえで学校関係者と連絡を取るほうがよいだろう。

一人の生徒をめぐってその保護者と担任とが相互に反目し合っているような場合には、保護者も担任もそれぞれ相談員を味方につけようとするような言動を示すことも少なくない。相談員としては、あくまでも中立的な立場で双方の言い分に耳を傾けるべきである。

3　他機関への紹介

教育センターは専任の精神科医を置いていない。非常勤の精神科医もいないセンターも少なくない。このような場合、特に精神病圏内にあると思われる生徒の相談にあたっては他の専門機関に紹介せざるをえない。その際には、薬物療法のみでなく心理療法をも行ってくれる医療機関へ生徒を紹介するのが最もよい。医師自身が心理療法を行うような医療機関もあるし、心理臨床家を常勤ないし非常勤として雇っているような医療機関もある。

心理療法を行ってくれる医療機関が近くにないような地域では、生徒に医学的な診断と治療を受けさせつつ、それと並行して相談員が相談活動を行う。その場合、相談員は医師との連絡を必ず取ることである。医師への連絡や情報交換を円滑に進めるためには、生徒たちを紹介しやすい病院や医師と普段からコンタクトを取っておく必要がある。なお、生徒を医師に紹介する際には、相談員の紹介意図をはっきりと先方に伝えることが大切である。

生徒を医療機関に紹介するということに対して家族側の抵抗が強いこともある。そのときには、医学的診断や医学的治療がぜひとも必要であることや、それと並行して行う教育相談の意義について家族に納得してもらわなければならない。家族側がどうしても納得しないような場合には、まず母親だけでも医療機関に行って医師の話を聞いてくれるよう母親に頼んでみるとよい。

第５節　児童相談所における心理臨床

児童相談所は、児童福祉法の第十二条に規定されている行政機関である。児童相談所に持ち込まれる相談内容は大別すれば、養護相談（虐待関係など）、非行相談（ぐ犯や触法少年）、障がい相談（療育手帳の程度決定など）、育成相談（不登校やひきこもりなど）に分けられる。

児童相談所には相談部門と一時保護部門がある。相談部門には、児童福祉司、児童心理司、医師などが配置されている（心理臨床家は主に児童心理司として職務を果たしているので、本節では児童心理司と表記する）。一時保護部門には、児童指導員および保育士、看護師等が配置されている。

児童相談所の児童福祉司は、子どもや保護者等から相談を受理し、必要な調査によって得られた情報を分析して問題解決の方針を立てる（「社会診断」と呼ばれる）と共に、子どもや保護者等の関係調整や助言指導を行う。一方、児童心理司は子どもや保護者等の相談に応じ、面接、心理テスト、行動観察等を通して子どものパーソナリティや保護者の状況等をより深く理解すると共に、どのような援助が効果的であるかの仮説を立てる（このような心理アセスメントは児童相談所では「心理診断」と呼ばれている）。児童心理司はまた、子ども、保護者、関係者等に心理療法やカウンセリング、助言を通してアプローチすることに重点を置きながら、児童福祉司と協力して仕事する。

児童相談所で働く児童心理司の特徴としては、次の二点が挙げられる。第一に、心理アセスメントの割合が心理療法に比べて高いこと。第二に、子どもを取り巻く環境に対して積極的に関与するため、子どもの所属機関、福祉事務所、あるいは医療機関等で行われる事例検討会議に児童福祉司と出席して意見を述べることが多いこと。

児童相談所は基本的に子どもや家庭のさまざまな相談に応じる窓口ではあるが、近年その役割は、市町村に設置されている家庭児童相談室や市町村の児童家庭相談に係わる窓口、保健センター、さらには教育センター等が担うようになっている。そして、児童相談所は、養育者がいないとか虐待を受けているなど、危機介入を要する子どもとその家庭に、専門的な知識と技術を用いて対応することが求められるようになってきている。

1　児童相談所における心理臨床家の業務

児童相談所における相談の多くは、学校や保育所など関係機関からの虐待通告、警察署などからの保護が必要な子どもの通告や虐待通告、非行行為があった子どもの通告、あるいは家庭裁判所の決定で児童相談所に相談が持ち込まれる（「児童相談所長送致」という）ところから始まる。これらの場合、保護者に相談意欲がなかったり子どもが危機状態にあって緊急対応を要するなど状況はさまざまであるが、児童福祉司はできるだけ迅速に調査（面接を含む）を行うようにする。

一方、児童心理司は、心理アセスメントの手法である面接、心理テスト、行動観察を用いて心理診断を行う（心理診断の結果を記した報告書を児童相談所では「心理所見」と呼ぶ）。そして、今後の援助方針を協議によって決める「判定会議」において、児童心理司は心理診断に基づいて意見を述べる。

心理診断を行う際、児童心理司は、その目的を明確に意識しておく必要がある。これは、心理診断の目的によって、「心理所見」に記載されるべきものが大きく異なるからである。

①非行相談や育成相談では、助言のみで終えるか、それとも継続面接が必要であるかを判断する材料を集めるために心理診断を行う。面接では、例えば非行という問題行動に対して子どもや保護者がどのように認識しているかを聴きとり、問題行動の背景を把握するよう努める。そして、知能テストや発達テストを用いて子どもの知的・発達的側面を評価するだけではなく、パーソナリティテストや面接を用いて子どものパーソナリティの特徴、衝動統制、不安度、対人関係の様態、葛藤場面での対処方略、家庭の状況等をアセスメントする。例えば、児童期の子どもならバウムテストを用いてパーソナリティを把握したり、動的家族画を施行して家族力動を把握したり、P-Fスタディを使って欲求不満場面における子どもの攻撃性の処理の仕方をみたりする。

②知的障害のある子どもが適切な支援や福祉サービスを受けられるよう、都道府県知事、または政令市の長が発行する療育手帳の程度決定（「判定」と呼ばれる）に係わる業務も、児童相談所の仕事である。その際、児童心理司は知能テストや発達テストを用いて子どもの知的・発達的側面を把握するが、それだけでなく、保護者と面接して、子どもの社会生活能力や生活の困難度（「介護度」といわれる）等をアセスメントすることが大切である。

③児童相談所が重篤な虐待を受けている子どもを児童福祉施設（児童養護施設など）に措置するといった方針を立てたものの親権者の同意が得られず、家庭裁判所に申立てて法的対応をする場合には、子ども本人が虐待によって受けた心理的影響についての意見を家庭裁判所に提出することになる。その場合、児童心理司は例えばＴＳＣＣ（日本版子ども用トラウマ症状チェックリスト）を用いてトラウマによる子どもの症状を把握すると共に、子どもが虐待のある環境での生活をどのように感じ、いかなる援助を求めているのか等を盛り込んだ心理所見を作成して家庭裁判所に提出する。

ところで、児童相談所が対応する相談は、養育する家族の背景に社会的・経済的困窮によるストレス等、問題が複雑に絡み合っていることがしばしばある。しかも、子どもの年齢が高くなると、交友範囲が広がり、仲間の影響も強い。そのため、心理診断の際には、子どもだけではなく、保護者の問題解決能力、地域社会が有する子どもへの支援体制などをアセスメントすることが必要となる。例えば、子どもや保護者が生活のなかで培ってきた個人的な資源の他に、頼りとなる親族がいるかどうか、さらには子どもが所属している学校などの担任、養護教諭、スクールカウンセラーなど、子どもの心の拠り所となって子どもや家族を支援できるような人がいるのかどうかを吟味する。

子どもが里親委託もしくは児童福祉施設に入所した場合、児童心理司は里親もしくは児童福祉施設の児童指導員・保育士に対して子どもの心理診断の結果を伝えると共に、日々の生活のなかで生じる援助者の不安や困りごとを聞き取り、どのようなことに留意しながら子どもにかかわればよいのかについて助言する。例えば、子どもに対する禁止的・統制的態度が逆に子どもの問題行動を助長しているような場合には、今どのような行動が望ましいかということを子どもに述べて行動に移せるよう援助することが望ましい、といった具合に助言する。

子どもが神経発達症群の二次障害ないし精神疾患などで生活に支障をきたしていると思われるときには、子どもを医療機関に受診させる。子どもが児童福祉施設に入所中の場合には、児童心理司は児童福祉施設に配置されている心理臨床家（「施設心理士」と呼ばれる）と協議して、子どもが施設心理士から必要な心理的援助が受けられるよう努める。また、施設心理士が行った心理的援助や生活場面で行われる面接の進捗状況を児童心理司が聴取して、施設心理士や児童指導員に助言したりする。

児童心理司が必要と判断したときには、児童福祉司と一緒に子どもの保護者と面接し、助言する。また、判定会議の結果によっては、児童心理司が直接、期間を区切って子どもに継続面接による心理教育を実施する。例えば、子どもの示す易刺激性（ほんのちょっとしたことですぐに不機嫌になったりする性質）が実はトラウマが引き起こす症状であったような場合、易刺激性はトラウマによるものであることを子どもに説明すると共に、易刺激性への対処法として、リラクセーション技法を適用するとよい。

なお、児童相談所では、子どもが里親委託もしくは児童福祉施設に入所した後も、子どもが保護者ないし親族のもとで生活できるか否かを判断するために、保護者とのかかわりを継続すると共に保護者指導も行っている。つまり、児童心理司は心理診断の結果を保護者に説明するだけでなく保護者に対して助言や指導を行うが、その場合、保護者のパーソナリティ面の特徴や養育能力を把握しておく必要がある。

児童相談所は危機介入を要するような重篤な問題を扱う機関としての役割を担っているうえに、少ない人数で広域を管轄しているため、児童心理司の本来の専門性である心理療法が必要であったとしても、それを行うには限界がある。そのため、限られた面接回数で問題の解決に導けるよう、各々の児童心理司は創意工夫した教材を用いて心理教育を行うことが少なくない。例えば、性教育を行うときには、「片手で届かない所に立とう」（物理的境界線の場合）とか、「卑猥なことを言うと相手の女性は不快になる」（心理的境界線の場合）といった具合にわかりやすく子どもに教示したりする。

虐待にしろ非行にしろ、問題が長期化して慢性化していたり複雑化していたりすれば、児童相談所のみによる問題解決はむずかしいことが多い。そこで、「要保護児童対策地域協議会」の開催・参加といった形で教育・福祉・保健・医療・司法等の機関と連携し、子どもが育つのを支えていくことが大切になる。したがって、児童心理司の業務のうち、児童福祉司と一緒に行う環境調整の重要度が高くなる。

2　一時保護と心理臨床家の業務

児童相談所の一時保護所は、①子どもの生命の安全を守る「緊急保護」、②子どもの生活の様子を観察しながら子どもをアセスメントする「行動観察」、③短期治療を行う「短期入所指導」、といった役割を持つ。一時保護所で過ごす子どもの多くは、虐待を受けた子どもや非行行為のある子どもである。一時保護所は短期間の生活の場であるが（原則二か月以内）、親の同意や家庭裁判所の審判決定までに時間がかかるなどの理由で長期化することもある。

児童虐待に関していえば、子ども自身が性的虐待の事実を語った場合や、暴力によって一定以上の傷を受けていることが判明した場合（頻回の受傷とか、顔面や頭部に傷があったり体中にあざがあったりするような場合）、児童福祉司がすみやかに介入して子どもを一時保護し、生命の安全を守ると共に、保護者にも対応することになるが、児童心理司のほうは一時保護後に心理診断を行う。その際、心理テストと併せて、面接を通して子ども本人から家庭や学校での人間関係や生活のありようを詳しく聞き、子どもが自分自身や自分を取り巻く環境をどのように認知し、感じているのかを理解し、さらには、虐待によって子どもの認知や行動がどのような影響を受けているかをアセスメントすることが重要である。

養護相談で出会う子どもの面接を通して、親が貧困や病気で余裕がなく、家庭全体がストレスの高い状況にさらされているのを垣間見ることがある。心のよりどころがなく、孤立感を抱き、将来に対して悲観的で、生きる気力さえ失った子どもに出会い、身につまされることもある。一時保護所職員から、子どもが些細なことで周囲に敵意を向け、激しく反撃する報告を受けることがある。子どもが、安全感の少ない、厳しい環境に身を置き、周囲を警戒しながら生活してきたことを想像させられる。

非行相談の心理診断では、子ども個人の心理状態やパーソナリティを把握すると共に、問題行動に至った背景や、彼らが自分の非行行動を内省しようとする意欲がどの程度あるのか、二度と非行行為を起こすまいとする決意の度合いはどうかなどを知ることが大切である。また、子どもが語る内容から推測される子どもと家族との関係性を把握することも大切である。こうした作業をすることによって、家族が子どもの非行を食い止め立ち直らせようとする力がどの程度あるかを判断しやすくなる。

ところで、子どもが一時保護所を経た後には、里親委託ないし児童福祉施設に入所する場合と、家庭に戻る場合とがある（家庭に戻ると事態が悪循環に陥ってしまうというおそれがあっても、親権者の同意が得られない等の理由で、家庭に子どもを戻さざるを得ないことがある）。園や学校、保健センターといった関係機関の人たちは、問題が膠着していることへの無力感や焦りから、子どもが里親委託もしくは児童福祉施設に入所しさえすればすべての問題は解決されるものと期待しがちである。そのため、子どもを家庭に戻すという児童相談所の決定には、関係機関からの強い反発が予想される。

このような場合、ともすると児童福祉司は関係機関を説得することに力を入れがちになるが、そのようなときにこそ児童心理司の視点が役に立つことがある。つまり、単に家庭に戻す・戻さないという視点のみでなく、子どもに対する各関係機関での対応の仕方をそれまでとは違った形に変化させることによって子どもがよいほうに発達していくという、より厚みを持った援助の見通しを児童心理司が関係機関に提示し、それによって関係機関がサポート体制を整えやすくなるといったことが期待できよう。

近年、子どもをケアするため、一時保護所に児童心理司を置く動きもある。一時保護所に児童心理司が配置されていれば、生活場面に入って指導員の一員として動くだけでなく、例えば集団になじむことができない子どもがしばしばトラブルを起こしてパニックになってしまうような場面でも、子どもがパニック状態となったいきさつやパニックを引き起こした要因を児童心理司が児童指導員や保育士に伝えることで、その子の状態像に合わせた個別的な対応が可能になろう。

3　児童福祉司との連携

児童心理司は子どもの心理状態やパーソナリティを直接把握することが職務であると共に、面接において子どもの側に立って子どもの心情を聴いていくため、子どもの本音をより聞きやすい立場にある。子どもの状態像をより深く理解し、援助に役立つ意見を述べることは、児童心理司の重要な役割である。

援助方針に関して児童福祉司と食い違いが生じた場合には、児童心理司としてはまず、児童福祉司の判断の根拠となった調査事実をじっくりと聞いてみることが大切である。児童心理司は日頃から児童福祉司と良好な関係を築き、調査の進捗状況を積極的に聞くようにする。また、たがいの専門性を尊重し、担当者として率直に意見を述べ合えるような関係を築くように心がける。

児童福祉司と協力して援助を展開する際には、児童心理司が地域内にある社会資源をよく知っておくことが大切である。ここでいう社会資源とは、関係機関が行う援助活動に関する具体的な情報、子どもの状態像に合わせて適切な治療につなげられるような医療機関に関する情報などである。児童心理司は子どもと家庭の心理状態をより深く理解している立場から、いかなる関係機関と連携すればより効果的な援助を展開できるのかについて有効な意見を述べることができよう。

第６節　地域子育て支援センターにおける心理臨床

厚生労働省によると、二〇一六年度には全国で七〇六三か所の地域子育て支援センター（地域子育て支援拠点事業実施所）があり、その半数近くが保育所に併設されている（保育所以外では認定こども園や児童館など）。地域子育て支援センターを利用するのはもっぱら専業主婦や育児休暇中の母子である（父親や祖母の利用もある）。二十代前半から三十代後半の母親が圧倒的に多く、子どもは生後二か月から三歳までが多い。本節では、保育所に併設されている地域子育て支援センターで心理臨床家が活動する際の留意点について述べたい。

1　設　備

地域子育て支援センター内に設置する相談室は、来談者のほとんどが三歳未満児を連れた母親ということを考慮する。無理なく授乳できるソファー、角が丸みをおびたテーブル、母親が相談する間に子どもが遊べるおもちゃや絵本、乳児を寝かせられるベビーベッドかベビー布団。床にはカーペットかプレイマット。植木鉢は子どもがぶつかると危険なので置かない。おもちゃは、おすわりやはいはいができる乳児ならガラガラ、布製のボール、起き上がりこぼし、一、二歳児なら積み木やままごとセットなど。子どもにおもちゃを選ばせてから相談室に入ってもよい。相談室の機能上大きな音が出るおもちゃは適さない。三歳以上の子どもは動きが活発になるし大人の会話も理解できるので、スタッフに頼んで園庭で遊んでもらえば、母親は安心して相談できる。

子どもが活動する部屋で相談を受けた場合、相談室の存在自体を知らない母親がいるので、相談室があることを伝えて相談室の使用を促す。しかし、母親に移動を促しても、子どものことを心配してその場で話しつづけることがままある。だから、心理臨床家は着任したら、まず子どもが活動する部屋のなかであっても比較的静かで、母親が子どもを見ながら落ち着いて話せるような場所を探す必要がある。例えば、年齢の低い子どもが遊ぶスペースや授乳スペースは、一般に部屋の隅にあって母親の相談を受けやすい。授乳スペースを少し広く取り、そこに畳やカーペットを置くなどして相談スペースを作るとよい。

園庭で他の親子から離れて遊んでいる親子がいたら、積極的に声をかけてみる。特に、夫の転勤などで引っ越してきたばかりの親子は、初めて地域子育て支援センターを利用する際に、どれだけ地域子育て支援センター内で人間関係を広げられるかが、その後の地域子育て支援センターの利用頻度に影響する。地域子育て支援センターに来た経緯や、実家が近くにあるかどうかなど、母親と雑談するなかで親子が置かれている状況を聞いていく。

2　対応上の留意点

(1)　育児相談

相談内容はトイレット・トレーニングの方法、断乳や卒乳の時期、第一次反抗期の子どもへのかかわり方、スマートフォンやタブレット端末を使用した育児、英語の早期教育、自然災害の子どもへの影響など多岐に渡る。離乳食や予防接種といった専門的な相談は母親の了解を得たうえで、保育士、栄養士、保育所勤務の看護師の意見を聞く。

高齢出産の母親は、一世代若い母親たちとの会話に入りにくかったり、自分自身の親の介護の悩みを抱えていたりする。低出生体重児や早産では、母親自身が同じ月齢の他の子どもと自分の子どもとを比較して自信を失っている場合や、事情を知らない人から「○か月にしては身体が小さいね」などと言われて傷ついている場合がある。また、母親のなかにはお腹のなかにいた可愛いわが子と、出産後に泣き叫ぶわが子とがうまくつながらず、妊娠期に育った母親意識や母親同一性が大きく揺らぐ人もいる。育児不安や母親同一性の揺らぎは夢に現れることがあるので、母親が最近見た夢について聴取し、夢からの伝達・警告などについて母親と吟味してみるとよい。参考書としては、山根望の『妊娠期の夢に現れた母性に関する研究――初産婦五人の夢分析から』（風間書房二〇一五年）がある。

最近、母親が家のなかのみならず、車のなか、病院の待合室、買い物で幼児用のカートに乗せた子どもにスマートフォンを与えて動画を見せるなど、一日中無料動画を見せて養育しているような事例が増加している。日本小児科医会はスマートフォンなどの使用が子どもの視力、体力、睡眠、コミュニケーション能力、脳機能に悪い影響を与えるので、外遊びや親子のかかわりなどの時間を増やすようポスター等で啓発活動を行っている（日本小児科医会のウェブサイトを参照）。育児にスマートフォンを使用する背景には、①スマートフォンの悪い影響を知らない、②子どもとの遊び方やあやし方がわからない、③子どもが泣くことをできるだけ回避したい、といったことが挙げられる。①の場合は、スマートフォンの使用によって視力の発達が妨げられることを説明する。②と③の場合、スマートフォン使用の悪い影響、例えば過度の使用によって視力の発達が妨げられることを説明する。②と③の場合、母親がどのような不安や育児困難感を抱えながら育児をしているのかを聞く。いずれの場合にも、動画等に過度に頼らずに母親が育児できるよう子どもの好きな遊びや子どもとのかかわり方について助言する。また、地域子育て支援センターの利用時にセンターを継続的に利用するよう勧める。

厚生労働省の「地域子育て支援拠点事業実施要綱」には、「子育て及び子育て支援に関する講習等の実施（月一回以上）」とある。筆者は年四回ほど（センターからの依頼が多いときにはほぼ毎月）、一回三十分から四十分程度、参加者を毎回十名程度に限定して、乳幼児に対するかかわり方、子どもの社会性の発達、テレビやスマホなどの影響についての育児講座を開き、終了後には座談会を開いている。参加者からの質問には主に筆者が答えるが、心理臨床家がいるという安心感から母親同士の会話は活発で、参加者は他の母親の不安や育児困難感を聞いたり、時には母親同士で問題解決に向けた意見が出されたりする。「他のお母さんは完璧に育児や家事をしているように見えていたが、座談会で話をしてみたら、みなさん同じように悩んでいて安心した」「思い切って悩みを話して気持ちが楽になった」など、座談会に参加することで母親の不安や育児困難感はかなり軽減され、母親同士の関係が深まるようである。育児講座後の座談会は一種のグループカウンセリングとして利用してもよいだろう。

（2）発達相談

意思疎通の難しさがあったり、多動性や衝動性が高かったりするケースの多くは乳幼児健康診査（特に一歳半健診や三歳児健診）で小児科医や保健師に発達上の問題を指摘される。そして、健診後に受診した医療機関において、医師による診断が行われて「自閉スペクトラム症」や「注意欠如・多動症」などがわかった場合、母親の自己肯定感が低下したり、周囲に対して疎外感を持ったりすることがある。このような場合、母親に相談室での面接を勧める。面接では、母親がどのような不安を抱えているのか、今後どのように療育に取り組むつもりなのか、母親だけでなく夫や祖父母がどのように障害告知を認知しているのかについて聞いたり、療育によって子どもの発達が促されることなどを説明し、児童発達支援センターの利用を勧めたりする。

医師からの障害告知による心理的ショックが大きい場合には、睡眠や食事量、抑うつ感など心身の状況をアセスメントし、心身の状態が改善するよう支援する。母親の心理的ショックが非常に大きく家事や育児がまったくできないなど日常生活に多大な影響が出ている場合には、母親に心療内科や精神科の受診を勧める。

母親から子どもの言語発達に関する相談を受けた場合には、「ままごと」の相手をしたり、絵本を使ったりして、子どもの発話の頻度、発話の内容、意思疎通の程度をアセスメントする。もしも同じ年齢の子どもと比較して、その子どもの言語発達に遅れがないようであれば、母親面接ではどうしてそこまで子どもの言葉の遅れが気になっているかに焦点を当ててみる。すると、他の子どもと比較しすぎてしまうとか、家族から育児について責められることが多いなどといったことが語られることがある。発話の頻度や意思疎通に問題がある場合には、保健センターの発達相談や医療機関で発達検査を受けるよう母親に勧める。

（3）心理相談

心理相談には、産後うつ、夫婦関係、育児と仕事や家事との両立の難しさ、母親自身の過去のつらい経験、育児休暇後の仕事と育児の両立に関する不安、嫁ぎ先や実家との確執などがある。心理相談では、他人に聞かれたくないという母親も多いので相談室を使用する。多くの場合、女性や社会人としての自信を失っていたり、母親として不適格なのではないかという不安があったりする。夫婦関係の問題が語られた際には、①身体的暴力（殴る、蹴るなど）、②精神的暴力（脅しや暴言など）、③性的暴力（性的行為や中絶の強要など）、④経済的暴力（生活費を渡さないなど）、⑤社会的暴力（人間関係の監視や制限など）、⑥子どもを利用した暴力（子どもへの加害をほのめかすなど）を母親が受けていないかどうか、受けている場合にはどの程度か、母親は配偶者からの暴力についてどのように認識しているかについてアセスメントする。DVの被害が著しく、母親や子どもの生命の安全が危惧される場合には、センター長（多くは園長）が警察や配偶者暴力相談支援センターに通報する。

家事が出来ないとか育児が楽しめないといった抑うつ感を母親が訴えた場合には、ベック抑うつ質問票（BDI-Ⅱ）やエジンバラ産後うつ病質問票（EPDS）など簡単にできる検査をするとよい（EPDSは行政が地域子育て支援センターに配布していることがある）。うつ病などの精神疾患が疑われる場合には医療機関を紹介し、受診するよう勧める。

（4）母親による虐待の問題

子どもがひどく母親を恐れたり不自然なあざや怪我が確認された場合には深刻な児童虐待の可能性があるので、地域子育て支援センター長が児童相談所に通告することになる。ただし、筆者のこれまでの経験では、子どもへのかかわり方が不適切であっても通告までには至らないケースがほとんどである。母親が地域子育て支援センターの利用を始めた当初は子どもとのかかわり方が不適切であっても、継続的に地域子育て支援センターを利用するなかで、スタッフや心理臨床家から継続的な支援を受けて母親の子どもへのかかわり方が改善していくことが多いからである。母子関係が改善しやすい要因として、地域子育て支援センターを利用する母親は教育熱心でよい母親でありたいという願望が強かったり、専門家からの支援を求めているから地域子育て支援センターを利用するので、スタッフや心理臨床家からの助言や支援を受け入れやすいことが挙げられる。

子どもの第一次反抗期や母親の心身の状態によっては一時的に母親が感情的に子どもを叱ったり叩いたりする場面が多くなり、感情のコントロールができなくてつらいといった相談や、周囲の大人から「子どもは叩いてしつけたほうがよい」と言われて叩くことがあるが、叩いてもよいものだろうかといった相談を、母親から受けることがある。いずれにしても叩くようになったのはいつごろからか、どんなときにどの程度叩いてしまうのか、軽く叩くときとひどく叩くときがあるのか、ひどく叩くのはどのようなときか、叩きたいが我慢したことはないのか、叩くことを自分ではどう思っているのかを聞く。叩かないですむ場面や時間なども聞くとよい。多くの場合、地域子育て支援センターの利用時にはスタッフや他の母親の手前、子どもを叩くことはほとんどないので、子どもを叩かない時間を増やすために地域子育て支援センターを継続的に利用するよう勧める。また、子どもを叩くことによって、子どもの自尊感情が低下するなどの悪い影響があることを説明し、子どもに対する適切なかかわり方について助言する。さらには、子どもを預けることによって母親の育児負担や育児不安が軽減されるので、どれくらい支援できる人がいるかについて聞き、夫や家族の協力が難しいようであれば、一時保育やファミリーサポートセンターなどを紹介する。

（5）妊娠・出産に関する相談

妊娠や出産にかかわることは母親にとって特に重要な事柄で、母親同士の関係が親密になるきっかけにもなれば、疎遠になるきっかけにもなる。不妊治療を経ての妊娠・出産をした母親は、「自然妊娠できない自分の体は女性として不完全ではないか」「第二子も不妊治療をしなくてはいけないのだろうか」といった不安を抱えている。また、帝王切開など異常分娩で出産した母親は、「自然分娩で生んであげられなかった」「子どもが生まれたいであろう日に生んであげられなかった」といった自責の念を抱えている。

死産や流産を経験した母親は、「あの時あのようなことをしなかったら（していれば）子どもは死なずに済んだのではないか」といった自責の念にかられる場合がある。このように妊娠・出産に何らかの問題があった母親は、自尊感情が低下しており、順調に妊娠・出産した母親との妊娠・出産の思い出話や第二子以降の妊娠生活の話などに入ることができず、地域子育て支援センターの利用が楽しめなくなり、利用回数が減ることがある。妊娠・出産について何らかの後悔や自責の念を抱えている場合には、相談室での面接を促し、さらに詳しく状況を話してもらう。なぜなら、妊娠・出産時の問題は夫や他の家族からすると過去のものとなっており、周囲から「もう無事に生んだのだから」「何を今さら」などと言われて、母親が話したくても話せなくなっていることが多いからである。

そこで面接では、妊娠・出産時の状況やその際の母親の気持ちを率直に何度でも話してもよいことを母親に伝え、母親が過去の妊娠・出産時の出来事を受容できるように援助する。母親が過去の出来事を受容し、現在の状況を再評価できるると、他の母親と妊娠・出産の話をすることがあっても、自尊感情を損なうことがなくなり、他の母親との関係を構築しやすくなる。また、親子が地域子育て支援センターを楽しく利用できるようスタッフと協同して支援することが重要である。

3　記録の取り方と管理

地域子育て支援センターの母体となる保育所は、地域子育て支援センターに寄せられた相談件数と内容を行政機関（市町村の児童家庭課など）に報告する義務がある。そのため心理臨床家は、相談内容を記録用紙に書いて、一冊のファイルにまとめて報告するよう頼まれる。指定された用紙がない場合には、記録用紙を作成する。内容としては、①相談の概要、②心理臨床家による見立て、③心理臨床家の対応などを書く。記録ファイルは地域子育て支援センターないし保育所の金庫か、管理者（多くの場合園長）の机のなかに保管する。

4　事例検討

職員間のコミュニケーションを促進し、親子への対応を統一するために、定期的な事例検討を行う時間を設けるとよい。ただ、心理臨床家の勤務回数は通常月に一回、多くても週に一回である。勤務時間内に一時間でも設定しておくとよいが、なかなかむずかしい。昼の休憩時間とか、利用する親子が少ない時間帯などに手が空いている職員だけでも事例検討をするようにするとよい。事例検討を行う際には、支援を要する親子に対して職員が感情移入をしすぎないよう、あるいは過度の反発をしないよう、心理臨床家はその親子が置かれている状況、それまでの親子の変化、地域とのつながり、社会資源の活用の状況といった広い視野でとらえ、その親子にとっての地域子育て支援センターの意義を職員と共有する必要がある。

第７節　児童養護施設における心理臨床

児童養護施設（以下、養護施設）とは、家庭で養育を受けることのむずかしい、幼児から十八歳までの子どもたちが居住している施設である。全国の養護施設には約三万人の子どもたちが暮らしている。近年は虐待された子どもたちに加えて、発達障害や愛着の問題が見られる子どもたちも多数入所しており、問題は複雑化している。養護施設における心理臨床家の活動は、心理療法を中心としながらも、子どもと生活場面でかかわったり、スタッフ（児童指導員や保育士その他）に対するコンサルテーションを行ったりなど多岐にわたる。なお、最近は心理臨床家が常勤職として配置されていることから、施設の特性を踏まえつつも、各々の個性や得意とするアプローチを生かしていけるバランス感覚がいっそう求められている。

1　養護施設における心理療法で起こりやすい問題

（1）子どもの施設環境

西澤哲はかつて『トラウマの臨床心理学』（金剛出版　一九九九年）のなかで虐待を受けた子どもへのケアについて、プレイセラピーを中心とした個人心理療法と、子どもの生活を心理療法的な観点から構造化する環境療法の双方からアプローチしていく必要性を指摘した。心理臨床家は子どもの環境そのものにも配慮していきながら、心理療法を行っていく必要がある。

養護施設で心理療法を行う場合、かつて虐待を受けた子どもであれば、自己イメージの歪みや大人に対する不信感から面接者を攻撃してきたり、自分が嫌われるような試し行動を取ってくるかもしれない。このような子どもの行動によって、面接者自身の感情が揺り動かされたり、不安定になってくる状況が起こってくるだろう。このような子どもの怒りや攻撃はかつての養育者との関係や、環境に対するものから来ていると考えられる。心理療法のなかでは例えばゲームや人形遊びや箱庭でのプレイなど、非言語的なかかわりが中心の状況において表現されることがある。言語的に直接表現される場合もある。養護施設における心理療法では、そうした怒りや攻撃を引き受けながらも、子どもとの関係を結んでいこうとする辛抱強い姿勢が心理臨床家には求められる。また、発達障害を持った子ども、例えばＡＤＨＤの子どもに対して心理療法を行うケースでは、子どもが激しい攻撃性や行動を出してくる場合、ある程度の制限を持ちながら、子どもが自分をコントロールできるように援助していくことが必要である。また、生活のなかでも攻撃性や衝動性がコントロールできなくなっていないか、施設環境そのものに配慮をしていく必要がある。

（2）守秘義務の問題

子どもに対する守秘義務について悩む心理臨床家は少なくない。集団守秘義務という観点に立てば心理療法のなかで話された内容については施設のなかで共有され守られていく必要性がある。自傷や他害、犯罪につながる危険、施設のルールから著しく逸脱した行動を取るなど、緊急性を要するような状況では、子どもの了解をとらなくてもスタッフに伝えなくてはいけない場合があることを予め子どもに断っておくという方法もある。ただしそういう状況であっても、話された内容のなかのどの部分を伝える必要性があるかについて、できるだけ子どもと話し合おうとする姿勢を心理臨床家の側が持っていることで、子どもとの信頼関係ができていく場合がある。

養護施設における守秘義務のあり方を考えていくうえでは、心理療法を含めた施設全体のなかで子どもの安全が守られることが大切であること、そのためにはスタッフと連携を図りながら子どもの状況に対して介入を行っていく場合があるのだということを念頭においておく。また、入所してくる子どもの年齢が幅広いため、子どもの年齢や発達段階に応じた説明の仕方が求められる。中・高校生の子どもに対しては守秘義務についてまったく触れないのは不自然である。プレイセラピー中心の低学年の場合には、あまり触れない心理臨床家もいるだろう。守秘義務をことさら強調して取り上げるのは、かえって本当に守られるのかという不安を子どもの側に抱かせるかもしれない。また、まったく取り上げないと、一体どうなっているのかと逆に疑問を抱かせるような葛藤状況を生むかもしれない。守秘義務についての説明や理解の仕方は、それぞれの施設や心理臨床家によって異なるであろうが、特にスタッフから子どもへの何らかの介入を必要とする場合は、問題を未然に防ぐことで子どもを守るという視点から、スタッフと話をする必要があることを、子どもとスタッフとの間で共有できることが望ましい。

（3）基本ルールの問題

養護施設における心理療法の特徴として、子どもが生活する施設内に心理療法室が存在することが挙げられる。そのため、子どもの側の意識からすると、現実と心理療法空間との境界があいまいになることがある。そうした境界のあいまいさから、心理療法室にある遊具を持ち出そうとしたり、他の子どもと一緒の入室を望んだりする子どもが見られる。また、心理療法室内でのかかわりよりも、グラウンドや自室など、心理療法室外でのかかわりを求めてくる子どももいる。

このように心理療法空間が子どもの生活空間に密着しているため、両者の境界があいまいになりやすいことから生じてくる問題がある。そのような場合でも、子どもの内的背景にある何らかの心理的な葛藤状況や課題が反映されていると考えてよいだろう。例えば、幼い時期に大人との間で基本的信頼感をうまく獲得できていない子どもであれば、面接者と二者関係になることを恐れているのかもしれないし（そうなることで「また捨てられるのではないか」という不安を引き起こす）、そのため子どもにとって比較的不安が生じにくいと思われる環境のなかで、面接者との接触を図ろうとしてくるケースもあるだろう。しかしながら、子どもの側からすると不安が生じにくいと感じられるような環境のなかで、面接者がかかわることを引き受けることによって、心理療法における基本ルールがあいまいになってしまうことがあり、逆にそれが治療関係の不安定さへとつながる危険性もある。心理療法の環境そのものが一定せず、そのつどかかわりの場が変わるような不安定な状況では、子どもは安心して自分を表現することができなくなってしまうだろう。そのため、基本ルールを守っていくことは、子どもとの安定したかかわりにつながっていくと考えるべきだろう。

子どもとの関係の形成を焦るあまり、子どもの要望を即座に満たすことは、決してプラスになるものではない。最初は心理療法の時間を短くするなどの工夫をしたり、入室しなくても無理には誘わず、こちら側が「待っているよ」「また来てね」という一貫性のあるメッセージを伝えることが、子どもの安心感につながることもある。柔軟に対応していくべきであろう。

（４）施設内の子ども同士のかかわりから起こってくる問題

心理療法のなかで、子どもに特別な意識を生じさせるような行為（例えば、面接時間を大幅に延ばす）を面接者がする場合には、注意が必要である。面接者としては、その子との関係のなかで行ったことが、心理療法を行っている他の子にも伝わってしまうことで、「なんで○○だけはいいのか」と子どもから責められ、同じような行為を求められる場合がある。このように子どもたち同士で心理療法の内容について話し合い、相互に伝わることは十分に起こりうる。そのため心理療法のなかで、その子どもとの関係を考慮したうえで行ったとしても、特別な意識を起こさせるような場合は、他の子どもに影響を与える可能性があることを踏まえ、問題が起こった場合の説明の仕方や対応について事前に考えておくべきである。

特別な意識を起こさせる行為に限らず、他の子どもとの対応の違いなどを指摘されて困惑する面接者も少なくないだろう。心理職が一人だけで活動している施設では、心理臨床家のルールがケースによって大きくずれることはないが、複数の心理臨床家が配置されている施設の場合には、ずれが大きくなってしまうことがある。そのことで心理臨床家が子どもから不満をぶつけられるケースもある（実際このような「不公平感」をきっかけとして、心理臨床家に攻撃性を強く出してくる子どもがいた）。その場合、別の心理臨床家に対してネガティブな感情を持ち、結果として心理臨床家間の関係を悪化させてしまう危険性がある。それは心理職が連携をしていくうえでマイナスに働く。このような状況にならないように、日頃からルールや対応策について他の心理職と事前に協議したり、心理療法の経過について共有しあう場を持っておくことが望ましい。

心理臨床家側が子どもに対して、心理療法の枠組みを超えて何かをしてあげたいと感じたり、子どもの要求に即座に応えなくてはいけないなどと感じることがある。そのときには、すぐにそれに応えようとするよりも、こちらが子どもに対して過剰な親密的関係を持とうとしていないかなど、心理臨床家自身の感情を吟味することが必要である。この吟味は子どもとの関係をとらえ直すきっかけにもなる。

（5）心理療法の目標や終結における問題

心理療法に対する子どもの動機づけはさまざまである。なかには心理療法室そのものに来るのを拒否する子どももいる。子どもが自分の問題をはっきりと意識していて心理療法室にやって来る場合には心理療法の目標をしっかりと共有することができる。しかし、スタッフから心理療法を受けるように言われたとか、無理矢理に連れて来られたような場合には、子どもとの間で問題や目標を明確に共有するのが困難なこともある。そういう場合には、子どもとの間で目的や目標を無理に共有せずに、心理臨床家自身のなかで心理療法における課題を把握し、経過を見守っていくという姿勢をとる。そのほうが、子どもの側の拒否や抵抗は生じにくく、また来室してみようという気持ちが起こりやすくなる。

子どもの問題を考えるうえで、それが過去の人間関係（養育者を中心とした関係）に由来している側面と、現在の人間関係（施設や学校での人間関係など）に由来しているのかという側面の両方の視点を持って考えていくことで、子どもの問題を多面的に理解できる。心理療法の目標があいまいにならないためにも、心理療法における課題を心理臨床家が心のなかにしっかりと持っておくことが重要である。また、心理的な援助を必要としながらも来室を拒む子どもに対しては、無理に時間を設定しないで心理療法室外のかかわりのなかで関係を持ちながら、必要な場合には介入できるというスタンスを取るほうが有効だろう。

終結について言えば、突然の家庭引取りや施設の変更、卒業による退所など、心理療法における課題が達成されないまま終結へと至るケースがある。しかし、そういう場合であっても、終結を意識しながら今までの心理療法の経過や変化を子どもとともに振り返ったり、退所後に起こりうる問題（子ども自身のパーソナリティの問題であったり、家族関係から起こってくる問題であったりなど、ケースによっていろいろと考えられる）について触れながら、こちらからアドバイスしておくなど、取り扱われる問題や子どもとの間で共有されるテーマがあるはずである。

退所後も何らかの心理的支援が必要だと考えられる場合は、これから先に相談できる場を子どもに伝えたり、これから子どもとかかわりを持つ別の機関の心理担当職員に連絡をとったりするなど、できるだけその後の心理的な支援が行われやすいように配慮する。

いつ心理療法を終結するかについては、例えば人間関係のなかで相手に合わせた自己表現が苦手でトラブルを起こしやすい子が、心理療法のなかで自分を表現していくことで、他者ともうまく関係を結べるようになり、以前よりもトラブルが減っていったという場合など、心理療法で設定した主訴がある程度解消された場合や、心理療法に対する子どもの動機づけが持続的に下がっていることがうかがわれる場合などに終結を考えてみる。ただし、プレイセラピーのケースでは、子どもとの間で援助目標がはっきりと共有できにくいことも考えられるので、その場合には、今の状態や成長した部分を子どもに理解しやすい言葉で伝えるとよい。話し合う時期については、新しく年度が変わるころに、心理療法を継続していく意味について子どもと共有しておくと、子どもの側の目的意識が比較的明確になりやすい。

2　スタッフとの連携について

トラブル時など、子どもとうまくいっていない状況で、スタッフが過度に自分を責めたり自信をなくしたりしているような場合には、スタッフを励ましたり視点を変えた見方を伝えるなどして、スタッフが子どもに対してかかわろうとする力を取り戻してもらうようなかかわり方を模索していくことが大切である。例えば、子どもの問題行動によって、スタッフにネガティブな感情が起こったり、問題行動のみに視点がいってしまっているような場合には、子どもが問題行動をとってしまう背景を、心理臨床家が繰り返し説明していく。それによって子どもに対する理解が前向きに変わってくる可能性がある。心理臨床家は子どもに対する心理療法的支援を行っていきながら、もう一方では、施設という環境のなかにいることで、スタッフが子どもを支援していく関係性を見守っていくのである。

このようにスタッフと連携していく際には、スタッフ自身の特徴や子どもに対する日頃のかかわり方を把握したうえで、各々のスタッフに対して心理臨床家がどのように働きかけていくのが有効であるか、そしてその働きかけがスタッフと子どもとの関係にどう影響していくかという視点を持ってアプローチしていく。

スタッフとの連携は、そのときどきで断片的に行われているのではなく、日頃のかかわりを通じてつくられていくものでもある。子どもとの関係があるのと同様に、スタッフとの関係と連携を効果的に行っていくために、日頃の活動のなかでスタッフ個人を支えながら、時には時間を定めて協議したり、施設内研修やケース会議といった全体の場のなかで働きかけていくなど、多面的な視点を持ちながら状況に応じた理解と支援を考えていく。

3　チーム支援について

まず、施設内の心理職間の連携について述べる。一つの養護施設のなかに複数の心理職が配置されている場合、心理療法における基本ルールの確認をしたり、子どもの状況について連絡を取り合ったりしていくことは大切である。スタッフとは違った視点から、子どもの様子の変化をフィードバックしてもらうことが期待できる。心理職の個性がぶつかり合うことを考えると、これは決して容易なことではないのかもしれない。しかし、施設内の心理職の間でできるだけ連携を取り合い、情報を共有する機会を持つことで、心理療法のなかで起こっている問題を含め、いろいろな助言が得られるかもしれない。同じ体験を共にするパートナーとして支えが存在することは、スーパーヴィジョン等では得られない貴重な体験を与えてくれるであろう。また、心理職が施設全体に対して何かの提案を行ったり、新しい試みを実践していくような場合には、心理職がそれぞれ役割分担をしながら、各自ができることを実践していくのが望ましい。このように心理臨床家は自分の個性を十分に発揮しながら、チーム支援の際には心理職全体としてうまく機能していけるようなあり方を模索していく。

次に、児童相談所の心理職との連携について述べる。子どもが施設に入所する前に、児童相談所の心理職がその子とかかわりを持っていたり、心理テストを行ったりしている場合には、児童相談所の心理職と連携することは、子どもの問題把握という意味で重要である。子どものアセスメントに関して、施設内の心理職とは異なった立場からの助言やサポートが得られるかもしれない。また、心理テストの結果のデータが児童相談所から施設にフィードバックされる際や、子どもに関する協議を行う場面では、その子どもの生活場面を知っている施設内心理職が間に入ることで、両機関の間のやりとりがスムーズになされやすくなるであろう。このような点からも、児童相談所を中心とした他機関の心理職と連携していくことは重要である。その場合、どのくらいの連携が必要かはケースによって異なってくる。例えば、緊急に施設に措置されて、その後も継続となったケースは事前に児童相談所と子どもの接点が少ない可能性がある。また、入所直後の段階では連携しにくい。逆に、施設に措置入園される以前に、児童相談所と子ども・家族との接点が多いケースであれば、子どもの以前の様子や措置後の対応について、児童相談所と養護施設の心理職同士で協議する場を持つことは有効である。

養護施設への入所以前に、子どもが児童相談所で心理療法を受けており、入所後もそれを継続しているようなケースにおいて、施設内で心理療法の導入を考えていく必要が生じた場合には、事前に児童相談所の心理職と協議を行いながら、施設における心理療法を行うことの意味を考えたうえで、実施したほうがよいかどうかを検討すべきである。これは、医療機関などの外部機関の医師や心理職と連携していく際にもあてはまる。その他、児童相談所への通所指導を利用する場合や、外部で心理療法を行ったほうがよいと判断して児童相談所を利用する場合があるかもしれない。このように子どもにとって何が必要なのか、どの機関が何を行うことができるかという点で連携の仕方が異なってくる。心理臨床家は子どもへの支援が総合的になされるように配慮し、連携を図っていく。

第８節　総合病院の精神科における心理臨床

総合病院の精神科で仕事をする心理臨床家は、かつてはもっぱら心理テストのみを行う心理検査員として採用

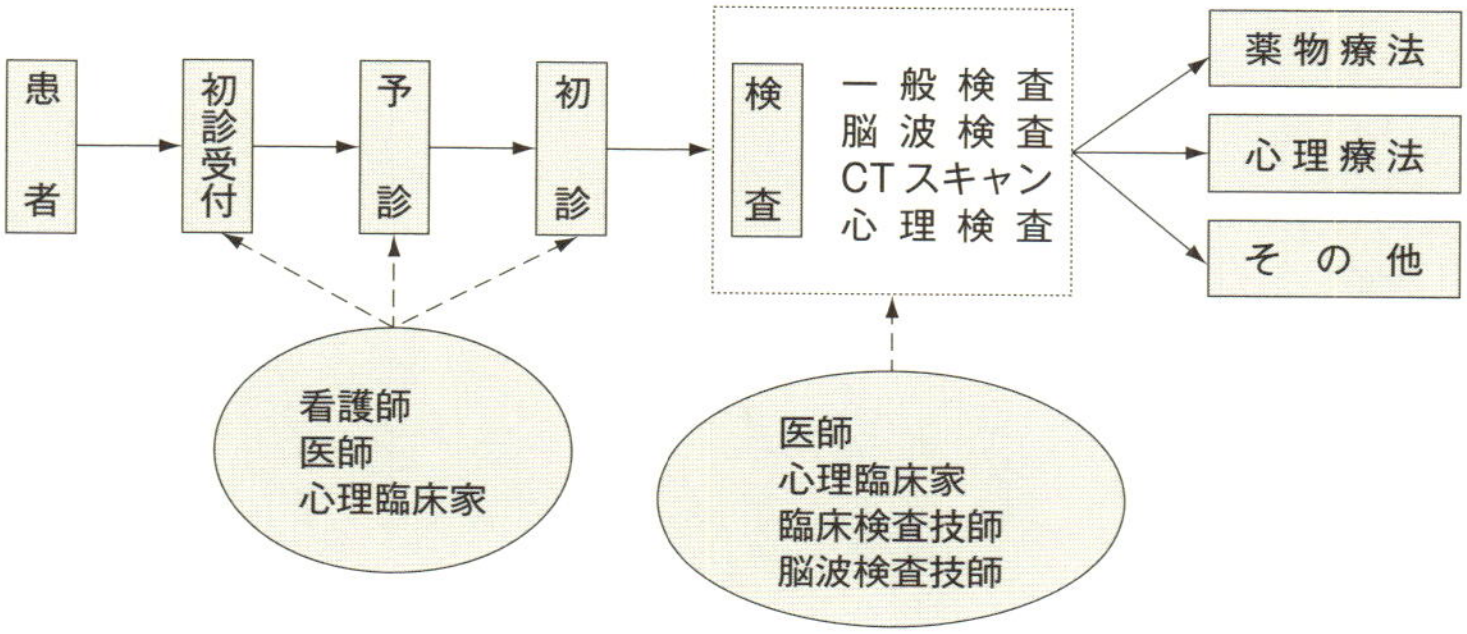

図5-2　受診から治療への流れ

されることが多かったが、最近では心理臨床家としての採用も増えている。しかし、すべての精神科医が心理臨床家の役割や心理療法の内容について十分に理解しているとは言いがたい。このような現状のなかにあっていかに心理臨床活動を実践していくかは、大きな課題であると言えよう。

本節ではまず総合病院の精神科外来における心理臨床について述べ、ついで精神科のチーム医療としてのリエゾン活動における心理臨床について述べる。なお、医学用語の「患者」と心理臨床学用語の「クライアント」を使い分けていくと煩雑になるので、本節ではすべて「クライアント」に統一する。

1　精神科外来における心理臨床の特徴

精神科外来における主要スタッフのほとんどは精神科医であり、一人ないし数人の心理臨床家が彼らと共同作業を行っている。クライアントは最初から心理テストや心理療法を求めて受診するのではなくて、精神科医の判断の下にその指示が出される。したがって、心理臨床家はまず、自分の仕事の内容を精神科医に伝達しておかなければならないし、十分にわかっておいてもらわなければならない。指示が出されたらそのつど話し合うことも大切である。また、精神科医との関係のみでなく、院内の他科やコメディカル・スタッフ（看護師、精神保健福祉士、薬剤師、作業療法士、理学療法士など）との連携も重要な課題である。例えば、内科・小児科・皮膚科・整形外科等からクライアントが紹介されてくるが、精神科医療や心理臨床家の役割をよく知らないまま紹介されることもある。院内の他科とよき協力関係を形成するには、院内紹介のシステムや院内研修会を利用して、精神科の果たす役割とか心理臨床家の仕事の内容などについて誤解のない伝達を行うことが大切となろう。なお、図5-2は、クライアントが精神科の外来受付窓口を訪れたあとの受診から治療への流れをわかりやすく示したものである。

2　精神医学的診断と薬物について

精神医学の基礎知識の必要性については、第6章を参照されたい。ここでは、実際の臨床場面で留意すべき事柄について触れておきたい。心理臨床家が行う心理療法の適用可能性と医学的診断とは必ずしも対応しない。例えば、心理療法がその効力を十分に発揮できそうなクライアントが薬物療法のみを受けていることも少なくない。心理臨床家としては、どのような場合に心理療法が適用できるのかを医師の側によく伝えて、了解しておいてもらうことが大切である。

3　外来心理療法の特徴と問題

総合病院の精神科外来に来院するクライアントは、身体表現性障害、適応障害、認知症、うつ病、双極性障害、統合失調症、摂食障害、不眠など内容的には多彩である。また近年では、神経発達症群やそれに伴う二次障害の事例も経験するため、心理臨床家としては幅広い技術を要求される。

心理療法を行う場合、どのような援助技法を選べばよいかということは大変むずかしい。というのは、個々のクライアントの自我発達の様態や病理水準によって異なってくるからである。このことについて筆者（兒玉）は、第4章第4節「クライアントの発達段階および自我の強さに応じた心理療法の基本ルール」においてすでに述べた。さらに言えば，例えば心身症には自律訓練法が有効であるし，言語表現が苦手な青年や子どもでは箱庭療法や絵画療法が適用できる。思春期や統合失調症のクライアントでは，家族面接が重要となる。夫婦間に問題のあるクライアントの場合，夫婦同席面接が有効なことがある。神経発達症群のクライアントの場合，家族だけでなく，学校・会社等の関係機関との連携と環境調整が有効なことがある。

4 関連スタッフとの連携

心理臨床家は，入退院や他機関への紹介に関する決定権を有していない。これらの権限はすべて主治医にあり，公的責任は主治医がとることになる。心理臨床家はこのことをしっかりと認識しておかなければならない。ただし，主治医の判断に役立つような所見を提出することは心理臨床家の重要な仕事である。そのためには，主治医と一緒に事例検討をする機会を持つとよい。

主治医と心理臨床家がどう役割分担をするかはケースバイケースである。例えば学童期や思春期のクライアントでは，①心理臨床家がクライアントのプレイセラピーと保護者面接を行って主治医に全体の管理者となってもらう場合，②心理臨床家と主治医がそれぞれクライアントと保護者を受け持つ場合，③心理臨床家がクライアントのカウンセリングやプレイセラピーを行って主治医が保護者面接を行う場合がある。いずれの場合も，心理臨床家と主治医の間で治療目標や見立てにずれが生じないようにするため，受診後は短い時間であっても必ず情報交換を行う。そのなかでずれが生じていたり，どちらかが行き詰まりを感じていたりすることがわかれば，時間をとって事例検討を行う必要がある。

看護師は，医師とは異なった立場からクライアントについての重要な情報を与えてくれることが多い。看護師と交流することで，看護の専門家としての有益な意見や見解を得ることができる。看護師はまた，クライアントからいろいろな相談を受けやすい立場にあるので，彼らに心理療法を正しく理解してもらうことは，心理臨床家の大切な仕事の一つとなる。実際、クライアントに対する看護師の助言が心理療法の進展を促すことも少なくない。事務員は、専門的知識に惑わされずに、非専門家としての常識的な見方を提供してくれる。これが意外と示唆に富むことも少なくない。これらの人たちにも、心理臨床家の役割を正しく伝えておくとよいだろう。

5　心理臨床家のリエゾン活動

総合病院精神科の心理臨床家に特徴的な活動として、リエゾン活動が挙げられる。リエゾンとは精神医学の一部門で、総合病院において身体疾患や怪我で身体科に入院中のクライアントが精神科的問題を抱えている場合に身体科と精神科が相談・連携して治療を行うことである。基本的には身体科医師から精神科医師に依頼があり、精神科医師がクライアントを往診する。

以下、リエゾン活動の留意点について、筆者（藤井）の経験から述べる。

（1）リエゾンの対象

リエゾンの対象としては、①身体的な治療過程のなかでせん妄となった場合が最も多い。せん妄とは、注意力の障害、睡眠覚醒リズムの障害、記憶欠損、失見当識などの認知機能障害、幻視や錯視などの知覚障害が短期間のうちに出現するものであり、症状は一日のうちで変動し、夜間に悪化することが多い。リエゾンのその他の対象としては、②身体的な病気（例えば悪性腫瘍や白血病など）や怪我、あるいは入院生活そのものがもとで不眠・抑うつといった精神的な不調をきたしている場合、③精神疾患のあるクライアントが身体的な病気や怪我で身体科に入院している場合が挙げられる。これらのうち①と③は薬物療法と入院環境の調整が主となるため、精神科医は心理臨床家の介入を求めないことが多い。しかし、②のなかで精神科医がクライアントにとって薬物療法だけでなく心理療法も有効であると判断した場合には、クライアントへの介入を心理臨床家に依頼する。

（２）クライアントのアセスメント

できれば事前にカルテ、身体科医師、精神科医師などからクライアントの病状に関する情報を得ておき、それからクライアントと面接する。面接では、クライアントが抱える精神的不調の具体的な状態像と現在クライアントが用いている対処法、病気や怪我に対する受け入れ方、クライアントの希望や心の支えなどについて聞いていく。これは、クライアントの内省力や物事の捉え方、有効な介入技法などを吟味するためである。介入技法を決める際には、心理臨床家ができる介入技法のなかでクライアントの病状によって使える技法を考慮することが重要である。また、介入する問題としては、例えばクライアントの不安や絶望、焦りなどの感情や、病気や怪我による対象喪失体験と崩壊した価値観を再建することなどが考えられる。個々のクライアントが抱える問題と介入の焦点はクライアントによって異なるため、クライアントと話し合うなかでアセスメントしていく。

（３）心理療法について

心理臨床家がリエゾンにおいて介入するのは、精神科医が心理臨床家の介入が有効であると判断したクライアントである。これまでの経験では、クライアントは、①治療の見通しが立たない、②これまで生活してきた居場所を失った、③治療中・治療後の生活を具体的にイメージできない、といった現実的な悩みから生じる不安や焦り、絶望を抱えていることが多い。そのため、これらの不安や焦り、絶望に焦点をあてたカウンセリングを行うとよいだろう。クライアントが学童期なら、絵画療法やプレイセラピーを行う。なお、クライアントとの心理療法は多くの場合、クライアントが退院・転院するときに終結する。

言うまでもなく、精神科医がクライアントの精神科治療の主治医としてかかわっているため、主治医の診察に役立つような情報を提供することが必要である。そのため、毎回の心理療法後には主治医と情報交換・事例検討の時間を持つ。

（4）チーム医療

リエゾンでは、多職種でチームを組んで診療にあたることが推奨されている。筆者自身はこれまで、精神科医・精神看護認定看護師・薬剤師・精神保健福祉士とチームでの回診やカンファレンスを行ってきた。チーム内でいろいろな専門家がそれぞれの視点からの情報を共有することはクライアント理解を深めることにつながり、心理療法にも有益なことが多い。また、チームでかかわるクライアントには心理臨床家の介入を行っていないクライアントも含まれる。しかし、クライアントの心理状態は治療に影響するため、カルテの記載や回診時のクライアントの表情や言動、その経時的変化に注目し、クライアントの心理状態に関して気づいたことはチーム内で積極的に情報提供を行うようにしている。

（5）リエゾンにおける関係者との連携

リエゾンチームでは、精神科医と心理臨床家の連携が難しい。精神科医の役割と心理臨床家の役割を明確にし、おたがいの専門性を尊重しながら相補的に働くことが必要である。そのためには、心理臨床家は何ができるのか、チームのなかでどういった専門性を発揮できるのかを自分自身の状況を鑑みてチームのメンバーと話し合っておくことが望ましい。

また、日々のリエゾン活動では主に身体科医師・看護師と連携することになるが、身体科医師・看護師に、精神科医療や心理療法について十分に理解してもらうことはむずかしい。そのため、身体科医師や看護師の希望を確認し、精神科の介入が必要なケースを精神科医に判断・説明してもらって介入を開始する。

心理療法によって得た診療上有益な情報は、精神科医だけでなく身体科医師・看護師とも共有することが望ましい。しかし、身体科医師や看護師は心理臨床家と視点が違うため、心理臨床家からの情報に共感を得られにくいことがある。したがって、心理臨床家は身体科医師や看護師の視点に役立つような情報を提供できるよう努力することが必要である。時には同じ視点を持った医師としての立場から、精神科医師に身体科医師への情報提供をお願いすることもある。

看護師とは、できるだけ毎回の心理療法の前後にクライアントについて情報交換を行う時間をとると連携しやすい。しかし、看護師が忙しくて十分に情報提供の時間を取れないことも少なくない。そのため、カルテは重要な情報交換のツールになる。ただし、心理臨床家がカルテに記載したことを身体科医師や看護師がそのままクライアントや家族に話してしまうことがある。心理臨床家はカルテに記載する内容をよく検討すると共に、クライアントとの信頼関係を保つために、カルテの情報をクライアントや家族に話さないように身体科医師・看護師に事前に説明しておくことが必要である。

カンファレンスは定期的に開かれることが望ましいが、クライアントの身体的な治療の状況に合わせて不定期に開催されることが多い。カンファレンスには、身体科医師、看護師、精神科医、心理臨床家を中心として、作業療法士などクライアントに関係する医療スタッフが参加できるとよい。

なお、リエゾンにおいては病気の治療やリハビリ、病棟のルールが最優先である。そのため、心理療法を実施する時間や場所が制限される場合もある。場所に関して言えば、病棟に部屋がなく面接室が確保できなかったり、クライアントが治療のため大部屋のベッドから動けなかったりすることがある。このような場合には、クライアントにその場で心理面接を行ってもよいかどうかを確認したうえで、クライアントのベッドをカーテンで仕切る、家族には席を外してもらうなど、クライアントがなるべく安心して話せるように環境を柔軟に整えることが必要である。また、クライアントの体調がすぐれないときもある。その場合は無理に心理療法を実施するのではなく、次回の約束をして終了すればよい。

(6) 家族への対応

一般にクライアントの家族は不安を抱えていたり疲弊していたりするが、それをクライアントや医療者の前では表に出さないよう押し込めていることが多い。クライアントの精神的な安定のためには家族の精神的な安定が大切なため、必要に応じて家族に対しても、クライアントに対する家族のそれまでの献身的姿勢を認め、家族の献身を支持するような声かけなどを行う。また、家族がクライアントにどう対応していいかわからず困っている場合もあるため、クライアントの心理状態を理解しやすいように説明したり、クライアントへの声のかけ方について助言したりする。

（7）その他の留意点

クライアントと家族のなかにはこれまで精神科医や心理臨床家にかかわったことがなく、介入されることに抵抗のある人がいる。そのような場合、医師からの依頼があるからといって無理矢理介入することは避け、これから先クライアントからの依頼があればいつでも介入できることをクライアントや家族に直接話すだけに留めておく。

心理臨床家の側の問題として、若くて健康な心理臨床家にとっては、病気や怪我を抱えて暮らしていかなければいけないクライアントのつらさに寄り添うことがむずかしく、行き詰まったり負担に感じたりすることがある。そのため、同じ仕事をする心理臨床家との勉強会や相互スーパーヴィジョンを行ったり、熟練者からスーパーヴィジョンを受ける体制を整えたりするとよい。

6　今後の課題

近年、総合病院において心理臨床家に求められる仕事は心理テストだけでなく、精神科外来での心理療法、身体科へ赴いての心理療法と、その幅が広がってきている。そのため、求められる仕事に応じて柔軟な対応ができるように幅広く研修を受けるなどして研鑽を積むことが必要である。さらに、これらの仕事のなかでは他の職種との連携も求められる。心理臨床家が総合病院での活動の場を作り上げ維持していくためには、日常の臨床活動を積み重ねていくなかでクライアントや医師、コメディカル・スタッフに心理臨床家の必要性を認識してもらうことが大切である。

第9節　大学の心理教育相談室における心理臨床

財団法人日本臨床心理士資格認定協会が定めた臨床心理士を養成するための第一種指定大学院には、有料の心理教育相談室を設置することが求められている。その数は現在、全国で百五十以上にもなる。心理教育相談室は大学によっては、「心理臨床センター」「臨床心理センター」「心理相談室」「カウンセリングセンター」等と呼ばれている。心理教育相談室を設置する目的は、臨床心理学の研究、大学院生の心理臨床の研修、地域社会へのサービスという三つである。これら三つは相互に関連しあっている。

心理教育相談室のスタッフは、臨床心理学の教授・准教授・助教・大学院生・面接指導員などである。規模の大きいところでは専属の事務員もおり、スタッフの総人数は六、七十名にもなる。運営の責任者は所長または室長（教授）がつとめ、次長（教授ないし准教授）が補佐している。室長と次長は相談室全体の運営や安全面などに配慮しながら、カンファレンスや事例検討会などを通して大学院生に対する教育を行っている。

面接相談やプレイセラピーを担当するのは、主に助教や大学院生である。援助対象は思春期・青年期のクライアントが多いが、それ以外、乳幼児から老人まで広範囲に及んでいる。

1　設　備

相談にやってくるクライアントの数は年々増加しているが、面接室やプレイルームは絶対的に不足している。その場合、教官室や実験室を代用したり、廊下の片隅を衝立てで仕切るといった工夫が必要である。面接室は照明・採光・冷暖房等に注意して、クライアントができるだけくつろげるように配慮する。プレイルームは子どもが怪我をしないよう，照明器具やおもちゃ棚の固定に留意する。また，プレイルームが四階や五階にある場合には落下事故が起こらないよう，窓ガラスやテラスへと通じるドアの鍵に留意する。プレイ中に水を大量に用いる子どももいるが，排水設備のないプレイルームでは，階下への水漏れに注意する。

2　スーパーヴィジョン

心理教育相談室は基本的に，修士課程ないし博士課程前期の大学院生と博士課程後期の大学院生の訓練・研修の場である。それだけに，大学院生は一対一の継続的なスーパーヴィジョンを受けつづけることが必須となる。スーパーヴァイザーとなる人は，相談室が契約している心理臨床家，相談室の室長や次長等さまざまであるが，一般的には自分と相性のよいように思えるスーパーヴァイザーを選ぶとよい。ただし，一人だけでなく，スタイルの異なる他のスーパーヴァイザーに付いてみることも大切である。スーパーヴィジョン料は，有料・無料・一年目は有料で二年目は無料等さまざまである。いずれにせよ，スーパーヴァイザーとは個人間の契約関係となるので，誠実に，熱意をもってスーパーヴィジョンを受けることが大切となる。

3　事例発表

心理教育相談室では毎年，相談室紀要を発行している。これには，①一年間の活動報告書としての意味，②大学院生が事例論文を執筆し，それに対して臨床現場で働いている先輩や他大学の研究者からコメントをもらうという研修的な意味，③相談室の特別企画として，心理臨床に関する特定のテーマ（神経症的登校拒否や抜毛症の心理力動性等）を探究するという研究的な意味がある。事例論文を執筆する場合には，終結事例であって，しかもクライアントの了解を得ていることが執筆条件としては望ましい。しかし，大学院にいる間に終結事例を経験することがかなりむずかしいこと，また，相談室紀要が特定の専門家と専門機関にしか送付されないことなどから、大学院生は継続中の事例を執筆することが少なくない。その場合、面接の本質的な流れとは関係のない事柄を修正・削除するなどして、クライアントのプライバシーを十分に保護しなければならない。

大学院生が心理療法の技量を高めるためには、相談室紀要に執筆すること以外、相談室の事例検討会や日本心理臨床学会主催の大学院研究集会、さらには種々の研究会や学会で事例を発表していくことが大切となる。事例を発表する場合、成功例のみでなく、失敗例も発表してみる。失敗例の場合、ともすれば面接者は自分を責めることですべてを水に流してしまいやすい。しかしながら、自尊心が傷つくのを恐れて益のない反省にひたるよりも、率直に自分に直面して、第三者の目で失敗の原因を綿密に吟味してもらうと学びも大きくなる。

4　医師との連携

例外はあるが、一般に心理教育相談室には、医師もいないし薬局もない。そのため、相談室の活動に理解のある精神科医・内科医・小児科医と連携しておくことが大切である。また、理学療法士・作業療法士・精神保健福祉士などとも連携しておく必要がある。インテーク面接の段階で精神医学的診断や薬物療法が必要であると思えるような事例や、面接中に精神病的反応が生じた場合、医師の援助が必要である。その場合、クライアントの許可を得た文面で紹介状を作成し、それを持参して受診してもらう。また、クライアントの了承をえて、面接担当者が直接医師と連絡をとることが必要な場合もある。医学的な面に関して何か迷いがある場合には、スーパーヴァイザーとしっかり相談して対処していく。

なかには、医師から心理療法を紹介されて来談してくるクライアントもいる。面接担当者は、紹介してくれた医師に対して、クライアントが来談したことと、心理療法についての見立てなどを、後ほど報告しなければならない。

5　面接の引き継ぎの問題

大学院生は大学院を卒業後，そのほとんどが大学外に就職する。そのため，面接者の交代が他の援助機関よりもはるかに多くなる。面接者としては，少なくとも相談室を離れる一か月以上前に，クライアントに対して，自分が大学を去るので面接ができなくなることを告げる。残りの期間，クライアントと一緒にこれまでの面接のとめを行い，別れの作業を行う。それと並行して，面接そのものを終結させるのか，それとも新しい面接担当者に引き継ぐのか，もしも引き継ぐならどのようなタイプの面接者がいいのか，もしも面接者が大学の近くの施設に就職するのならそのまま面接者の赴任先で面接を継続していくのか，といったことについてクライアントと話し合う。

引き継ぎの場合には，最後のセッションかその数回前に，新しい面接担当者をクライアントに紹介する。新しい担当者を交えて三人で話し合うこともある。言うまでもなく，面接者は新しい担当者に対して，これまでの面接経過の詳しい報告をしておかなければならない。

一方，新しい担当者にとっては，引き継ぎの事例は，大学院の先輩が面接者であった場合がほとんどである。先輩からの期待や不安が入り交じって，面接を軌道に乗せるのが大変むずかしいことが少なくない。

引き継いだあとの初回面接においては，前面接者との面接がどのようなものであったのか，前面接者との別れをどのように受け止めているのか，引き継ぎについてどのように感じているのか，といったことをクライアントに尋ねてみるとよい。クライアントにとっては，面接の引き継ぎは，それまで自分を支えてくれた馴染みの面接者との決別と，未知の面接者との出会いを意味する。そのため，この引き継ぎの期間においてクライアントは，程度の差はあれ，かなりの動揺とつらさを味わうものである。新しい面接者としてはこのようなクライアントの心情を汲み取りつつ，引き継ぎの作業を進めていかなければならない。

6　今後の課題

心理教育相談室は基礎的な技能を習得するところであり、多様な心の病に対応していくには限界があることを心得ておかなければならない。つまり、大学院生としては、自分が学んでいる技法が心理療法全体の枠組みのなかでどのように位置づけられているかということを、しっかりと把握しておくことが大切である。

第10節　精神科病院における心理臨床

近年、精神科病院で働く心理臨床家も少なくない。精神科病院には認知症や気分障害（うつ病や双極性障害）、アルコール使用障害もいるが、入院患者の半分以上は統合失調症（以前の精神分裂病）である。近年の薬物療法やリハビリテーションの進歩によって統合失調症者が社会復帰する割合は増えている。しかし、医師や心理臨床家の行う援助活動が難渋することも少なくない。本節では、精神科病院で働く際のいろいろな留意点について述べたい。

1　心理療法の準備

精神科病院に就職した当初はまず、病棟生活に馴染むことである。病者と一緒に食事をしたり、トランプ遊びに加わったり、バレーボール・ソフトボール・運動会・盆踊り・クリスマス会といったいろいろなレクリエーション活動に参加してみる。時にはちょっとした相談事にのってあげたり、病者同士のトラブルを仲裁してあげたりする。別のときには保護室に収容された病者の傍らに座って、本人の訴えに聞き入ってみる。そして、このようにするなかで、入院患者としての不安やつらさ、被拘束感などを追体験していく。

じっくりと病棟生活に馴染んだあと、書物を繙くのもよい。病者が書いたいろいろな体験記や、統合失調症に関する概論書や心理療法関係の本など。例えば、『統合失調症とつき合う［改訂新版］』（伊藤順一郎　保健同人社　二〇〇二年）、『分裂病は人間的過程である』（H・S・サリヴァン／中井久夫他訳　みすず書房　一九九五年）、『人間関係の病理学』（F・フロム＝ライヒマン／早坂泰次郎訳　誠信書房　一九六三年）等は有益であろう。

心理療法を開始する場合、その対象としては、ある程度内的世界を言語化できる人、面接者があまり動揺しないで落ち着いて相手の話に聞き入ることができるような人がよい。面接回数は週に二、三回程度であるが、引きこもりが高度の場合には、病室に通ってごく短時間の毎日面接を重ねることも考えられる。

2　面接者としての基本的留意点

心理療法は、それまでクライアントが経験したことのない新しい対人的な場において進行する面接者とクライアントとの相互作用の過程である。この過程のなかでクライアントは、意識から排除していた否定的な体験や衝動を認知し、歪曲した対人様式を修正し、分裂した自己・対象イメージを統合し、ついには精神病的な安定化操作を捨て去るほうがより大きな安全感が得られることを学んでいく。以下、面接者としての基本的な留意点について述べてみたい。

第一に、面接者はクライアントに対して侵入的でない、控えめな態度で接する。

第二に、クライアントのパーソナリティのなかの、精神病に巻き込まれていない健全な部分に注目する。

第三に、何らかの処置や変更を行う場合には、必ずクライアントの同意を得るようにする。

第四に、面接中はクライアントの不安が増大しすぎないように気を配る。不安はクライアントの安全保障感（security）を侵害し、面接者とのコミュニケーションの効率を極端に低下させるからである。不安が増大するのは、①クライアントの妄想や幻覚を正面攻撃したとき、②クライアントの人間的な価値感情を傷つけたとき、③

クライアントの過去の心的外傷的なできごとに触れたとき、④クライアントからの非言語的・言語的コミュニケーションの意味をひどく取り違えたときなどである。面接者としては、クライアントの示す不安のサイン、例えば表情の変化や沈黙、姿勢の変化等に気をつける。

第五に、クライアントの問題行動の意味や動機がどうしてもわからないときには、直接クライアントに聞いてみる。たしかに統合失調症者は一見不合理で奇異な行動を示す。しかし、すべてを了解不能だと断定するのは正しくない。以下、筆者（名島）が体験したなかから三つを示す。

〔事例1〕　ある三十代の女性は、自宅外泊した際に素手でラジオを打ち壊した。彼女の母親はこれを「凶暴発作」で、病気の再発」だとみなし、以後の外泊を禁止するよう病院側に頼んだ。しかし、彼女との面接で明らかになったのは「より大きな危険を避けるための行動」、つまり当時の彼女が憎んでいた彼女の母親の頭にラジオをぶつける代わりの行動であった。「凶暴発作」ではなくて、母親に対する彼女なりの精一杯の配慮であった。

〔事例2〕　ある三十代の男性は深夜に突然火災報知器のボタンを押し、病院中大騒ぎとなった。彼は、退院したあとの外来面接中に初めてその理由を明かしてくれた。あの夜、彼は寝つかれないために睡眠薬を欲したが、あいにく当直室の看護師が寝込んでいたため、何度呼んでも誰も来てくれなかった。当直室そのものも、彼がいた男子病棟からかなり離れていた。困り果てた彼は思案の末、呼び鈴代わりに火災報知器のボタンを押した。その結果彼は、熟睡を破られて大騒ぎしている他の入院患者たちを尻目に、大慌てで駆けつけてきた看護師の注射によって深い眠りに入ることができたのであった。

〔事例3〕　ある二十代の女性は、男子病棟と女子病棟との境のドアの前で衣服を脱ぎ、若い男子患者のKに、ドアの中央部の金網越しに裸体を見せた。ある看護師は筆者に、「人格が解体して露出狂になってしまった」と嘆いた。しかし、筆者はそれまで二年近く彼女と面接していたので、彼女が裸体になったことが不可解であった。

結局彼女が後に筆者に語ってくれたところによると、裸体事件の前日、Kが彼女にちょっとした「親切なこと」をしてくれたので、彼女はお返しをしようと思った。しかし、両親の面会が久しくないために彼女には差し入れ品がなく、小遣いもなかった。そこで彼女は、彼女自身が所持していて、しかも若い独身男性が喜びそうな贈り物を捜した。それがつまり、彼女自身の裸体を見せてあげることであった。

第六に、妄想に関して言えば、不毛な堂々巡りを避ける。中井久夫は「精神分裂病者への精神療法的接近」（臨床精神医学　一二巻一五号　一九七四年　一五―二四）という論文のなかで、「分裂病者は治療者を押し問答に陥らせる名人」であり、面接の焦点は「妄想を持つ人間の苦悩」におくべきだと主張している。これはきわめて大切な点であるように思える。例えば、ある三十代後半の女性は、「誰かが自分のアパートのなかや外にひそかに高性能の盗聴器や最新式のテレビ・カメラを設置し、夜となく昼となく自分の動静を見張っていて、自分はこのように長年人体実験を受けてきた」と主張した。このような場合、面接者は、人体実験の可否を病者と口論するのではなくて、自分のプライバシーのことごとくが正体不明の誰かに盗み知られてしまう彼女の抱いた苦衷・恐怖感・不気味な威圧感などに狙いを絞っていく姿勢をとることが大切である。もちろん、言葉のうえだけで機械的に、「人体実験とはまったくよくわかります。それはつらかったでしょうね」などと応じることは、かえって病者の不信を招くばかりである。病者は言葉の裏側に敏感である。お飾りの言葉を発するくらいなら、「人体実験ということが私にはもう一つ呑み込めませんが、ともかく、あなたが何か途方もない苦しい目に会われたことだけは伝わってきます」と言うほうがまだよいであろう。

妄想のなかには、宗教妄想とか憑依妄想と呼ばれるものがある。このような場合、病者が主張する宗教的な理由づけをいくら面接者が否定しても、やはり効果はない。また、病者に憑依している対象を面接者が強引に切り離そうとしても、病者の抵抗を強めてしまうばかりである。

〔事例4〕　天照大御神が身体のなかに住んでいるという四十代の男性は、「天照さまは、入院生活は自分を太陽の表を歩かせるための試練だというが、だけど、もう疲労の極に達したから、この辺で正しく守護してもらいたい」と述べ、神への不満を表明した。そこで筆者（名島）は、一生神に支配されるロボットのままでいいのかという形で、彼と神との分離を図った。しかし、このような筆者の動きは強い抵抗を引き起こした。つまり、彼は、「天照さまは三十年間（彼の身体に）おらしてくれと言っている」「天照さまが神通力を与えてくださっているから、（面接者なしで）もう一人でやっていける」等と述べ、面接は十五回で中断した。そして、面接が再開されるには、一年と七日の時間を要したのである。

やみくもに神（宗教）との分離を図るのではなくて、病者にとって神がどのような意義を有しているかに焦点を当てることが大切となる（右の事例では、神は試練を課す者であると同時に、十二年に及ぶ長い入院生活の慰め手であり救援者でもあった）。ともあれ、妄想にさいなまれている病者の苦衷に焦点を当て、そうしながらゆっくりと妄想の対人経験的・生活史的起源を明らかにしていく努力を続けることが面接者の仕事となろう。

3　グループ活動について

近年の精神科病院では、一対一の個人面接のみならず、集団の場を用いて、デイケアや院内活動や作業療法など、いろいろなレクリエーションやミーティング、趣味の活動が行われていて、そうしたプログラムのいくつかとして、または単独の心理療法として、心理劇（サイコドラマ）やSST（生活技能訓練）他、さまざまな視点に基づく集団心理療法を実践するところが多くなった。ここでは、心理臨床家がグループ活動にスタッフの一人として参加する場合や、集団心理療法を導入する際に中心的役割を担う場合など、いろいろなかかわり方をするときの留意点について、筆者（井田）の体験から述べてみたい（西日本心理劇学会の会誌『心理劇研究』の二〇巻一号〔一九九六年〕〜二三巻一号〔一九九九年〕に筆者の精神科病院での実践報告が五つ掲載されている）。なお、ＳＳＴについては東大生活技能訓練研究会（代表　宮内勝）編の『わかりやすい生活技能訓練』（金剛出版一九九五年）を参照されたい。

（1）グループ活動で利益が得られるクライアント

グループ活動は、急性期の症状がおさまった後の慢性期に不活発になりがちな生活に変化をつけたり、社会復帰や社会参加に向けて対人的な安定感を身につけたり、社会性を少しでも向上させたいと思う人に役に立つことが多い。個人面接を併用するとさらに効果を上げることもあるが、個人面接だけでは緊張したり相手の気持ちに巻き込まれたりして自分の思いを話せない人には、黙っていても参加ができて他のメンバーの話を聞けるだけでも集団の場は役に立つ。また、子どもっぽい対人関係の未熟さが、集団の場で、自然に成長の機会を得るということも考えられる。

グループの場では「今ここで」の具体的でわかりやすい課題を皆で共有していくので、幻覚や妄想などに関する訴えは少ないほうが参加しやすいが、多少あっても、自然に抑制される傾向が見られるように思える。

（2）グループ構成員の問題

知的発達症の人は、人なつこく無邪気な人が多い。そのため、おとなしい慢性の統合失調症の人たちと同じグループで、うまく行くことが多い。一方、境界性パーソナリティ障害や多動性の強い人は、問題や課題が異なるうえに、他者侵入的になる場合もあるので、統合失調症の人たちとは別のグループを作るほうがよい。

外来者のデイケアではいろいろな精神科の病気や障害を持つ人それぞれが何らかのプログラム活動に参加できるよう援助するので、プログラム毎に集まるメンバーはだいたい決まってくる。苦手な人同士はもとより、いつも仕切る側とそれに従う側など、知らない間にグループ内の対人関係が固定化しすぎないよう、多職種のスタッフでクライアント本人の思いを確認しながら話し合い、計画的に支援することが大切となる。なお、患者さんたちは共に活動するなかで、トラブルや問題が発生した折に具体的な問題に初めて気づき、対処が可能になることも多いので、自傷他害といった極端な問題がなければ、参加メンバーの理想的な組み合わせということにあまりこだわる必要はないかもしれない。

（3）心理損傷の問題

集団の場では、一般の健常者でも、たがいの悩みを真剣に話せるようになるまでには信頼関係を深め合うプロセスがかなり必要になる。また、大きな集団より小さい集団のほうが話しやすいし、伝わりやすいと感じるが、共感的でない人が一人でもグループのなかにいたら、少人数でも真剣に話す分、「傷つき」になりやすい。一方、精神科の患者さんたちのグループでは、個人の悩みや問題を直接に取り上げることは難易度が高いので、楽しい話題の共有や皆の共通の課題などから入るが、心が活性化し、その場の期待に応えるなかで「しゃべりすぎた」「やりすぎた」「よくなかった」と傷つくような場合もある。その際には個別の時間をとって、本人の本当の思いを大切にしてあげる必要がある。

（4）主治医との打合せ

特別の取り組みをする病院もあるが、一般の精神科病院では主治医がグループ活動の場にスタッフとして毎回参加することはあまりない。主治医には院内や外来のさまざまな用件でしばしば問い合わせがあるので、主治医がセッションの時間に始めから終わりまで参加することはむずかしい場合が多い。とはいえ、病的な問題の管理については主治医が責任を負うしかないので、グループ活動の内容その他について主治医とよく相談することが望ましい。心理臨床家が説明しても主治医の了解が得られないような内容の活動は、無理に行わないほうがよい。

（5）グループ活動の頻度と時間

グループ活動を利用する目的は参加者それぞれによって多少異なるので、利用する頻度や時間についてクライアント本人が主治医やスタッフとよく話をして決めることが大切な動機づけになると考えられる。また、入院者の院内活動の利用については、病院の治療方針にもよるが、病状の安定が見られたら、主治医のほうから患者さんに紹介されて参加を促されることが多い。

　スタッフは、より良い治療に向けて、個人の状態や目的に合わせたグループの活用を求められるようになってきている。精神科病院では、長期入院によるホスピタリズムの改善が、社会復帰に向けて、多くの入院患者さん共通の問題であった時代も長かった。しかし最近はデイケアやグループホームや作業所など、いろいろな中間施設を利用して、社会復帰や社会参加も早めに実現されやすくなっているように思える。

（6）効果の測定や記録について

　心理臨床家のなかには特定の心理療法の学派に所属して研究を継続する人も少なくない。研究のために心理療法の場を求め実践する場合には、研究テーマや研究方法が先にあるので、それに合わせて実践を計画していくことになると思われる。特定の学派の事情に影響を受けない心理臨床家も今日では多いが、日々の臨床をただ行うのみでは参加する患者さんの張り合いや達成感にもかかわるので、あまり大きな変化は得られなくても、小さな目標は必ずできそうなものを設定するなど、効果をとらえるにも工夫が必要かもしれない。

　記録は活動後のスタッフ・ミーティングで振り返りを行うと、スタッフそれぞれの視野が総合され、全体の流れがよくわかる。なかにはビデオをとって学会発表するような心理臨床家もいるが、グループ活動の参加者たちに予め説明して承諾を得なければならない。言うまでもなく、参加者たちの承諾なしに撮影したものをたとえ学会とは言え不特定多数に見せたりすることは、職業倫理に違反している。承諾を取り、顔の部分はぼかすといった配慮が必要となる。

4　心理臨床家の研修

　初心者の間は主治医のそばについて勉強させてもらうとよい。面接の技量を高めるための研修としては、熟練した心理臨床家にスーパーヴィジョンを受けたり、病院臨床場面で働いている心理臨床家同士で事例検討会を開いたりするとよい。心理劇やSST、絵画療法等の講習会に参加すると役に立つだろう。

自分の身近にスーパーヴァイザーや仲間がいなくても、それでだめというわけではない。最大の教師はクライアント自身なのである。多忙な仕事の合間を縫って、一人でも二人でもよいから、長期間丹念に面接を行っていく。面接経験の質が高まると、心理臨床家が行う病院内でのレクリエーション活動や作業療法、あるいは家族会等にも、真に病者の回復に役立つようなアドバイスを行うことができるようになる。

5　その他の留意点

(1) 薬物療法について

統合失調症者に対する心理療法ないし心理的援助は、薬物療法（主に抗精神病薬）と並行して行われる。抗精神病薬にはいろいろなものがあり、副作用もさまざまである。病からくるのか、それとも薬物の副作用なのか、あるいは心理的反応なのか、心理臨床家としてはとまどうことも少なくない。例えば、あるクライアントが抑うつ状態になったとして、それが抗精神病薬の副作用として生じた「薬原性抑うつ」なのか、統合失調症の急性症状が消えたあとの「精神病性抑うつ」なのか、それとも病棟内の対人関係のもつれから生じた「反応性抑うつ」なのか、よくわからないことがある。いずれにしろ、よくわからないときには主治医に相談してみることである。なお、薬物と副作用については、第6章「心理臨床家と精神医学的知識」も参照されたい。

(2) 自殺について

うつ病者の自殺に比べると、統合失調症者の場合は予測がきわめてむずかしい。これまでの筆者（名島）の臨床経験や諸家の報告事例からすれば、自殺の契機としてはおおよそ次のようなものが挙げられよう。

①死ねという幻聴の命令――この場合、丹念に深ってみると、幻聴に先行して心理損傷的な対人体験、例えば

病棟内で他の病者から悪口を言われたとか仲間はずれにされるなどが存在していることが少なくない。もっとも、幻聴のなかには逆に自殺を押えようとするものもある。ある二十代前半の女性はカミソリを右手首に当てたところ、誰か男性の声で「お前は死ねない」と聞こえた。これは結果的に未遂に終わった。

②絶望の終末――統合失調症との戦いのなかで「望み」が徐々に減衰していき、もはやいかなる対人関係も言葉も効力を失い、厳重な監視の隙をぬってとりつかれたように自殺行為を何度も繰り返し、ついに目的を達してしまう病者がいる。

③病からの回復の途上で自覚される自己無価値感もしくは無能感――精神病者という身分（患者同一性）で社会生活に復帰することは、それを想像するだけで病者には大変な心理的負担となる。

④第三者にはまったくうかがいしれない理由による安全感の突然の崩壊――他の病者との関係や生活のなかでは特別なものは見られないのに、外に表現されない内的な象徴的な出来事によって、安全感が突然つき崩されてしまい、深い絶望感に陥ってしまうもの。支援する側に手のほどこしようのない深い無力感を与える。

⑤面接者との不意の別れに伴う対象喪失感――たとえ病者が言葉で表明しなくても、親身な面接者との別れは彼らにとっては大変つらい体験であり、重篤な根こぎ感を誘発することが少なくない。自殺までには至らなくとも、面接者と別れた後で、かつて見られなかったほど状態が悪化することもある（例えば、それまで外来面接の形でやれていたのが症状悪化によって保護室に収容されるなど）。

不意の別れには、病者の側の余儀ない転院や面接者の側の転勤・長期出張・事故や病気による休職等がある。特に病者にとって最大の打撃は面接者の転勤である。長期出張や休暇と異なり、もはや面接者と会える見込みがなくなるからである。もしも転勤が決まったら、面接者はできるだけ早目に病者にそのことを告げて別れの作業を行い、可能なら別の面接者に引き継ぐことが大切である。

⑥援助的介入の持つ精神病的平衡状態のつき崩し――心理療法という援助的介入そのものが病者の精神病的平

衡状態をつき崩し、それまで解離されていた憎悪をはらむ破壊的な自己を急速に意識化させる危険性を有している。退行してはいるがそれなりに安定している病者の精神病的人格構造を急激に破壊しないよう、ゆっくりとしたペースで面接を進めていくことが大切である。

不幸にして病者が自殺に終わったら、面接者としてはそれまでの面接記録を再吟味し、援助スタッフと検討し直す。可能なら家族側の協力を求めて自殺の誘因・契機を追究してみる。統合失調症者については、自殺の予測・予防・原因とそのいずれをとってもわからないことが多い。しかし、それでも、このような再検討と追究を通してしか、面接者の人間的な限界から生じる可能性のあるミスを減少させる手だては他にないからである。

第11節　大学の保健管理センターにおける心理臨床

国立大学では、一九五〇年後半から大学生の自殺や精神障害による休学が問題になっていた。それに加えて一九六〇年代に入ると、大量の留年学生、大学紛争後の精神的荒廃が生じ、心理相談の必要性がうたわれるようになった。

このようななかにあって、一九六六年、東京大学他三つの大学に保健管理センターが設置された。これらは既存の医務室や相談室といった厚生施設を発展的に改組したものであるが、専任の医師や心理臨床家を教官として配置したことによって、業務内容の質が飛躍的に向上した。その後保健管理センターは、全国各地の国立大学に順次発足し、現在では計八十五の国立大学法人に設置されている。ただし、相談スタッフの配置は一様ではなく、常勤の精神科医と常勤の心理臨床家が揃っている大学もあれば、精神科医のみのところもある。

近年、学生の修学やそれを妨げる種々の悩みを援助する機運の高まりに伴って、常勤の心理臨床家がいない大学でも、非常勤の心理臨床家を置くようになっている。

1　保健管理センターにおける心理臨床活動の特徴

保健管理センターは大学の一施設であり、ここで行われる心理臨床の特色は、大学生や大学院生の自発来談が多いこと、相談内容が多様であること、心理的援助が長期にわたること、教育的色彩が強いことである。学生のみでなく、大学教員の来談も近年増加している。

保健管理センターの心理臨床家は、他の施設のそれと比べて自由裁量の幅が大きく、負う責任も重い。一人でクライアントのインテーク面接や心理アセスメントを行い、援助計画を立て、事後評価をしなければならない。また、学生の自発来談を促すような宣伝を行い、学内の教員や事務職員に学生の心理や精神障害についての正しい理解をもってもらうよう努めなければならない。

学生の教育や精神発達の援助は、本来なら大学全体が果たすべき機能である。しかしながら、ややもすると厄介な学生をセンターに紹介するだけでこと足れりとする風潮がある。面接者としては、できるだけ学生を抱えこまないで大学に復帰させていく姿勢が必要である。そのためには、その学生とかかわりのある教員たちと連絡を取り合い、協力体制を作り上げていくことが大切となる。

2　インテーク面接における留意点

クライアントが保健管理センターにやって来るとインテーク面接を行うことになるが、その場合の留意点について述べたい。

（1）自発来談

クライアントには、まず所定の用紙を用いて氏名・住所・来談目的を記入してもらう。緊急時に備えて連絡先は、下宿・帰省先とも必ず詳しく記入してもらう。クライアントが書きしぶる場合には、そこに何らかの手がかりが含まれていることが多い。また、来談目的の記入は、クライアントが自分の問題をどのような形で、どの程度把握しているかを知るうえで役に立つ。

一般に大学生は洞察力があり、心理学の講義や書物などで的確な自己診断を下してくる者も少なくない。しかし、なかには外来で面接を続けるのが困難なほど重篤な者も含まれている。また、最初に訴える悩みが必ずしも核心的な問題でないことも多い。いずれにせよインテーク面接では、短時間にクライアントの問題の深さと自我機能の働きの度合いを判断し、それに基づいて介入の緊急度や必要性を見極めなければならない。そのため、高度の心理学的・精神医学的判断力が要求される。もちろん、精神科医がいる所では精神医学的診断を依頼する。

学生にとって自発的に来談するのは勇気のいることである。最初の一、二回は面接者を値踏みに来ていることが多い。迅速な判断と同時に、率直で暖かな対応が必要である。尊重されていないと感じると、クライアントは来なくなる。

（2）医務室・教員・事務職員からの紹介

一般的に言って、教員等から紹介されて来たクライアントは来談意欲が乏しく、面接の継続がむずかしい。面接者のほうから面接の意義を伝え、クライアントの意欲を高めることが必要となる。筆者は、このような導入面接を一、二回行い、その後、継続するかどうかをクライアントと話し合うという方法をとっている。

クライアントが面接を無断で中断した場合には、電話や手紙で何回か来談を促す。中断の場合、たとえ短時間でも会って、中断をたがいに了解すること、必要があれば再度来談してもいいことを伝えておくようにする。数か月後あるいは数年後に自発来談することがよくある。

（3）突然の来室・面接目的以外の来室

センターは必ずしも受付を経なくてもよいので、学生のなかには突然来室したり、面接以外の目的で訪れたりする者がいる。これらの学生は、自分の都合に合わせて一方的に解答を求めるクライアントである場合が多い。

面接者に細やかな配慮を求めるが、クライアント扱いされることを嫌うので、対応がむずかしい。面接者が時間的に余裕のない場合でも、できるだけ丁寧に応待しなければならない。緊急と判断したときにはその場で時間を割くか、あるいはできるだけ近いうちに面接時間をとるよう心がける。

自分の都合を優先するクライアントにズルズルと会い続けることは、問題に直面するのを遅らせたり、面接者としても、それと知らずに相手を傷つけたり雑に扱ったりしやすい。だから、できるだけ持続的な面接場面を設定するようにする。このような学生はまた、面接者はいつでも自分と会うべきであり受容的であるべきだ、という期待を抱いていることもある。あいまいなまま時間を割かずに、「面接時間をきちんと決めておきたい。そうするのは、あなたを不用意に傷つけず、あなたが自由に安心してこの時間を使えるようにするためである」旨をはっきりと伝える必要がある。このように言うのは、相手に現実を知らせるためでもある。これらのことは援助契約の問題と関連しているので、第4章「心理学的処遇」を参照されたい。

（4）緊急支援面接

教員・事務職員・友人などから、例えば自殺をほのめかしている学生についての緊急の面接要請を受ける場合がある。このようなときには、長時間かかることを覚悟して焦らずに面接する。また面接と同時に、精神科医による診察・家族への連絡・指導教員との打ち合わせなど、集中的な介入が要求される。精神科医等と数人でチームを組むことが望ましい。翌日・翌々日と可能な限り面接室で面接を行うと、より確かな判断が可能になる。また、紹介してくれた関係者にクライアントのその後の経過や状態を伝えることは、今後の協力関係や信頼関係を築きあげていくうえでぜひとも必要である。本人との対応に忙殺されるあまり、おろそかになりやすいので注意が必要である。

3 心理テスト

面接による判断を裏づけるために、心理テストを用いることもある。多く用いられるテストバッテリーは、ＭＭＰＩ・バウムテスト・ＳＣＴ等である。病理水準が深いと推測されるときは、ロールシャッハテストを施行する。施行は、あまり関係が深くならない一回目か二回目のインテーク面接のときのほうが行いやすい。しかし、不信感が強くて面接が中断しそうな場合には、数回先に延ばすこともある。

大学生は、心理テストをすると必ずといってよいほど、その結果に強い関心を示すものである。クライアントが正確に理解できるようならば、結果を客観的な情報として伝える。それによって、クライアントは面接者から信頼されていると感じ、積極的に面接に関与するようになる。しかし、誤解されるおそれのあるときは、面接者のほうで情報の伝達を制限することも必要である。

4 医師への紹介

近年、身体の訴えで来談してきたり、紹介されてやって来る学生が多い。その場合、明らかに心理的な要因が疑われる場合でも、該当する科の医師へ紹介する。これは、身体的要因を否定するためばかりでなく、心理療法が進行する過程で、身体の問題へ逃避するのを防ぐためである。時には、医療関係のいろいろな科を転々とするクライアントもいるが、基本的には気のすむまで診察や検査を受けさせ、医師の意見や検査結果をどう受けとめたかを吟味することに重点を置く。

5 関係者との連絡

関係者と連絡を取る際、クライアントの利益やプライバシーを損なわないように配慮する。もっとも、よほど重篤でない限り、こちらからは積極的に連絡をとらない。むしろ、クライアント自身に行動させることに重点を置いている。しかし、入院や自殺、休学や退学がからむ場合には連絡をとらざるをえない。そのいくつかを次に述べよう。

(1) 教員との連絡について

クライアントの悩みが教員とのトラブルから来ていることがある。また、成績評価などをめぐってクライアントと教員が利害関係にあったり、教員が必ずしも青年心理や病理に理解があるとは限らないことがある。だから、不用意な情報提供は慎まなくてはならない。特に大学年や大学院生では、直接進学や就職に影響することが少なくない。ただし、教員は基本的には学生の援助協力者なので、学生の心理の理解を容易にするような情報を与え、ときには対応の仕方について助言してあげるとよい。

抑うつや神経発達症群的な特性を有する学生、重篤な精神疾患の場合には、試験やレポートの延期、課題の軽減を依頼したり、休学についてのこちらの見解を伝えたりする。その場合、面接者が何もかも情報を伝えるよりも、教員自身が直接学生から学んでいくのを援助することが重要である。教員との連絡の機会をとらえて、心理相談の理解者を増やしていく姿勢が大切である。教員が悩める学生をケアした経験を持つと、その後も学生を紹介してくることが少なくない。

(2) 事務職員との連絡について

かつて事務職員とはたがいの業務に干渉しないという原則があり、必要があれば連絡を取りあう程度で、緊密な協力関係はなかった。しかし、学生のプライバシーの保護と、成長を援助するという基本姿勢を保ったうえで、学生と直接接する事務職員に心理相談の理解者を増やし、協力関係を作り上げることは大きな課題であった。

以前は、心理臨床家と職員が個人的に親しくなるという方法がとられていたが、継続性や安定性の点で難があった。最近では教職員を対象に学生の精神健康について学内外の研修会が活発に行われるようになり、連携が密になりつつある。その結果，事務職員から特定の学生について来談の有無の問い合わせや，休・退学に関する意見を求められることが多くなった。連携は重要ではあるが，これらの問い合わせについては，クライアント本人の了解の有無や目的などを確認したうえで慎重に答えなければならない。

（3）家族との連絡について

クライアントが大学生なので，家族との連絡はほぼ緊急時に限られる。基本的にはクライアントの了解をとることが望ましいが，自殺企図・急性心因反応の場合は，この限りではない。ただし，家族に連絡したことを事後にクライアントにきちんと説明しておかなければならない。

最近，神経発達症群的な傾向を持つ学生の家族から，大学に対して積極的に具体的配慮を求めてくることも多くなっている。この場合，関係者も含めて大学がどんな援助ができるか検討して家族に伝えることになる。家族の要望と大学が援助可能なこととの間に齟齬が起きやすいため，誤解が生じないように慎重な対応が必要となる。

（4）学内の他の援助機関との連携

近年大きく様変わりしたこととして，学内に就学や学生生活，就職などの援助機関が数多く整備されたことがあげられよう。大学によって名称はさまざまであるが，学生生活全般を担当する「学生支援センター」，就職を援助する「キャリア支援センター」，さまざまな障害を持つ学生を援助する「バリアフリー支援室」などである。

相談の窓口が増え，学生への支援が充実することは喜ばしいことだが，現実には紹介や連携をめぐって従来はなかった課題が出てくるであろう。例えば，本人は就職の問題だと思って就職関係の相談機関を利用し，どういった仕事が向いているかという方向で模索しているが，底流に深い心理的な問題を抱えていることも少なくない。

心理的な援助ができる機関に紹介するのが望ましいケースだが，そのためには担当者にそれを見抜く臨床的な力量が必要になる。これがなければ方向違いの援助が続くことになる。また，紹介するときに，どの程度プライバシーを尊重するかも難しい課題である。その他，機関同士の連絡の不備によるトラブルや縄張り争いなど，他部署との連携は思いのほか難しいことが予想される。それぞれの機関は今のところ小規模なために，連携に割く時間や仕事量の負担も相当のものになるだろう。未知の領域だけに，これからノウハウを蓄積してゆく段階であろう。

6　症状による処遇上の留意点

（1）自殺企図

センターで最も対処がむずかしいものの一つが自殺である。未遂者は続けて自殺を企てることが多い。面接者は，自殺する意図があるかどうかをためらわずに確認するのがよい。また，当分の間，常に誰かと一緒にいる状態にしておく。つまり，家族を呼ぶか，仲のよい複数の友人につきそってもらう。その後，家庭の状況にもよるが，郷里に帰ってしばらく静養させることが多い。ひとりで下宿に残る場合は，短時間でもよいから，集中的に面接をする。さらに，死にたくなったときは必ず連絡するように強く念を押し，大学ばかりでなく，面接者の自宅の連絡方法も教えておく。その後も長期にわたって面接を継続する必要がある。

統合失調症が疑われる場合の自殺未遂は，先に述べた扱いとまったく異なってくる。本人自身も予想が立たず，表情や言動から予測することもきわめて困難である。すみやかに家族を呼び，精神科医への受診を促す。統合失調症の自殺については本章第10節をも参照されたい。

（2）統合失調症・境界性パーソナリティ障害

保健管理センターのような外来のみの所では，統合失調症や境界性パーソナリティ障害の学生に対するレベルの深い心理面接は困難である。特に境界性パーソナリティ障害では，行動化に注意しながら，面接の重点を大学や学業への適応，そのときどきに生じるトラブルの解決，対人関係の調整，生活の規則化などに置いた長期面接を行うとよい。境界性パーソナリティ障害ではまた、自己洞察や自己理解の促進を焦らないことが大切である。精神科医や病院心理臨床家をメインとして、センターの心理臨床家がサブに回ることもある。また必要に応じて、家族面接も行うことがある。

統合失調症では、関係者の理解を促すことも大切な仕事になる。指導教員に助言したり、事務に単位取得状況を確認することもある。また、かなり奇異な行動をとることもあるので、センターの職員にも理解を求め、適切に応対してもらうように心がける。

（3）抑うつ・アパシー

抑うつはまず休息を取るようにという対症療法から始まるが、あまり効を奏しない。精神科医に紹介し、薬物療法を受けさせることが多い。対人関係が依存的になりやすく、心理面接に必要な適切な距離を取りにくいが、一時的な依存関係はある程度やむをえない。

抑うつ状態が軽快すると、面接が中断しやすくなる。その場合、無理に面接を継続するよりも、悪化したときに再来談しやすい関係を作っておくことである。何度か抑うつ状態を経ていると、クライアントは自分の状態に敏感になり、対処の方法や心理的要因を自覚していくようになる。中間期に各種のグループアプローチへの参加を促すこともある。

アパシー（選択的無気力・勉学意欲の喪失）の学生は、周囲の関係者が心配して紹介してくる。本人自身は来談意欲も低く、面接は中断しやすい。問題への取り組みも他人事のようで、面接者はイライラさせられる。面接初期においては、面接の間隔や話題にこだわらず、関係をつなぐことに重点を置く。面接終期には、例えばエンカウンターグループ等への参加も有効である。

（4）転部・転学

転部・転学には、心理的要因を背景に持つものと、そうでないものとがある。まず、この両者を見分けることが、面接のポイントになる。特に心理的問題を持っていない学生は、客観的な情報を求めたり、最後の決断で迷って来談する。

一方、心理的問題を持つ学生は、見かけは同じであるが、自分の本当の姿や欲求がわからないために、ひたすら大学のランクという外面にこだわり続ける。転部・転学という逃げ道があるために、心理的問題に直面しにくく、面接も継続しにくい。その後も無気力な学生生活を続ける学生が多い。あまり有効な手だてがなく、面接者としては対応に苦慮させられる。期間をおいて手紙等で再来談を促したり、グループ合宿への参加を勧めたりすることもある。基本的には、大学への再受験も含めて、試行錯誤を促し、自己理解の深化をはかる。

（５）神経発達症群ないし神経発達症群的な特性を持つ学生

神経発達症群ないし神経発達症群的な特性を持つ学生が近年増加している。東京大学は二〇一〇年、他大学に先駆けて神経発達症群やその傾向を有する学生の援助を目的とした「コミュニケーション・サポートルーム」を開設した。その後多くの大学が「コミュニケーション・バリアフリー支援室」や「障害学生支援室」等を設けるようになった。

神経発達症群ないし神経発達症群的な学生との面接では、長年にわたって蓄積してきた心理臨床の知見や技法が通用しない場面に遭遇することも少なくない。具体的には、内面に触れるようなコミュニケーションが成り立たず、複数回の面接を重ねても深い自己理解や洞察が起きにくいのである。また、修学を続けるために学内のさまざまな支援や理解、家族との連携がこれまで以上に必要なため、周囲から秘密裏に面接を進めるという従来の方法も再考を迫られている。

大学では少なくとも四年間、継続して密度の濃い臨床的援助が可能である。二十一世紀の最大の謎とも言える神経発達症群について、日々の実践のなかから原因論も含めて有効な対応や理論が生み出されることを期待したい。

7　その他の留意点

（1）プライバシーの保護について

面接者もクライアントも同じキャンパス内にいるので、プライバシーについては特に配慮しなければならない。センターの信頼性が問われる問題でもある。プライバシーについての留意点としては、①学内で不意にクライアントに出会っても、相手から合図がなければ挨拶もしないぐらいの慎重さが必要である、②教員、事務職員、友人等からのクライアントについての問い合わせには、決して不用意に答えない、③クライアント同士が出会わないように、面接時間を配慮する、④学内やセンター内でクライアントのことを世間話的に扱わない、⑤プライバシーの保護について、センターの他の職員にもはっきりと理解を求める。

（2）面接場面以外で出会う場合

大学内でたまたま出会ったり、講義を担当している場合は、講義で、またグループ合宿にともに参加するなど、面接時間以外でクライアントと出会う機会が少なくない。これらは、同じ大学のキャンパス内におり、またセンターの心理スタッフが面接者であると同時に教員であるため、ある程度やむを得ないことである。

このように面接場面以外でたまたま、もしくはやむなくクライアントと出会ったときには、できるだけ面接場面で話し合ったことを話題にしないことである。もしもクライアントのほうからそれを話し出そうとした場合には、その場ではなくて面接のなかで話すように促す。

（3）予約した面接時間以外の来室

クライアントが決められた面接時間以外にふらっと来室することも多い。本当に緊急な場合や困ってやってくることももちろんある。しかし、面接者を支配しようとする意図や、「自分だけはいつ来てもよい特別な存在なのだ」という誤った特権意識によることも少なくない。だから、面接者としては不用意に面接する前に、このような予約外の来室の真の意図は何かをまず探らなくてはならない。

8　今後の課題

保健管理センターはすでに五十年以上の歴史があるが、心理臨床家はいまだに多くの問題を抱えている。例えば、相談業務の範囲や責任が不明確である、研究や地位の面で不利益をこうむりやすい、期間を区切られた採用や非常勤などでスタッフが定着しないなどである。これらの問題は、先人の努力もあって以前に比べれば大幅に改善されてきたが、それでもまだ高度の専門職としての地位を大学内部に確立したとは言えない状況である。

ただ、保健管理センターにおける心理臨床家は、研究面でも心理臨床活動における時間の面でも恵まれている。日本では、研究職として心理臨床に専念できる数少ない職場の一つである。こういった利点を生かしつつ、大学における心理臨床をいっそう発展させ深めていくことは、日本の心理臨床の力強い牽引車になることが期待される。

第12節　家庭裁判所における心理臨床

家庭裁判所は一九四九年に発足した。その特徴は、伝統的な司法的機能の他に新たに福祉的・教育的機能を兼ねそなえた裁判所であった。

家庭裁判所には家事係と少年係の二つがあり、それぞれに調査官がいる。家事係調査官は、親権者変更・面会交流・離婚等の家庭問題の解決を目的に、主に事実の調査と調整を行っている。一方、少年係調査官は、①罪を犯した十四歳以上二十歳未満の犯罪少年、②二十歳未満で家出・反社会的集団への加入や不純異性交遊等があって犯罪を犯すおそれのあるぐ犯少年、③十四歳未満で刑罰に触れる行為をした触法少年について、少年・保護者・

参考人、場合によっては被害者との面接や少年への心理テスト等を行って非行の動機や背景を調査する。また、将来健全な成長を遂げるよう少年に対して、例えば公園清掃などの体験的な活動を含む教育的な指導や援助を行ったり、保護者に対して助言指導を行ったりする。そして、調査結果と処遇意見を裁判官に提出する。図5－3は少年事件の手続き概略図である。ちなみに、少年事件とは、満二十歳に満たない少年（少女も含む）が犯罪を起こしたり、今後起こすおそれがある事案のことである。一方、家事事件とは、家庭内の紛争など家庭に関する事案のことである。

調査官が活動する場は司法の場である。調査官はあくまでも法的枠組みのなかで、家庭裁判所の福祉的機能のために役に立つ役割を有している。関係する法律知識はなくてはならないものであり、法的に必要な手続きを欠かすことはできない。また、調査官の調査活動は裁判官の調査命令によって動き出すこと、少年や一方の当事者の主張のみからだけではなく、家族や関係者からも情報を収集して総合的に判断すること、調査結果は必ず裁判官に報告すること、最終的な決定者は裁判官であることなどを理解しておく必要がある。

1　家事事件における調査上の留意点

（1）主に事実の調査にかかわる留意点

調査官による事実の調査は裁判官が法的判断をするための事実を把握するもので、「いつ」「どこで」「誰が」「何を」「なぜ」「どのように」という客観的事実を漏れなく調査する必要がある。また、当事者や子どもの内面の認識や心情等の心理的事実の理解・把握を行うことも多い。以前からその重要性は変わらないが、特に二〇一三年一月一日に施行された家事事件手続法において、子ども本人の意思を把握・考慮することが明記された（第六十五条）。そのため、面会交流や親権者指定等の事案において、臨床心理学・発達心理学・家族社会学等の専門的知見を活用した、子どもの心情や意向の調査をするよう求められることが増えている。

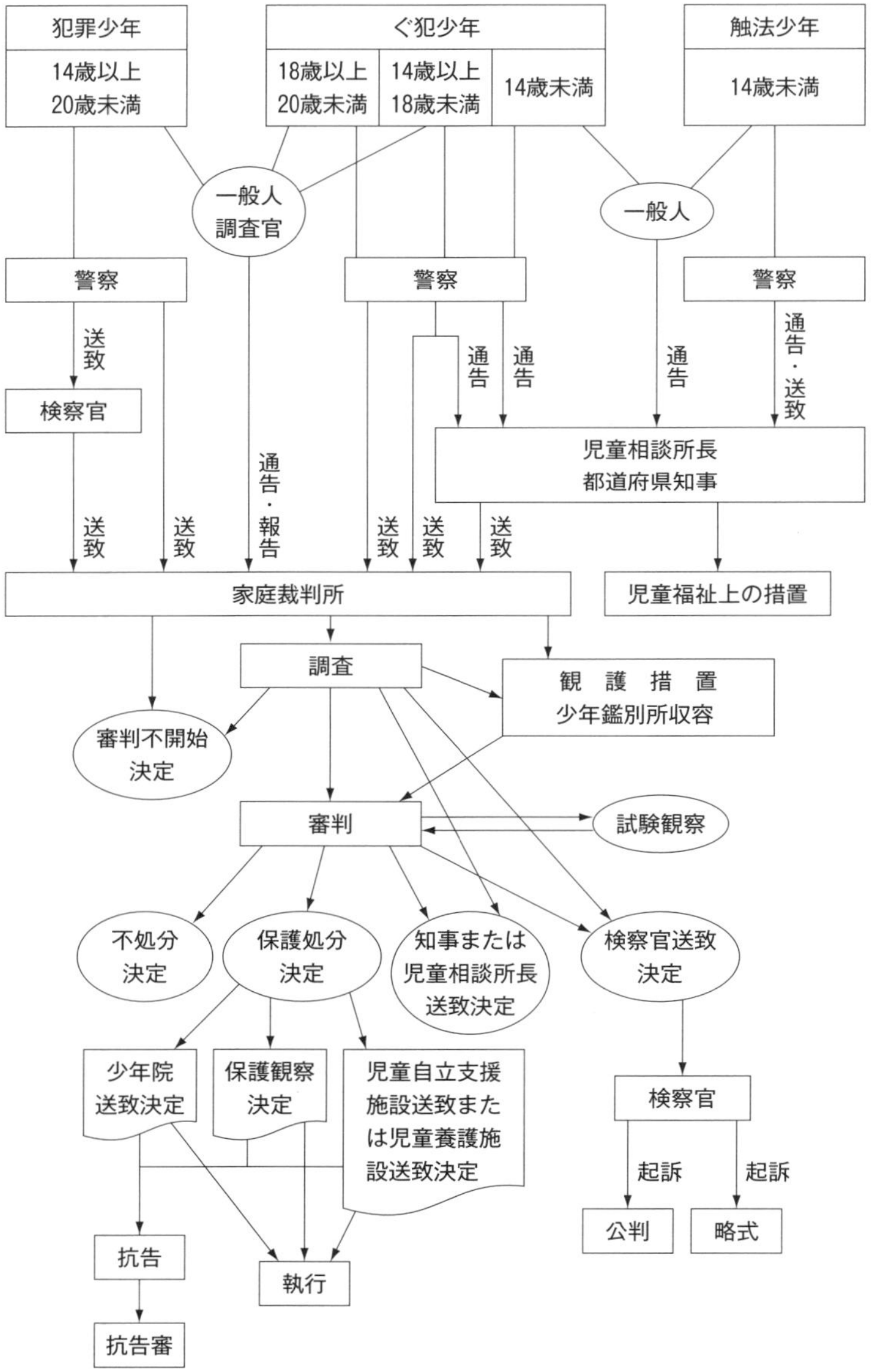

図５－３　少年事件手続き概略図（『平成 29 年版 子供・若者白書』を参考に作成）

子どもの調査の際，例えば学童期の子どものなかには，自分が置かれている状況を十分に理解できなかったり，表現能力も未熟であったりする子がいる。したがって，子どもの意思を正確に把握するためには，子どもの発達や家庭紛争のなかに置かれた子どもの心理などの専門的知見を活用することが求められる。また，親から前もってどのような説明があったかを確認したり，調査の目的を子どもの理解力に応じてシートなどを用いてわかりやすく説明したりする。また，子どもの発言のみで親権者はどちらが適当かとか，面会交流のやり方などの結論が決まるわけではないことを伝えて安心感を与えたりする。そして，子どもが理解できるようなわかりやすい言葉を使って話を聴く。その際，子どもの言語的表現だけでなく，表情や態度なども注意深く観察する。

調査面接の時間については，子どもの年齢，目的や状況等によって変わる。一般に長時間の面接はひかえる。面接の終了時には気持ちの整理を行わせ，付け加えることがないかどうかを確認する。

そうして，父母の紛争の経過や状況など，他の情報と照らし合わせ，子どもの意思について，その形成の過程も含めた全体像をつかんでいくことが重要である。

（2）主に調整にかかわる留意点

調査官が行う調整とは，当事者が気持ちを整理したり，問題の解決・改善につながる適切な行動を取れるようになることを目的に，調査官が裁判官の調査命令の趣旨を踏まえ専門的知見や技法を用いて，事案などに応じた働きかけを行うことである。以下，調整における留意点をいくつか紹介する。

①当事者を一面的に見ないようにする　家庭裁判所の家事事件の当事者の多くは，夫婦関係の問題や子どもの監護（子どもを守り養育する）をめぐる問題（親権・監護権，養育費，面会交流その他）など，家庭紛争のただ中にある。したがって，調査官も心理的にその紛争に巻き込まれ，対象者を良いか悪いか，白か黒かに分けて見てしまい，相手の一側面のみを重視し，別の側面には目が向かない状態になるおそれがある。これを防ぐには，上司（調査官が所属している組の主任家庭裁判所調査官など）の指導を受けたり，所属する組の同僚の調査官も含

めたチームで多角的に検討するとよい。

②当事者と良い関係を作ろうとしすぎない　援助・調整的な役割意識が先に立つと、一般的に、当事者と良い関係を作りたいという気持ちに駆られ、無意識のうちに当事者に迎合したり、話をそのまま事実として聴いてしまう態度を示したりする場合がある。しかしそうなると、深まりのない面接となり、内容も妥当性の乏しいものとなってしまう。「良い人間関係を作ろう」とか「援助してやろう」といった先走った気持ちに偏らず、謙虚な、しかも当事者の真実の姿を知ることに徹する姿勢を保つように心がける。相互に信頼しあう人間関係は結果として形成されるものであることを心がける。

③個人特有の面接態度の偏りに陥らないようにする　調査の内容は、調査官の側が情緒的に深く影響を受けやすいような事柄が少なくない。申立人（例えば妻）がセックス面での悩みを生々しく語ることもあるし、相手方（例えば夫）への憎しみを激しく表出することもある。このような場面になると、調査官は引き起こされた心の動揺を防衛するために、無意識のうちに話題を転換したり、知的に割り切って考えたりすることで、その場を処理してしまう危険性がある。普段の自分の面接とは違うという違和感を抱いたときには、その事例を職場でのケース会議に提出することなどによって、自己の面接態度の盲点や偏りに気づくような工夫を行う。

④攻撃感情にまごつかない　家事事件の当事者のなかには面接場面で、一方的に相手に対する不満や敵意を強く示す人がいる。このような場合に大切なのは、当事者のペースにのせられることなく、攻撃感情の背景をしっかりアセスメントすることである。例えば、攻撃感情の奥に秘められている当事者同士の愛執の念をも汲み取ることによって、当事者の気持ちが落ち着き、子どもの心情などに目を向け始め、子どもの福祉に考えを巡らせるようになり、紛争解決の意欲を回復したりする場合がある。

2　少年事件における調査上の留意点

（1）全般的な留意点

少年事件では、少年の更生に向けての処遇に適正かつ迅速につなげる必要がある。特に少年鑑別所に入っている場合には、通常四週間以内に審判で処遇を決めなければならないことが法律で決められている。そのため、調査官は限られた面接回数のなかでアセスメント、つまり非行メカニズムを解明し、適切な指導を加え、その反応も参考にして、処遇についての的確な意見を組み立てるという作業を行わねばならない。そのためには、まずは警察の捜査記録なども参考にしながら、生物学的視点・社会学的視点・心理学的視点など多角的な観点からいくつかの仮説を立て、調査面接の際に質問を投げかけ、仮説の検証を行い、適宜修正しながら非行のメカニズムなどの理解を進めていく。

少年が少年鑑別所に入っている場合、調査官は少年鑑別所の資質面の鑑別結果と、自ら行った社会調査（性格行動傾向だけでなく家庭環境などに関する幅広い調査）の結果とを総合して、担当の裁判官に処遇意見を提出する。そのため、適宜少年鑑別所の法務技官と話し合って情報交換を行うことが大切である。

調査の冒頭ないし調査途中で少年が非行事実を否認した場合には、いったん調査面接を中断し、否認の態様や少年の主張内容等を裁判官に報告して指示を仰ぐ必要がある。

なお、調査のプロセスのなかで少年が攻撃的な言動を示すことがある。このような少年の反抗的態度の裏には多くの場合、強い自己承認欲求や依存心がひそんでいる。少年は敵意と愛着、反抗心と依存心というようなアンビバレンスの一方のみを激しく表出することがあり、そのような場合、調査官はその勢いに圧倒され、受動的に聞いてしまうか、逆に押さえようとしがちになる。しかし、それでは調査は上すべりしてしまう。少年の態度に惑わされず、積極的に傾聴し、訴えの背後にあるものを見抜くことが大切である。

（2）試験観察における留意点

少年係における調査官活動の一つとして、「試験観察」がある。これは一定期間指導を加えつつ少年の経過を観察し、最終の処遇に至るものである。自宅から家庭裁判所に少年を通わせて調査官が面接を行う在宅試験観察と、適切な委託先に少年の指導を委託する補導委託とがある（補導委託には、民間のボランティアの人に少年の身柄を預ける身柄付きの補導委託と、少年が自宅から通って職業指導を受けたり短期間の社会奉仕活動に参加したりする補導委託がある）。

試験観察では調査官が少年に対して継続的な面接を行い、少年が非行を繰り返すことなく適応していけるか否かを見極めようとする。また、継続的な働きかけを行いながら少年への理解を深めていく過程は、実質的には援助教育的な働きを併せ持っている。つまり、非行促進要因の低減のために設定された課題（例えば、不良交友を控えること）や非行抑止要因の強化のために設定された課題（例えば、就労を継続すること）を達成できた体験や、担当調査官に自分を理解してもらえたなどの体験は少年の自尊感情を高め、それが更生へとつながっていく場合がある。もちろん援助教育的な働きといっても、そこには限界がある。試験観察は終局処分の前に、適正な処遇意見を形成するためのものであり、あくまでも調査活動という枠のなかで行われる援助教育的な行為なのである。

①試験観察の期間と面接回数と終結　期間は必ずしも一定していない。おおむね三～四か月ぐらいを目安とする場合が多い。面接の頻度は少年によって異なる。また、試験観察中の状況によっても変化する。少年の家出や再非行などの行動化が危惧される場合には、週一回など頻繁に面接を行うことが必要となることもある。終結の目安は、処遇の見極めがついたときである。少年の側に社会内で適応した生活を送れるという自信が芽生えたときのほか、少年院への送致などが必要との判断で終局するときもある。

②動機づけ　試験観察の場合、最後に終局処分が控えている。そのため、少年のほうは「見張られている」「監

視されている」という気持ちを抱きやすい。したがって，調査官が何のために，どういうつもりで面接していこうとするのかをはっきり少年に伝えて面接の目的を共有しておく必要がある。

試験観察は単なる行動観察ではない。行動を自重するよう心理的な強制を加えるなかで，日常生活における少年の不満や感情が非行とどのように関係しているかを話し合いなどによって理解させていこうとするものである。このことを少年に理解できるように説明し，納得してもらう必要がある。その際に特に大事なのは，調査官が少年の内的世界に深い関心をもっているということが少年の側に伝わることであろう。

③面接への不出頭　少年が事前連絡をしないで，調査官との面接を欠席してしまうことがある。このような際には，調査官としてはまず，電話や手紙によって理由を聞く。欠席は多くの場合，設定された課題達成に息切れが生じたときや少年の生活態度が乱れ，規範意識が低下したときなどに生じ，その状況を把握して適切に対応する必要がある。

少年の不出頭が，時には調査官に対する抵抗の表現であることもある。少年の側に立って，出頭できない理由も考える必要がある。少年は面接をどのように考えているのか，調査官をどのような人物だと感じているのか，調査官が知らず知らずのうちに少年の自尊心を傷つけるような言動を行わなかったかなど，面接関係を再検討してみる。そのうえで少年との面接を再度試みる。不出頭の理由をすべて少年の問題に還元してしまうことは，少年にとっても調査官にとっても益するところがないだろう。

④試験観察中に少年が非行を起こした場合　まず，少年がどのようにして再非行するにいたったかを，生物学的視点・社会学的視点・心理学的視点など多角的な観点から冷静に調査する。中核的な葛藤は何か，繰り返される対人関係パターンはないかなども検討し，少年にとっての再非行の意味を考えることが大切である。そして，それまでの少年とのかかわりのなかで把握できたことも含めて，すぐに保護処分に付すべきか，それともこのまま試験観察を継続すべきかを慎重に検討し，裁判官に意見を提出する。再非行の心理力動的な意味などを検討しな

いまま、安易に施設収容の意見の提出に踏み切ったり、何とかしてやりたいという意欲のみで試験観察の継続意見に傾いたりしないようにする。

⑤家族への働きかけ　試験観察に対する家族側の問題ある態度の例としては、調査官にすべて委ねてしまい、まったく関心を示さない、何かあるたびに相談を持ちかけ調査官を巻き込もうとする、自分たちは裁判所から問題視されているのではないかという被害感から極度に防衛的となる、などがある。そのような場合、調査官は、少年の観察と並行して随時、電話・面接・家庭訪問によって試験観察の真の狙いを説明し、家族側の誤解や認識不足を修正することが必要である。そして、試験観察に対する協力的な姿勢がみられたら、少年が非行を起こす誘因となった家族内の問題点について、家族側の理解を促し、改善を働きかけていく。

家族と接する場合のその他の留意点としては、少年に同一化しすぎるあまり、家族を悪者視しないようにするということがある。家庭は、少年を支える重要な環境要因でもあるからである。家族自身の抱える問題に関しては、試験観察期間や少年に対する処遇選択についての見極めを行うという制度上の制約があるので、あくまでも少年の再非行防止に関連する範囲で調整を行う。

3　報告書の書き方

調査官は調査結果を報告書にまとめて裁判官に提出しなくてはならない。調査結果は家事事件の調停、審判や人事訴訟事件に活用される。少年事件では、審判の重要な資料になると同時に、執行機関（保護観察所や少年院等）での処遇指針として利用される。

調停、審判や訴訟という家庭裁判所の手続きのなかでは、文書にして報告するということが重要である。いくら面接・調査を通して対象者を深く理解したとしても、報告書にわかりやすくまとめなければ読み手に伝わらない。たえず読む人の立場に立って簡潔明瞭に記述し、客観的かつ説得力のある報告書をまとめる努力がいる。また、専門用語の使用には注意する。報告書は裁判官をはじめとする関係職種、関係機関の人々や当事者などに調査結果を正しく理解してもらわなければならないので、なるべく平易な日常語を使うようにしたい。

報告書の開示にも留意する。少年事件の少年調査票は付添人（多くは弁護士）には開示される。そして、家事事件手続法により、当事者が主体的に手続きに関与することを保障するために、家事審判の事件の調査報告書は当事者や手続代理人の弁護士などに原則として開示され、家事調停事件の調査報告書も裁判官が認めるときは開示されている。

したがって、とりわけ家事事件の調査報告書に関しては、それを読んだ当事者が自分たちの抱えている夫婦関係や子どもに関する紛争などの解決に向かう意欲を高めるような効果や、逆に読み手に曲解されて紛争が高まるような事態を招く危険などを考慮しながら、記載することが大切となる。

4　研修について

裁判所職員採用の総合職試験に合格して家庭裁判所の調査官補となった人は、約二年間の養成課程研修を受ける。具体的には、裁判所職員総合研修所（埼玉県和光市）において前期・後期研修など合計約一年間の職場外研修を受け、そのなかで民法、刑法、家事事件手続法、少年法等の法律科目や、臨床心理学、発達心理学、家族社会学、社会福祉学等の行動科学を学ぶ。また、採用された家庭裁判所で約一年間、三人の調査官補を一グループとして、実務修習を受ける。このような約二年間の養成課程を修了して、調査官補は一人前の調査官になる。調査官になった後も、中央研修（裁判所職員総合研修所での研修）を受ける機会がもうけられている。その他、高等裁判所での研修（各高等裁判所管内の調査官が集められての研修）や各家庭裁判所での自庁研修が行われている。

このように調査官の研修制度は大変充実しているが、自己研鑽することを忘れてはならないし、研修の成果を調査実務のなかに生かすことが必要であり、いろいろな研修の成果を周囲に還元し、共に力量アップを図ることも重要である。

5　その他の留意点

（1）守秘義務について

調査官の職務では、個人や家庭の高度のプライバシーを取り扱う。したがって、私的関係の排除、公正中立性、守秘義務の保持が求められる。特に守秘義務の保持については、在職中のみならず、退職後も必ず留意しなければならない。

（2）関係職種との連携

家庭裁判所では法的側面を含む家庭事件を扱うことから、裁判官や書記官など家庭裁判所の関係職種と情報や方向性を共有して緊密に連携することが不可欠である。裁判官をチームリーダーとして、おたがいの専門性を尊重しつつチームの一員として動かなければならない。さらに、福祉機関、警察や少年鑑別所など関係機関との連携も大切となる。

（3）調査官のやりがい

調査官の調査は、それによって家庭紛争の問題点が整理され解決の道筋がついて当事者たちが歩み寄ったり、調査結果が裁判官の適切な判断・結論に役立ったりするものでなければならない。一回だけの調査面接ではあっても、例えば少年があまり意識できていなかった側面について適切な質問を投げかけることで少年の内省が深まり、それをきっかけにして、少年の行動変容、更生がなされることもある。このように調査官の調査は、当事者や少年の福祉に貢献する臨床的援助となる。たしかに調査官の仕事は苦労も多い。しかし、家庭紛争の解決への貢献を実感できることや、少年の立ち直りを支援することができることは、調査官としてのやりがいだと言えよう。

第13節　学校における心理臨床

一九九五年から旧文部省の「スクールカウンセラー活用調査研究委託事業が開始され、二〇〇一年からは国庫補助事業としてスクールカウンセラー（以下、ＳＣと略す）が学校に派遣されるようになった。現在ではすべての公立中学校にＳＣが派遣されている。回数は少ないが、公立の小学校や高等学校にも派遣されている。スクールカウンセリングはもっぱら臨床心理士（他は大学教員や精神科医）が非常勤のＳＣとして、学校のなかに設けられた相談室において生徒へのカウンセリング、教師へのコンサルテーション、保護者への助言、さらには災害や事件・事故によって被害を受けた生徒の心のケアを行うこともある。なお、近年では私立の中学・高校にも、臨床心理士がＳＣとして勤務することが多くなった。本節では、スクールカウンセリングの留意点について述べたい。

１　一般的な留意点

（１）事前の準備

ＳＣは自分の担当校が決まった場合、カウンセリング活動を開始する前に一度打ち合わせに訪れて、学校関係者とよく話し合うとよい。学校関係者と話し合う内容は、次のようなものである。①ＳＣに対する学校側の期待や懸念はどのようなものか。②学校側のＳＣ係とも言えるキーパーソン（ＳＣ担当者）には誰がなるのか。養護教諭か、教育相談担当教員か、それとも別の人か。③カウンセリング活動を行うための部屋と設備はどうか。④学校内のそれまでの教育相談・生徒指導の体制はどのようなものであったのか。⑤学校が位置する地域のなかにある相談・医療機関にはどのようなものがあるのか。学校はそれまでどのような機関を利用したことがあるのか。

（2）相談室

相談室には机と椅子が必要である。生徒たちがグループで来室することもあるので、できれば大型のテーブルと椅子も置いておく。テーブルは、例えば質問紙法のパーソナリティテストを小グループで行ったりする場合にも必要となる。空き教室のような広い部屋をもらった場合には、スクリーンパネルを適宜組み合わせて部屋のなかを仕切るのもよい。ちなみに、SCは相談室だけに閉じこもらない。相談室とは別に、職員室のなかにもSC用の机と椅子を置いてもらい、あいた時間にはそこに座っているようにすると、いろいろな教員がSCに相談しやすくなる。

（3）広報活動

スクールカウンセリングの意義をわかってもらうためには、学校のSC担当者と相談して相談室便りを定期的に発行して生徒や保護者たちに配ったり、（時間的な余裕があれば）生徒指導部会や教育相談部会に積極的に参加する。もっとも、一番よい広報活動は、一つひとつの事例に対して丁寧に対応し、きちんとした成果を挙げることである。たとえいくら広報活動をしても成果を挙げなければ、担任や保護者の信頼を得ることはむずかしい。

（4）秘密保持の問題

相談にやってきた生徒たちの相談内容の秘密保持の問題は、なかなか微妙なことがらである。すべてをSCの胸のうちだけにとどめておくべきであるという意見もある。しかし、学校内でのカウンセリングは担任や教育相談担当教員や養護教諭たちとのチーム援助の形態を前提としており、したがってある程度の情報の共有化が必要となる。しかし、生徒のプライバシーの保護も考慮しなければならず、いろいろと思い悩むことも少なくない。もちろん、自殺の危険性の高い場合には、プライバシーの保護は後回しとなるが。

一般的に言えば、相談にやってきた生徒たちに対しては、「ここでどんな話をしたかということは、おおまかにはSC担当の先生に伝えなくてはならない。しかし、これだけはどうしても言ってほしくないということがあれば、予め私に言ってほしい」というふうに了解を求める。一方、SC担当者に対しては（場合によれば担任に対しては）、「相談内容の概略はお伝えしますが、生徒が言ってほしくないということは言えません。この点、予め了承していただけませんか」といった形で了解を求めるのがよいだろう。なお、カウンセリング記録をどのように取り扱うかは、このプライバシー保護と関連する微妙な問題である。例えば、相談室のなかに鍵のかかる小さな書庫を用意してもらい、カウンセリング記録は学校長やSC担当者以外には閲覧できないようにしておくのもよいかもしれない。

（5）担任へのコンサルテーション

問題となる生徒を抱えて困っている担任に対してSCがコンサルテーションを行う場合、担任の置かれている状況や担任の力量を見定めたうえで、担任が実行できるようなアドバイスを行うよう心がける。特に担任が教員になって間もない若い先生の場合には、受け持ち生徒の不登校や非行に初めて直面するとどうしていいかわからない状態に陥ることが多いので、きめの細かい丁寧なアドバイスが必要となる。

（6）教師向けの研修会

年に一度か二度、教員向けの研修会を行う。学校長や教育相談担当教員と相談して、できるだけ多くの教員に参加してもらうようにする。研修会においてSCが実際に行ったカウンセリング事例の概略を発表すれば、カウンセリングがいったいどういうものなのか、教員たちによく理解してもらえるだろう。その他、担任が現在抱えている対応のむずかしい生徒、例えば、授業中なのにウロウロと教室内を歩き回ったり廊下に寝そべってしまったりする子どもについての事例検討を研修会という形で行うのもよい。研修会においてはまた、教員の心の健康についての話題を取り上げるとよい。近年、教員の休職や退職者の数が増えていることからもわかるように、教員は日常いろいろなストレスに取り囲まれている。教員の心の健康を維持したり回復させたりすることも、SCの大切な仕事の一部だと言えよう。

（7）社会資源の活用

一般的に言って，学校関係者としてはなかなか外部の社会資源を活用しにくい。例えば，担任が受け持ち生徒の精神科への受診をその生徒の保護者に勧めるといったことは大変むずかしい。したがって，学校と社会資源を結びつけることは，SCの大切な仕事の一つとなろう。

2　学校別の留意点

（1）小学校におけるスクールカウンセリング

小学校におけるスクールカウンセリングは，次のような特徴を有している。①カウンセリングの対象となる子どもが，幼児期心性を残した低学年から，児童期らしさとプレ思春期の混ざった中学年，思春期に入る高学年といった具合に発達段階の幅が広く，問題もさまざまである。②子どもが小さいときほど家庭の影響が大きく，保護者との心理的距離も近いので，保護者への働きかけや環境調整が効果的となる。③子どもたちは発達的に未分化なため，何らかの問題や症状を呈するときに，他の発達上のいくつかの問題を併せ持っていることが多かったり，二次障害を併発したりすることが多い。④校区に根付いているので，子どもや家庭に関する情報が得やすく，地域内の社会資源の活用も行いやすい。

スクールカウンセリングに入る際には，このような特徴を理解して，多種多様な子どもの問題に対して，理解と支援に関する知識とスキルといった専門性はもとより，小学校教育に関する知識や法令に関する情報，学校内外で「コーディネートする（つなぐ）機能」を発揮できるように研修しておく。また，学校では「チーム学校」として機能していくことが求められるようになっているので，学校のなかでの人の役割や動きに関して「コラボレートする（連携する）機能」や「マネジメントする機能」，管理職が行う危機管理などのマネジメントをサポートする力も必要となる。これについては，武内珠美・大井美保の「小学校における行為障害児童に対する校内チームと家庭・専門機関との連携による援助の事例」（大分大学教育福祉科学部附属教育実践研究指導センター紀要　一八号　二〇〇一年　二五―三六）や『教育臨床の実際――学校で行う心と発達へのトータルサポート』（武内珠美・渡辺亘・佐藤晋治・溝口剛編　ナカニシヤ出版　二〇一一年）を参照されたい。

次に、小学生に生じやすい問題について眺めてみる。

小学校低学年では、神経発達症群やその要素をもつ子どもの問題が起こりやすい。本格的に学習活動や集団活動が始まることによって、それまでは目立ちにくかった問題、例えば友だちとうまくかかわれない、授業中静かに座っていられない、注意の集中が困難で学習がうまく進まないなどの問題が出てくる。

中学年になると友だち関係の問題（いじめなど）が出てきやすい。また、勉強に対していっそうの集中力が必要になるために勉強の遅れが問題になり、クラス集団からずり落ちるという問題も出てくる。さらには、定型発達では観察自我が機能しはじめるので行動のコントロールが効きやすくなってくるが、そうでない子どもはますますコントロールのしにくさが目立つようになってくる。十歳ごろは、強迫症や解離症群（解離性障害）も発症しやすい。

高学年になると、友だち関係のみではなく、先生との関係でも悩んだりするようにもなり、不登校やいじめ問題も増えてくる。また、非行的な問題、さらには統合失調症などの精神病やうつ症状も発現してくる。

その他、学年とは関係なく発現してくる問題として、虐待や貧困がある。派遣される小学校によっては虐待や貧困のケースが多く、児童相談所や子ども家庭支援センターなど福祉機関との連携や、スクールソーシャルワーカーとの連携が必要になってくることもある。子どもが健全に成長するためには、医療・保健、福祉、教育の機能が、家庭・学校・地域社会で適切にいきわたっていることが必要である。子どもに、どこの、どの機能が欠けていて、どのような支援が必要かをアセスメントするところから小学校でのスクールカウンセリングは始まると言っても過言ではない。そのためのアセスメント能力と支援のための能力やマネジメント力が必要となる。

さらに今日では、事故・事件に巻き込まれる、犯罪被害にあう、そのような事件を目撃する、災害にあうなどから、急性ストレス反応やＰＴＳＤなども学年とは関係なく発生する。災害後や事故後のストレスや心のケアについては、静岡大学編（二〇一〇年）『支援者のための災害後のこころのケアハンドブック』（静岡県臨床心理士会・被害者支援委員会作成　静岡大学防災総合センター発行）や『学校での危機介入』（Ｍ・Ａ・ヒース、Ｄ・シーン／安東末廣監訳　ナカニシヤ出版　二〇〇七年）がお勧めである。

児童の保護者に関して言えば、①公的な場と私的な場との区別がつきにくい、②ごく些細なことで学校側に強硬なクレームをつけてくる、③子どもの情緒的な安定化を怠ったり、必要なしつけを家庭で行っていない、④子どもが家で話す「いじめられた」「いやなことがあった」を、そのまま学校に投げ返すことで、「いじめ」「トラブル」問題の拡大・深刻化を引き起こす、⑤神経発達症群、パーソナリティ障害、精神病圏の問題、知的問題などを有するなど、さまざまな問題を抱えている人も少なくない。もちろん、話し合えば信頼関係を作ることができ、子どもの問題について理解してもらって、子どものために協力できる保護者も多い。ＳＣとしては、保護者とも話し合うことによって、子ども本人への理解だけではなく、保護者や家庭背景への理解を進め、心理教育や必要な対応・支援を行ったり、医療保健や福祉などの必要な支援につないでいけるようになっておくことが重要である。それと同時に、むずかしい保護者の場合には、保護者の生活状態や心理状態、神経発達症群やメンタルな問題、家庭背景の理解について、小学校関係者に平易な言葉で説明でき、子どもの発達や学習・学校生活との関係に絡めて話ができることが必要である。小学校の教員は、往々にして「家庭が悪い。親が悪い」とだけ言いがちになることがあるが、親自身も生きづらさや困り・偏り、苦しさを抱えていることがあるので、どのように親としての機能に問題があるのかを理解したうえでの対応や支援が必要となる。

（２）中学校におけるスクールカウンセリング

中学生は子どもから青年への過渡期にあり、心身共に揺れ動く発達の時期に属している。問題行動としては、不登校・非行・自殺などが本格的に出現してくる。非行のなかには，女子生徒の異性交遊や妊娠・中絶の問題も含まれる。なかでも特に妊娠・中絶は，本人にとって身体的・心理的影響が大きい。対処に関しては，女子生徒本人や本人の保護者のみならず，相手の男性とその保護者，養護教諭，校長などと十分に協議する必要がある。

中学生の場合，援助手段としては言葉によるカウンセリングが主となる。問題行動や症状の対人的な意味を考えつつ，クライアントの話に傾聴したり，クライアントが言語化しにくいところを明確化したりする。ただし，対人緊張の強い生徒も少なくないので，SCとしては，リラクセーションのための身体技法，例えば自律訓練法や漸進的弛緩法などをマスターしておくことが大切となる。呼吸法を用いたリラクセーション技法を用いるのもよい。自律訓練法等の身体技法は，ストレス性の頭痛・腹痛・下痢・頻尿などにも有効である。

クライアントによれば，カウンセリングや身体技法よりも，描画のほうが適している場合がある。描画法にはウィニコットのスクウィッグルや山中康裕のMSSM（交互ぐるぐる描き物語統合法）などいろいろなやり方があるが，描画を媒介としたクライアントとのコミュニケーションをSC自身が楽しめることが大切である。

不登校の生徒で自宅に引きこもっている場合には母親だけ相談室に来てもらって継続的母親面接を行うことが多いが，母親面接があまり効果がなかったり，母親が仕事の都合で来られなかったりする場合には，訪問カウンセリングを試みてみるのもよい。その場合，SCだけが訪問するのか，担任と一緒に訪問するのか，どの時間帯に訪問するのかといったことを，事前に担任と一緒に検討しておく。ともかく，SCは担任の了解なしに勝手に動かないことが大切である。なお，訪問カウンセリングを行う場合には，相談室で待っているのと異なりSCのほうから積極的に生徒の自宅に出かけていくため，生徒にとって侵入的になりすぎることがあるので注意する必要がある。

（3）高校におけるスクールカウンセリング

小・中学校と比べて高校は，①義務教育ではないこと，②入学試験による選抜があること，③欠席や学業不振による留年制があること，④学校内外での問題行動が謹慎，停学，退学等の処分対象となることといった特徴がある。特に留年や処分は中途退学に結びつきやすい。高校でのスクールカウンセリングは，このような現実的な制約を考慮しながら進める必要がある。

高校は入学試験による選抜があり，そのため学力その他の能力で著しい学校間格差が存在する。学校が抱える問題も非常に異なるので，それぞれの学校のカラーとニーズを的確にとらえることが大切である。不本意入学，中学時代に成績優秀であった者の挫折，学習意欲の不十分なままでの進学などから生じる学校への不適応感は，種々の心の問題の背景となり，あるいは引き金となることがある。卒業後の進路選択の問題もあり，また発達的に精神科レベルの問題も現れやすくなる。こうしたなかで留年制のあることから，担任もＳＣも時間制限的な状況に置かれると言ってよい。

ＳＣはこのような高校に固有の課題を理解し，取り組んでいかなければならない。高校は概して学校規模が大きくなると，多数の専門教科の教員が在籍することから生徒とのつながりが希薄になり，学校全体で一つのことに取り組むという気風が弱くなるおそれがある。また，養護教諭は相対的に立場が弱くなりがちである。そこで教員の校務分掌，校内での役割や立場の実際をよく見ることが大切である。特に教員のなかで教育相談担当者が配置されている場合，ＳＣと競争的関係になったりしないように十分注意しなければならない。また，生徒指導部との関係も重要であり，ＳＣも生徒指導の理念を学んで，それが本来，カウンセリングと同根のものであることを理解しておく必要がある。

高校では生徒の発達段階からして，生徒に直接来談を呼びかける部分の比重が増す。制度上，教科ごとの欠課時数が計算されるので，授業時間内の面接は，学校側の理解を得ておかなければならない。他方，通学区域が広くなり学校と保護者との関係は薄くなりがちなので，保護者面接を行うことが多少むずかしくなる。むろん，保護者も子どものことで苦悩しているのであり，保護者面接の重要性は中学校までと比べて劣ることはない。

高校生の場合、仮に出席不良や学業不振などからの留年・中退が避けられないとしても、定時制高校、通信制高校、サポート校といった各種の教育資源がある（通信制高校の場合には月に二日程度のスクーリング＝面接指導がある）。ＳＣはこれらの教育資源の活用を考えながら、生徒や保護者と今後のことについて話し合っていくとよい。ただし、教育資源を活用する場合、例えば不登校生徒が安易な気持ちで通信制高校を選択したとしても長続きしないことが多い。現在所属している高校をやめるかどうか、やめた場合にどういう方向に進むのかといったことを生徒としっかり話し合っておく必要がある。

3　学校における自殺問題と対応

統計的に言えば、子どもの自殺は十歳以上から見られる（九歳以下の自殺は皆無ではないがきわめて稀）。ＳＣとしては、教育相談担当教員や養護教諭と連携しながら、機会を見つけて生徒たちや保護者に自殺予防教育を行うことが大切であるが、実際のところ、子どもの自殺を予防するのはなかなかむずかしい。ただ、ＷＨＯが二〇〇〇年に発表した *Preventing Suicide: A resource for teachers and other school staff*（自殺の防止――教師ならびにその他の学校関係者のための手引き）には、「学校場面における自殺防止活動の最良の方法は、教師、学校医、スクールナース、スクールサイコロジスト、スクールソーシャルワーカーといった人々のチームワーク、それも、地域内にあるいろいろな援助機関と密接に協力しながら機能するチームワークである」と述べられている。これは大切な点であろう。以下、小・中・高校生の自殺問題について、名島潤慈の「小学生・中学生・高校生の自殺問題と対応」（山口大学教育学部附属教育実践総合センター研究紀要　二三号　二〇〇七年　一五一―一六五）ならびに「小学生の自殺危険度のアセスメントに関する留意点」（山口大学教育学部研究論叢　六一巻　第三部　二〇一一年　二八三―二九六）を参考に述べる。

（1）警察庁の「自殺の概要資料」を見ると、中・高校生の自殺者数はどの年度でも女子よりも男子のほうが多いが、小学生では年度によって男子よりも女子のほうが多くなる。一般に男性であることは自殺の危険因子の一つとなるが、小学生にはあてはまらないので注意する。

（2）小学生の約八割は自宅ならびに自宅付近で自殺するので家族側の注意が重要となる。また、小学生の約八割は縊首という致死度の高い手段を用いるので、予防がなかなかむずかしい。これに対して中・高校生では自殺の場所も手段も多様化し、しかも自殺の警告サインを出すので、小学生よりも少し自殺予防の余地が生ずる。

（3）自傷行為のなかでもいわゆる手首自傷症候群は中・高校生によく見られる。これは、利き手の反対側の手首の内側や前腕部の表皮をカッターナイフやカミソリで浅く傷つけるもので、自傷時の痛みと血によって心理的な苦痛や不安、緊張、抑うつ、空虚感などを減少させる自己援助的行為である。その他、自傷した手首を家族に見せつけたり、流れ出た血で「私のことをわかって」と書くなど、他者への働きかけ行為であったりする。あるいは、自分を圧迫する環境への対抗措置であったりする。このように自己抹殺を目的とする自殺行動ではないが、しかし、これまで諸家が指摘しているように、長期的に見ると手首自傷症候群の自殺リスクは高くなるので注意する（最後は大量服薬したり縊首自殺したりする生徒がいる）。

もしも相談室にやってきた生徒が話のなかでリストカットをしたとSCに打ち明けたら、SCは打ち明けてくれたことをねぎらいつつ自傷部位を見せてもらい、「いつからどんなきっかけで自傷するようになったのか」「今の状況を乗り越えるためには自傷以外のやり方がないのかどうか」「生徒自身の内心の声（生徒が本当にやりたいこと、本当に望んでいることは何なのか）を聞くにはどうしたらよいのか」といったことを生徒と一緒に探っていく。

（4）もしも自殺生徒が出た場合、第一に、学校ならびにSCは次に述べる連鎖自殺の発生に注意しつつ、校長の指揮の下に緊急の職員会議を行い、（可能なら他のSCたちと力を合わせて）ショックを受けている生徒たちに面接し、さらには窓口を一つにして（もっぱら教頭）マスコミ対策を取る。マスコミのなかには、「○○テレビの者だが、A君（自殺生徒）のことについて教えてくれたらお礼をする」などという電話を生徒にかけることがある（最初に親が電話に出ると、電話はすぐに切られる）。第二に、SCは形見分けや遺書の存否に注意する。なかには、自殺直前に、親しかった友だち、あるいは仲違いしていた友だちに手紙を書き、それを投函する中学生もいる（この場合には本人の死後、友だちに手紙が届くことになる）。第三に、自殺生徒の保護者や兄弟姉妹に対するカウンセリングを行う。これは長期にわたることが多い。場合によれば、保護者を精神科医に紹介したり、時期を見計らって地域社会にある「子どもに死なれた親の会」などに紹介してみる（母親の思いが自殺したわが子にひどく執着していると、残された兄弟姉妹はなかなか立ち直れない）。ちなみに、母親がSCをも含めて外部の人とは接触しようとしない場合、例えば（以前から母親とは顔見知りの）女性の教育相談担当教員や女性の教頭が月に一、二回、定期的に家庭訪問をするとよいだろう。

（5）連鎖自殺は「後追い自殺」であるが、これを防ぐためには、SCは学校関係者と連携しつつ自殺した生徒と親しかった生徒との個別面接を行ったり、（事前にそのことがわかっていれば）かつて自殺未遂をしたことのある教師や生徒に面接する。なお、生徒たちには、援助機関の存在、例えば二十四時間対応の「いのちの電話」の電話番号を知らせておくとよいだろう（電話がふさがっていることもあるので複数の「いのちの電話」の電話番号を知らせる）。

（6）小学校高学年から生ずる「いじめ自殺」の問題は、なかなか予防と対処がむずかしい。学校内のいじめ対策委員会の人々、つまり養護教諭、学年主任、生徒指導担当教員、教育相談担当教員等と細やかに連携しながら、いじめ対策委員会が定期的に生徒たちに行う「生活アンケート」「心のアンケート」に目を配り、いじめの発生の予防活動やいじめへの対応活動を行っていく。言うまでもなく、学校内でいじめに最も気づきやすいのは担任なので、SCは時間があれば、できるだけ職員室で担任の人たちと話してみるようにするとよい。

子どもの自殺問題については、高橋祥友編著の『新訂増補 青少年のための自殺予防マニュアル』（金剛出版二〇〇八年）や、文部科学省の『教師が知っておきたい子どもの自殺予防』（二〇〇九年）もぜひ参照されたい。

第14節　私設心理相談室における心理臨床

私設心理相談室の実態はどのようなものであろうか。まず勤務者数であるが、第七回「臨床心理士の動向調査報告」（一般社団法人日本臨床心理士会、二〇一六年）によると、私設相談に従事している臨床心理士は有効回答数一万三三二一人のうち八五一人（八・二％）、そのうち開設・管理責任者が四一六人（四・〇％）、勤務者が三五三人（三・四％）となっている。第六回動向調査（二〇一一年）では八二四人（八・一％）なので、比較すると〇・一ポイントの増加でほぼ横ばいとみてよいであろう。この数は他の心理臨床領域、保健・医療、福祉、教育などの七領域のうち二番目に少ない。経営形態は個人経営から会社組織、ＮＰＯ法人などさまざまである。それぞれの施設での勤務者数は、筆者の知る限り一人から多くても十数人である。

さて、私設心理相談室の特徴は、何といっても心理臨床家が施設運営と心理相談業務を行うということであり、その二つは車の両輪のごとく大事なことである。ここでは、両輪のそれぞれの留意点について述べたい。

１　私設心理相談室の開設・運営

私設心理相談室を開設・運営する場合、その理念、運営方針、目標を明確にしておくことが必要である。自分の相談室がどのようなことを大事にして、何を目的とし、何を目指しているかを明らかにしておくことである。運営していくなかで現実状況に応じて修正していく場合ももちろんあるだろうが、心理臨床家の社会的倫理的責任として、パンフレットやホームページ等の手段で対外的に公開しておくことは大事である。

次にどのような人に来談してもらうか、自分の心理臨床の力量で対応できるクライアントはどのような人かをも考えておく必要がある。女性か男性か、年齢は何歳から何歳くらいまでか、どのような心理的問題を抱えた人かなどである。

地域差があるかもしれないが、近年は私設心理相談室もその施設の特徴が明確に打ち出されつつある。例えば、精神分析的心理療法や認知行動療法が柱であるとか、アルコール依存に関して意欲的に取り組んでいるとか、女性問題に関しては積極的に社会に発言し啓発活動にも力を入れているとか、子どもの神経発達症群対応のデイサービス運営が主であるとか、それぞれの相談室の特徴が明らかとなってきている。

先に私設心理相談室の理念や方針を明確にする必要性について述べたが、その理念は私設心理相談室の開設にあたって、さまざまなことを決定する際に拠って立つ基盤となるのである。ここでは私設心理相談室の立地、室内環境、広報活動、面接料金を取り上げてみたい。

まずは私設心理相談室の立地である。市内中心部の繁華街かオフィス街か、郊外の住宅地の一角かを決める必要がある。市内中心部はアクセスがよいことやクライアントの生活圏から離れるので、プライバシーが保てることなどが利点である。一方で大人数場面での対人緊張や不安が強い人には通うことが難しい。健康な人々を対象とする場合は、一般の会社が入居する明るいビルが適切かもしれない。一方で心療内科に通院中の人を対象とする場合は、少し人目につきにくい静かな裏通りがよいかもしれない。

次に相談室の室内環境である。近年はホームページで室内写真をアップしている相談室もあり、クライアントは判断材料の一つとすることができる。室内の整備については、静かであることや話し声がもれないこと、温度調節がなされていること、清潔であることが基本である。さらに壁の絵や観葉植物などは必需品といえる。このようなしつらえはクライアントが心理臨床家と対面しているときに、自然な形で視線をそらすことができるなど心理面での配慮の一つである。雰囲気として安心感や安全感を抱かせる室内環境が欠かせない。

次に広報活動である。どのような広報媒体にどの程度どのような内容で広報するかなど、予算との兼ね合いで考えていくことになる。ただし心理臨床の領域においては、私設心理相談室によって異なるかもしれないが、過去のクライアントが新しい人を紹介したり、同業者や医療・福祉・教育など他の専門機関からの紹介も多い。そのため臨床心理士会での活動や地域での講演活動、地域支援活動や研究活動を通して、臨床実践に関する自分の思いや考え方やこれまでの実績を知ってもらうことも大切である。

最後に面接料金である。面接料金は、心理臨床家にとっては自分の職業的専門性に対する正当な評価として、それにふさわしい額に設定することが望ましい。ただし、クライアントの経済状況とか、私設心理相談室の経営方針によっても変更していく場合がある。この料金の問題はクライアントにとっても、自分が支払う料金は自分が得ているものに対して妥当なのか、継続していく意味があるのかなど考える機会でもあり、心理面接への主体性や責任性を育む面があるという点も忘れてはならないだろう。また、個人面接だけでなく、家族面接、心理検査、コンサルテーション、講演、他機関からの委託業務、他機関との連携などさまざまな業務に対する料金も決めておく必要がある。

2　心理相談業務

(1)　私設心理相談室の独立性

私設心理相談室の特徴は何といっても、相談業務を行うにあたって、開設者である心理臨床家自身が心理面接の方針を決定することができる自由と独立性である。そのことは心理面接の料金をクライアント自身から受け取ることからきている。

医療領域である病院やクリニックにおける雇用では、経営者からの給与支払いという形となる。心理臨床家は医師の指示のもとに心理面接を行い、最終的な判断と責任は医師にある。心理面接技法の選択や面接方針に関して医師と異なる場合や、クライアントと医師との狭間に立たされることもある。教育領域でいえば、公立学校のスクールカウンセリング活動に対する報酬の出所は国や地方自治体であり、身分としては正規の教育公務員に準ずるものであり、組織では校長の監督下にある。管理職と児童生徒の心理支援の方針が異なる場合や児童生徒と管理職との狭間に立たされることもある。

それらと比較すると、私設心理相談室では心理臨床家がクライアントのためだけに、クライアントとの話し合いのうえ自由に方針を決定することができるのである。

（2）個人に対する心理面接――インテーク面接における心理アセスメントとインフォームド・コンセント

近年個人面接を行わない心理臨床家もいるかもしれないが、日本における心理臨床や私設心理相談室の歴史は、個人を対象とした心理臨床実践から始まった。心理アセスメントは個人に対して、集団や組織、地域に対してなされるが、ここでは個人に対する心理面接を行うにあたり必要とされる心理アセスメントを取り上げたい（心理アセスメントについての詳細は本書の第3章第1節「インテーク面接」に詳しい）。

個人に対する心理面接で最初になされるのは、インテーク面接における心理アセスメントである。むろん心理アセスメントは心理面接経過中もたえずなされて修正していく必要がある。けれども、私設心理相談室では、インテーク面接時の心理アセスメントが特に重要となる。例えば自殺の可能性がある場合である。インテーク面接で自殺のリスクが高いと判断された場合には、即座の対応が望まれる。

心理臨床の場が医療機関であれば、最終責任者である主治医と相談し、対応や他の専門職種に対する指示は主治医がなす場合もあろう。学校における心理面接の場合には、すぐに担任や関係教員、管理職などと情報を共有し対応策を検討する必要がある。医療の場にしても教育の場にしても、複数の関係者と協働してことに当たることができる。

それが私設心理相談室では、その場で判断するだけでなく、その後の家族など関係者との連絡や他機関との連携も、すべてその私設心理相談室の責任においてなされなければならない。私設心理相談室での自殺のリスクは、相談室の存続をも脅かしかねないことである。

アセスメントを慎重に行うために、インテーク面接を一回だけでなく三回から五回と設定しておくとよいかもしれない。その後はインテーク面接のみで終了する場合もあれば、他機関に紹介する場合もあるし、心理面接を継続する場合もある。

次にインテーク面接においては、クライアントからインフォームド・コンセントを得ることも必要不可欠な作業である。まずはインテーク面接開始時にインテーク面接に対する説明と同意を得る。さらにその結果、心理面接を継続する場合には、心理アセスメントに基づいたクライアントの心理理解や心理面接の方針や目標を伝える。そしてクライアントがインテーク面接においてどのような体験をしたか、心理臨床家の説明についてどのように思うのか、どのように考えるのかを十分に話しあうことが必要である。そのようにして心理面接継続に向けての同意を得て、正式に心理面接を開始することとなる。

医療機関や教育機関などでは心理臨床家以外の関係者が心理面接を理解できており、事前にクライアントに十分に説明していることも考えられるが、私設心理相談室の場合はそのようなことが少なく、改めて丁寧に説明する必要がある。そのような働きかけは心理面接に対するクライアントの意欲を高めるからである。ただしインテーク面接において最も大切なことは、クライアントが心理臨床家に安心感や信頼感を抱くと共に、希望を見いだせることである。このような体験を生みだすうえで心理臨床家とクライアントの間の情緒的交流が重要であることは言うまでもない。

（3）他機関との協働・連携について

先に私設心理相談室の独立性を述べた。他機関との協働・連携は一見そのことと相反するように見えるかもしれないが、そうではない。独立性を保ちつつクライアントの心理支援のためにこそ他機関との協働・連携が必要だと言い換えてもよいかもしれない。例えば、教育領域において、私設心理相談室に来談した高校生が、心身の不調時における保健室での休養を望み、学校との連携をとることを望んでいる場合、本人の心理的な理解、今後の見通しを基にこちらの要望を伝える。教員からみた本人の友人関係や成績など学校生活に関する情報も得ることができれば、よりいっそう本人のパーソナリティや問題の理解を深められる。さらに、クライアントに対して異なる側面からそれぞれ心理支援を行うという合意が得られるのである。

（4）心理面接の記録とその保管

記録については、第4章第6節「記録について」がある。ここでは特に私設相談室における記録とその保管の重要性について述べておきたい。

筆者は2-（2）において心理面接を継続する場合、クライエントに心理面接に関する十分な説明を行い、同意を得てから開始すると述べた。ただし、そのようにして開始した心理面接でも、クライエントとの関係が何らかの理由で悪化して、法的な訴えがなされることがないとは言えない。例えば、インテーク面接で決めた心理面接の目標に達していない、効果が得られていないといった訴え、あるいは性被害や守秘義務違反など職業倫理違反の訴え、さらには心理臨床家の判断ミスで精神科医への紹介が遅れ適切な治療が受けられなかったという訴えなどである。また不幸にして自殺という事態が生じたとき、自殺を防止できなかったのは心理臨床家が十分な注意配慮を怠ったからだとの家族からの訴えも考えられる。金銭の授受を前提として心理面接の契約がなされているのであるから、契約が果たされないという訴えは起こりうることである。法律的には、民事上の契約となるからである（出口治男「カウンセリング業務はどのように法律と関係しているか」伊原千晶編著『心理臨床の法と倫理』日本評論社　二〇一二年　三七—五〇ページ）。

これらの訴えに対して心理臨床家として対処できるのは、クライアントとのこれまでの経過記録であり、その管理が確実になされていることである。また記録に際しては、事実のみでなく心理臨床家としての面接方針等が記載されており、開示する場合には十分に有効なものであることが必要である。

(5) 心理臨床家のメンタルヘルスについて

心理臨床家は対人援助職であり、対人援助職一般に言われている燃え尽き症候群や二次的外傷性ストレス障害に陥る危険性は、そのまま心理臨床家にも当てはまる。また、労働安全衛生法の改正に伴い、心理臨床家が教育・産業などさまざまな領域においてメンタルヘルスに関する講演・研修等を担うことがますます期待される。ここでも心理臨床家は自分自身を素材として、自分自身のメンタルヘルスを客観化することが必要である。特に私設心理相談室の場合、少人数での職場となり、ややもすると専門性は優れているが、社会性や人間性を疑問視されかねない事態も起こりうる。独善的にならないよう、研修や訓練を常に積むと共に、ワーク・ライフ・バランスを意識することも大事である。

第15節　精神科クリニックにおける心理臨床

近年、精神科クリニックの数は増加しており、二〇一四年の厚生労働省医療施設調査によれば六千を超えている。精神科クリニックにおける心理臨床は、精神科病院や総合病院精神科の外来における心理臨床と共通する部分も多く、臨床における基本姿勢として、それらの節をぜひ参考にされたい。本節では、そうした基本を踏まえたうえで、クリニックにおける心理臨床の特徴について述べたい。

1　クライアントの多様性

精神科クリニックでの心理臨床の特徴は、第一にクライアントの多様性にあるだろう。クリニックの多くは利便性の良い立地にあり、ネーミングや外観、設備にも工夫を凝らし、クライアントが訪れやすい雰囲気を作っている。こうした工夫は、人々の精神科受診に対する抵抗感を減らすのに大きく貢献したと言えるだろう。その結果、今やクリニックは、精神的な不調や悩みを持つ人々の多くが最初に訪れる場所となっている。精神的な不調の度合いが著しく、病院への紹介が必要な状態の人が手近なクリニックに駆け込んでくる場合もある。逆に、悩みを抱えてはいるものの、精神的にはほぼ健康な人が、どこへ相談したらいいかわからないままにクリニックを訪れる場合もある。

また、近年、神経発達症群が注目されてきており、従来は治療の対象と認識されていなかった人々への支援が広がっている。精神疾患を持つクライアントもなるべく社会のなかで生活しつつ治療を行うという精神医療全体の流れを受けて、必要な場合には連携先の病院で入院治療を受けながら、主としてクリニックで治療を続けていくクライアントもいる。さらに、社会全体の高齢化に伴って、まだ地域で生活ができている認知症者の支援を行うことも増えつつある。こうしたなかで、近年ではデイケアを併設したり、集団療法に力を入れたりしているクリニックも少なくない。クリニックでの心理臨床はますます多様化してきている。

2　クリニックの特色に沿った心理臨床

精神科クリニックの多くは常勤の医師一、二名と心理療法家一、二名といった小規模で運営されており（都市部を中心に非常勤の医師や心理臨床家が数多く勤務しているクリニックもあるが）、精神科病院や総合病院精神科の外来に比べて、中心となる医師の姿勢が色濃く反映される。心理臨床家は、自分が所属しているクリニックが特に力を入れている領域について常に意識しておく必要がある。

実際に心理臨床家に求められる業務はクリニックによって千差万別である。主に個人心理療法をしているところ、集団での心理療法が中心となっているところ、デイケアや各種プログラムの運営へのかかわりが主な業務となっているところなどがある。そして、個人心理療法と心理テスト、さらに週数回の集団心理療法を担当するというように、一人の心理臨床家が複数の業務をこなすことが多い。また、例えば勤務先のクリニックの医師が産業領域に関心があり復職支援に力を入れているとすれば、心理臨床家もその領域に多くかかわることになるだろう。その場合、クライアントの復職を目指して、あるいは復職後の生活を支えるような個別の心理面接を行う必要があるだろうし、復職の時期を探る目的で心理テストを依頼されるかもしれない。場合によっては、心理教育や集団療法への関与が求められることもあるだろう。さらにまた別のクリニックでは、医師が神経発達症群に関心を持っており、クライアントの特性を明らかにして支援につなげたいと考えているかもしれない。そのような場合には、心理臨床家には、神経発達症群を持つクライアントとの心理面接に加えて、障害特性を浮かび上がらせるような心理アセスメント、家族や学校、職場など周囲の人へのコンサルテーションなどが求められるだろう。

ここで、心理臨床家の基本的な立場も問題となってくる。筆者は、力動的な立場であれ、認知行動療法的な立場であれ、それぞれの視点からの深い理解と適切な働きかけがあれば、個人心理療法にも集団心理療法にも有効に関与できると考えている。しかし、一方で、クリニックでは自分の拠って立つ理論を超えて、ある程度柔軟な対応が望まれることも多い。心理臨床家は集団心理療法のなかでは認知行動療法的な考え方を紹介し、自分の物事の見方の癖に気づくよう促すこともあるだろうし、デイケア等で、動作法や自律訓練法などを取り入れたアプローチをすることもあるだろう。心理アセスメントの際には、力動的な考え方が役に立つかもしれない。

このように、心理臨床家には、多様な業務に対応できるだけの幅広い知識と技量が求められるのである。自分の中核となる理論についての研鑽を怠らないことに加え、新しい知識を得ることに努め、柔軟に対応していく必要があるだろう。同時に、自身の技量について、謙虚かつ率直に認識し、それを上回る専門的な対応が必要だと考えられるときには、主治医と相談のうえ、他の心理臨床家への紹介を検討しなければならない。

3　心理アセスメントについて

クリニックにおける心理臨床のなかでも心理テストは重要である。ほとんどの場合、主治医からの依頼で心理テストを実施することになる。その求めに応じて、クライアントの特徴をきめ細かく描き出せることが求められる。主治医にとっては、あるクライアントが外来の枠にとどまるのか、あるいは主にクリニックで治療を担いつつ、悪化した際の入院先を検討しておく必要があるのかといった見通しは、治療方針を決定するうえで重要である。このため、心理臨床家はクライアントの病理水準について査定すると共に、負荷がかかった際のクライアントの反応の仕方とか予想される予後についても所見のなかに組み込むとよいだろう。

また、クリニックで求められるのは、クライアントが直面している困難をうまく説明できるような内界の記述である。例えば、知能テストを実施する際も、純粋に知的発達症の有無や程度を知る目的でのテスト依頼は少ない。実際に得られる結果も、知能指数において何ら問題は見られない水準だが、他の認知能力に比べて、視覚情報をまとめるのが多少苦手であるとか、物事の理解はよくできているのに処理速度が相対的に低いといった、クライアント内のアンバランスが見られるものが多い。こうした特徴について、クライアントの感じている困難との関連や不安や自信のなさといった心理状態との関連も考慮に入れつつ記述できることが望ましい。

投映法検査にしても、ある人の結果に病的な要素がほとんど見られなかったとしても、そこで安心してしまわず、その人らしい特徴を見つけて記述する必要がある。そして、主治医の依頼に応えるだけでなく、クライアントが自分について知ることができて良かったと感じ、問題意識を持ってその後の治療に取り組めるように努めなければならない。

各種の心理テストに精通しておくこと、得られた結果から主治医にとってもクライアントにとっても有益な所見をまとめられること、その伝え方など心理臨床家に期待されるものは大きいが、その分腕の見せどころともいえる。

4　心理面接と主治医との関係性

多様な業務が組み込まれている昨今においてもなお，クリニック勤務の心理臨床家にとって心理面接は中核的な業務である。

クリニックで心理面接を行う場合，第一に外来のみで治療を行うことを意識しておく必要がある（クリニックは病床数が十九以下と定められているが，その多くは入院設備を持たない）。新しいクライアントに会う際には，クリニックの枠組みで行うことが適切かどうか慎重に見極める必要がある。ほとんどのクリニックでは，主治医が心理療法に適していると判断したクライアントについて心理面接が依頼され，心理臨床家はそれを受けて面接を行うことになるが，心理面接の開始に当たっては，心理臨床家とクライアントの間で改めて合意と目標設定が必要である。主治医の勧めをどのように受け止めて面接を受けようと考えたのか，自分自身の課題と目指すべき方向はどのようなものなのかといった検討を通じて，多くのクライアントは，より主体的に心理面接に取り組めるようになる。また，なかには主治医の勧めで面接を受けに来たものの，続けていく決心がつかないクライアントもいる。病理の重いクライアントの場合，たとえ主治医や本人の希望が探索的な面接であっても，当面は支持的な面接で現状維持を目指すといった限定的な目標に設定せざるを得ないこともある。インテーク面接後に主治医と話し合う機会を持ち，心理療法を開始するのであれば，合意した目標と心理療法家の方針を伝えておく。あるいはクライアントとの間で十分話しあった結果，心理面接を開始しないという結論に至れば，その旨主治医に報告するが，その際にインテーク面接のなかで得られた印象や理解を併せて伝えるとよいだろう。

実際に心理面接が始まった後も，主治医との連携は欠かせない。他の医療機関と同様，クリニックにおいても，医師は多くの権限を持つと同時に，治療に関する最終的な責任者である。情報の共有については，必要な情報が伝わるよう、医師との間で事前にどのように行うか取り決めておくべきである。同時に、クライアントに対しても、「心理療法で話されたことは、基本的には秘密が守られます。要点のみをカルテに記載します」といった形で説明しておく。自傷他害の恐れがある場合など、守秘義務の限界についても言及する。

また、クライアントに対しては、心理臨床家には主治医とは別の役割があることを示す必要がある。多くの機関で、心理臨床家に秘密を守ってほしい、ここで話したことは他には伝えないでほしいと願うクライアントが多いなかで、クリニックでは、多忙で診察時間の限られる主治医に伝えられないことを代わりに心理臨床家に伝えている、といった構図を勝手に思い描くクライアントもいる。彼らは、心理臨床家に話したことはすべて主治医に伝わっていると思い込んだり、心理臨床家を通じて主治医に働きかけようとしたりする。心理臨床家としては、そのことの意味について心理療法のなかで取り扱うことがもちろん重要であるが、主治医との診察と心理面接とは独立したものであることをはっきりと示しておくべきだろう。

そして、経過のなかで、両者の違いについてのクライアントの理解が深まるよう留意しておく。例えば、薬物療法について「薬の効きが悪いようなんです」という訴えが心理面接のなかで話されれば、筆者はクライアントの感じている「このまま治らないのではないか?」「今の治療を信じて続けていいのだろうか?」といった不安についは聞くが、訴えをそのまま主治医に伝えることはしない。もし伝えるとしても、クライアントと話し合った不安の内容や、そこから筆者が理解したことが中心になるだろう。処方をめぐるクライアントの感想は、実際問題として薬物療法を担当している主治医と直接話し合われるべきであると筆者は考えており、クライアントにも、「お薬に対してあなたが感じていることは主治医の先生が今後の処方を決めるうえで大切な情報です。ぜひ診察のなかで先生に伝えてみてください」と述べる。こうした対応の積み重ねで、クライアントも実感を持って両者の違いを知り、うまく使い分けながら治療に取り組むことができるだろう。

右に述べたような事柄は心理面接だけでなく、クリニックにおいて他の多くの業務を行う際にも参考になるのではないだろうか。

5　その他のスタッフとの関係

小規模なクリニックでは，主治医を中心に，受付スタッフ，看護師，心理臨床家など勤務しているスタッフ全体が一体感のある，家庭的な雰囲気になりやすい。こうした環境は，クライアントに安心感を与え，それに支えられて回復していく人も多い。

受付スタッフは，多くのクライアントに接しており，また，どのクライアントにもほぼ毎回会うので，精神科医療の専門家でなくとも，膨大な情報の蓄積がある。こうした経験と一般的な生活感覚とで，新鮮な見方を与えてくれることが多い。心理臨床家が担当しているクライアントについて，服装の変化や表情，待合室での様子などから，驚くほど速く変化のサインを見つけて伝えてくれることがある。クライアントの側でも，受付スタッフの笑顔や挨拶，ちょっとした立ち話や小さな親切をしっかりと受け取っているものである。

看護師も，処置や測定を通じてクライアントと接する機会が多い。直接身体的なケアをすることが多いのもあって，クライアントは看護師に甘えたり，話を聞いてもらったりして安心感を得ることも多い。もしもデイケアや集団療法などのプログラムがあるクリニックに勤務している場合には，看護師と協働することも多いだろう。看護師の視点は専門的でありながらも，より現実に即した支持的なものであり，心理臨床家の理解と相互に補完できる。

その他にも，精神保健福祉士などの専門職をおいているクリニックもある。どのような形であれ，それぞれのスタッフとクライアントとの関わりのあり方やそこから生じてくる理解を共有することによって，より立体的で総合的な理解ができ，有効な援助ができるだろう。

クリニックでは，より規模の大きな施設と比べて，他のスタッフとの間で連携が取りやすく，誠実な対応を心がけていれば、スタッフ間で良好な人間関係を築くのはさほど難しくはない。反面、クリニックにおけるスタッフ間の距離の近さが思わぬ影響を及ぼすこともある。スタッフと心理臨床家との間に良好な関係があるのは望ましいことだが、そのためにたがいを擁護するようになると、治療的には難しくなる。例えば、クライアントが心理臨床家への不満を述べたりすると、スタッフがクライアントに批判的な感情を抱くことがあり得る。また、心理臨床家の側でも同様に、スタッフへの批判を耳にすると、スタッフ側に肩入れしてクライアントの思いをくみ取り損ねるようなことがある。クライアントの思いに焦点を当てる前に、スタッフに代わって謝ったり、スタッフを擁護したりしたくなるかもしれない。総合病院など、より規模が大きい施設で、心理臨床家の役割が他のスタッフには十分には理解されていないような場合には、スタッフが「やはり心理療法は役に立たない」「あの心理臨床家は冷淡なところがある」などとクライアントに同調して心理臨床家を批判的に見てしまうことも多い印象を受けるが、クリニックではたがいに「身内」を守ろうとする意識が強くなりやすいためか、「あの先生を悪く言うなんて」とクライアントに批判が向きがちなようである。そして、スタッフがクライアントの言葉を受けて心理臨床家に批判的になるときと比べて、スタッフがクライアントを批判している間は、スタッフと心理臨床家との関係自体は難しくなることがないので、問題点を自覚して修正するのが困難になりやすい。しかし、いずれの場合もクライアントの本当の気持ちに寄り添った対応ができているとはいえず、治療がうまく進展しなくなる要因にもなるだろう。

心理療法家は常に、クライアントの言葉の真の意味を意識して対応する必要があるし、スタッフに対しても、心理面接の経過のなかでクライアントはさまざまな感情を抱くものであるし、心理臨床家との関係が一時的に悪くなったように見えることがあることを説明しておく必要があるだろう。また、実際に心理臨床家への不満が表明されたときに、「あれこれ言ってこられるのは、心細くてもっと大事にしてもらいたいと思っておられるのでしょう」「強がりを言って、ここからの自立を目指しておられるのかもしれませんね」などと背景にあるクライアントの思いを通訳して代弁することで、スタッフの理解を深めることができる。

この他、たとえ自分が担当していないクライアントとの間で生じたことであっても、スタッフが対応に困るような問題があれば、積極的に相談に乗り、共に解決法を探るべきである。何が起こっているのか、スタッフがどう感じているのか、親身になって耳を傾け、理解を伝えることができれば、単に言葉で説明するよりもはるかに多く心理療法的なものの見方・考え方や姿勢を伝えることになり、心理療法に対するスタッフの理解をいっそう深めるだろう。

第6章　心理臨床家と精神医学的知識

心理臨床家は、ある程度の精神医学的知識を身につけておくことが必要である。医療機関では医師や看護師とのチームワークを円滑にするために、医師のいない相談機関では、特に心理アセスメントを行う段階で精神医学的知識が必要となる。例えば、初めて来談してきたクライアントの訴えを聞いて、これはどうも統合失調症の初期症状ではなかろうかという疑いを持ったなら、急いで精神科医に紹介しなければならない。本章では、心理臨床家にとって重要と思える精神医学の諸側面について触れたい。

第1節　心理臨床家と精神科医

病院臨床場面では、心理臨床家は「心理の先生」、精神科医は「お医者さん」と呼ばれることが多い。「心理の先生」は心の世界を扱う人、「お医者さん」は病気を治す人といったイメージであろう。表6－1は、精神科医の前田重治（一九八一年）による心理臨床家と一般の精神科医との比較である。このように、両者は大いに異なっている。ただし、少し注釈が必要である。例えば、技術上の特色に関して言えば、精神分析的心理療法・催眠療法・認知行動療法・森田療法・内観療法・箱庭療法・家族療法といったいろいろな心理療法を行う精神科医も少なくない。実際、薬物療法と医学的な助言一辺倒にあきたらず、心理療法を行う医師も増加している。それだけに心理臨床家としては、精神科医とは異なる心理臨床家独自の方法論を開拓していく努力が今後求められよう。

表6－1　心理臨床家と一般の精神科医の比較

	心理臨床家	一般の精神科医
患者理解	臨床心理学的〈不適応論〉に立つ（とかく心理主義的・人間学的な見方）	精神医学的〈疾病論〉に立つ（とかく生物学的・記述的・類型論的な見方）
診断	インテイク面接——内的生活史（主観的） 心理テストによる診断（一応，客観的）	病歴——外的生活史（客観的） 直感的診断（主観的）
治療関係（態度）	患者中心的立場——社会的責任は少ない（とかく共感的・非指示的傾向）	管理的立場——社会的責任が重い（とかく指導的・再教育的傾向）
技術上の特色	いわゆる〈カウンセリング的〉（聞き役的）面接が多い 集団指導の技術（集団療法・家族療法・生活療法・リハビリテーションなど）	いわゆる〈ムンテラ的〉（説得・評価的）面接が多い 薬物・医学的な諸技術の利用
	心理・行動の数量化と統計処理の技術 チームワークのマネージ的役割（メンバー間の潤滑油，相談役的）	チームワークのリーダー的役割（診療体制や組織・病棟の規律や雰囲気を決める）

（前田重治『心理臨床』星和書店　1981年より）

第2節　精神医学的診断と病名

精神医学的診断とは、患者さんの症状や訴え、言動、表情、病歴などを手がかりとして、患者さんの疾病名を明らかにし、治療法を探索する手続きであると言ってよい。図6－1はアメリカ精神医学会の『DSM-Ⅳ-TR　精神疾患の診断・統計マニュアル』（二〇〇四年）によるもので、統合失調症とその関連疾患に関する鑑別診断の仕組みである。この図は、医師が疾病を特定していく手続きを具体的に表している。

心理臨床家としても、このような鑑別診断に関する知識をある程度備えておくことが必要である。ただしこれは、心理臨床家が勝手に精神医学的診断を行ってもよいということではない。また、心理臨床家が独断で想定した病名をクライアントやクライアントの家族に告げたりするといったことは許されない。心理臨床家には、そのようなことをする資格も権限もない。もしも心理臨床家がクライアントやクライアントの家族から病名を聞かれた場合には、「私にはそうする資格

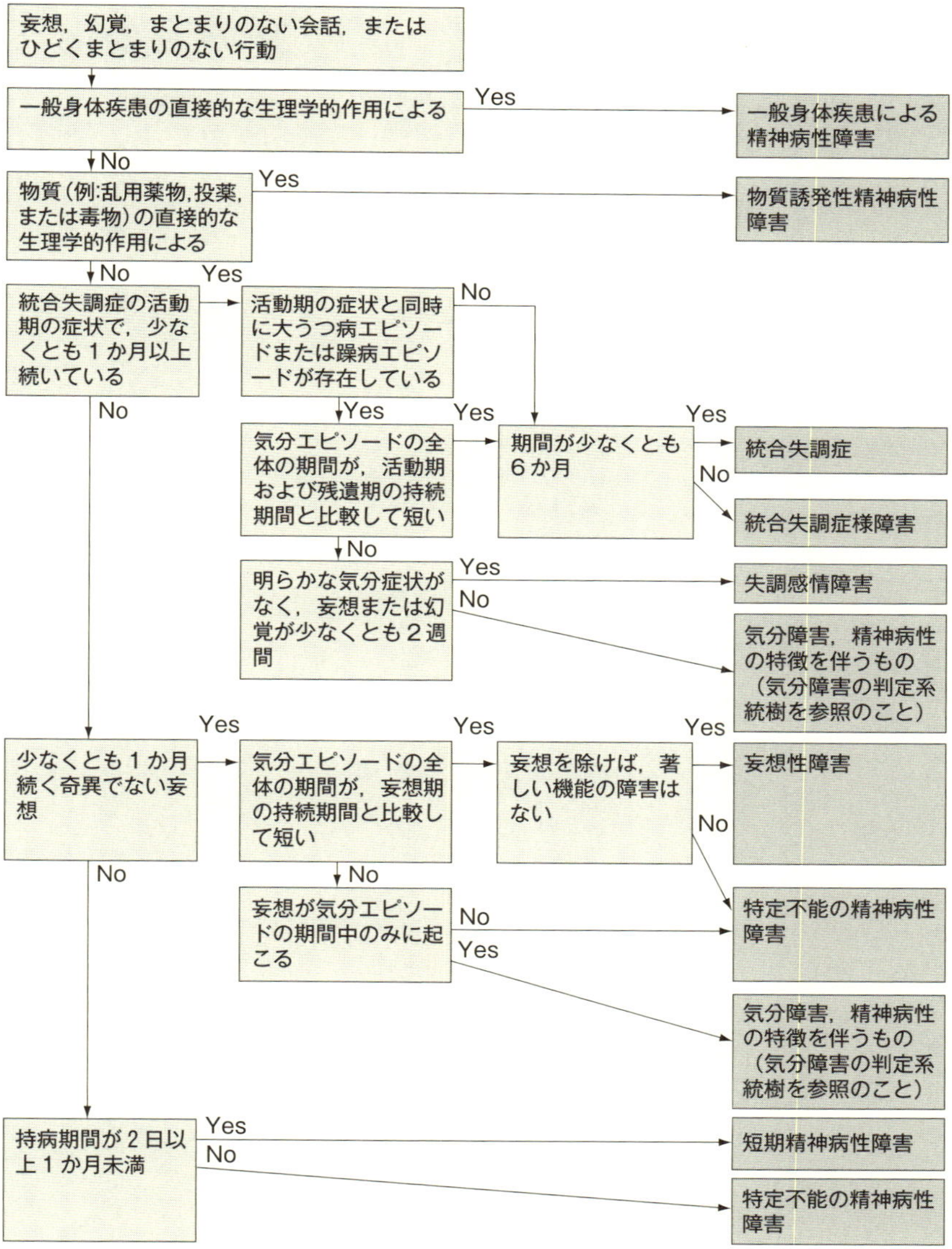

図6－1　精神病性障害の鑑別診断

（高橋三郎・大野裕・染矢俊幸訳『DSM-Ⅳ-TR　精神疾患の診断・統計マニュアル　新訂版』医学書院　2004年より）

がないので、主治医に聞いてみてください」と言うべきである。

経験を積んでくると、クライアントの病名がどのようなものか、ある程度見当がつくことがある。また、統合失調症・うつ病・神経症といった疾患をかなり有効に弁別するための心理テストもいくつか開発されている。しかし、これらも医師の指示の下に利用されなければならない。経験上、病理水準が深いと思われるようなクライアントに出会った場合には、早急に医師に相談することが必要である。

第３節　向精神薬と心理臨床家

向精神薬というのは「精神に働きかける薬」という意味である。精神医学の臨床場面では、おびただしい量の向精神薬が使用されている。

一般的に言って、重症神経症・境界性パーソナリティ障害・統合失調症・うつ病・てんかんといった病気を有しているクライアントの場合、心理療法は薬物療法と並行してなされることがほとんどである。だから、精神医療と近接して働く心理臨床家は、向精神薬についての大まかな知識を持っていることが特に大切となる。

１　向精神薬の種類と副作用

表６－２は、現在の日本において実際に使用されている向精神薬である。表には、抗精神病薬・抗不安薬・抗うつ薬・抗躁薬・抗てんかん薬・睡眠薬・精神刺激薬の一般名（成分名）と商品名（製薬会社がつけている名前）とを掲げた。

抗精神病薬について言えば、近年、非定型抗精神病薬の使用が増加している。商品名で言えば、リスパダール、ジプレキサ、セロクエル、ルーラン、エビリファイなど。この非定型抗精神病薬は、統合失調症の陰性症状（意欲が低下したり感情表現が乏しくなる）に対して効果がある。また，統合失調症の再発予防効果とか，治療抵抗性の統合失調症への有用性も認められ，そのうえ錐体外路症候群の発現も少ないとされている。ただし，体重増加や糖・脂質代謝への影響に注意する。

抗うつ薬には，従来の三環系抗うつ薬や四環系抗うつ薬だけでなく，いわゆる新規抗うつ薬としてＳＳＲＩ（選択的セロトニン再取り込み阻害薬：Selective Serotonin Reuptake Inhibitors），ＳＮＲＩ（セロトニン・ノルアドレナリン再取り込み阻害薬：Serotonin Noradrenaline Reuptake Inhibitors），さらにはNaSSA（ノルアドレナリン作動性・特異的セロトニン作動性抗うつ薬：Noradrenergic and Specific Serotonergic Antidepressants）がある。これらの新規抗うつ薬は，脳内の神経伝達物質であるセロトニンやノルアドレナリンの量を増やして，脳の活動を活発化させると言われている。

最初の新規抗うつ薬であるＳＳＲＩは，主たる適用対象はうつ病であるが，それ以外，強迫性障害，パニック障害，全般性不安障害等にも用いられている。ＳＳＲＩは発売当初，従来の三環系抗うつ薬や四環系抗うつ薬に比べて，副作用の少ない安全な薬として大歓迎されたが，薬である以上，危険性は皆無ではない。ＳＳＲＩの副作用としては，①「アクティベーション・シンドローム」（不安感や焦燥感が強まり，衝動的な行動を起こしやすくなり，自殺の危険性が増大する），②「セロトニン症候群」（他の薬との飲み合わせが悪いと脳内のセロトニンが急増して，下痢，発熱，動悸，身体の震えなどが出現），③「離脱症状」（ＳＳＲＩを急にやめると眠気，めまい，悪夢等が出現）等が挙げられている。主治医とよく相談することが大切である。

表6-2には載っていないが，精神科病院では抗精神病薬を投与した場合，それと一緒に抗パーキンソン薬を投与する。この抗パーキンソン薬というのは，抗精神病薬の副作用であるパーキンソニズムに対抗するための薬であり，トリヘキシフェニジル（商品名はアーテン），プロメタジン（ピレチア・ヒベルナ），ビペリデン（アキネトン・タスモリン）等がある。

種類	一　般　名	商　品　名
抗うつ薬	ミルナシプラン（milnacipran）	トレドミン[*2]
	デュロキセチン（duloxetine）	サインバルタ[*2]
	ベンラファキシン（venlafaxine）	イフェクサーSR[*2]
	ミルタザピン（mirtazapine）	リフレックス[*3]・レメロン[*3]
抗躁薬	炭酸リチウム（lithium carbonate）	リーマス
抗てんかん薬	クロナゼパム（clonazepam）	ランドセン・リボトリール
	クロバザム（clobazam）	マイスタン
	ガバペンチン（gabapentin）	ガバペン
	フェノバルビタール（phenobarbital）	フェノバール
	プリミドン（primidone）	プリミドン
	フェニトイン（phenytoin）	アレビアチン・ヒダントール
	カルバマゼピン（carbamazepine）	テグレトール
	バルプロ酸ナトリウム（sodium valproate）	デパケン・バレリン
	ゾニサミド（zonisamide）	エクセグラン
	ラモトリギン（lamotrigine）	ラミクタール
	ルフィナミド（rufinamide）	イノベロン
	レベチラセタム（levetiracetam）	イーケプラ
睡眠薬	ゾルピデム（zolpidem）	マイスリー
	クアゼパム（quazepam）	ドラール
	ゾピクロン（zopiclone）	アモバン
	リルマザホン（rilmazafone）	リスミー
	トリアゾラム（triazolam）	ハルシオン
	ブロチゾラム（brotizolam）	レンドルミン
	フルニトラゼパム（flunitrazepam）	サイレース
	ロルメタゼパム（lormetazepam）	ロラメット・エバミール
	ニトラゼパム（nitrazepam）	ネルボン・ベンザリン
	エスタゾラム（estazolam）	ユーロジン
	ハロキサゾラム（haloxazolam）	ソメリン
	エスゾピクロン（eszopiclone）	ルネスタ
	ラメルテオン（ramelteon）	ロゼレム[*4]
	スボレキサント（suvorexant）	ベルソムラ[*5]
精神刺激薬	メチルフェニデート塩酸塩（methylphenidate hydrochloride）	リタリン[*6]・コンサータ[*7]
	モダフィニル（modafinil）	モディオダール
	ペモリン（pemoline）	ベタナミン
	アトモキセチン塩酸塩（atomoxetine hydrochloride）	ストラテラ[*7]

*1　SSRI（選択的セロトニン再取り込み阻害薬）
*2　SNRI（セロトニン・ノルアドレナリン再取り込み阻害薬）
*3　NaSSA（ノルアドレナリン作動性・特異的セロトニン作動性抗うつ薬）
*4　メラトニン受容体作動薬
*5　オレキシン受容体拮抗薬
*6　ナルコレプシー（居眠り病）の治療薬
*7　ADHDの治療薬

表6－2　向精神薬の種類

種類	一般名	商品名
抗精神病薬	クロルプロマジン（chlorpromazine）	コントミン・ウインタミン
	レボメプロマジン（levomepromazine）	ヒルナミン・レボトミン
	プロペリシアジン（propericiazine）	ニューレプチル
	ペルフェナジン（perphenazine）	ピーゼットシー
	ハロペリドール（haloperidol）	セレネース・ハロステン
	ブロムペリドール（bromperidol）	インプロメン
	スルピリド（sulpiride）	ドグマチール・アビリット
	モサプラミン（mosapramine）	クレミン
	オキシペルチン（oxypertine）	ホーリット
	ゾテピン（zotepin）	ロドピン
	リスペリドン（risperidon）	リスパダール
	パリペリドン（paliperidone）	インヴェカ
	オランザピン（olanzapine）	ジプレキサ
	クエチアピン（quetiapine）	セロクエル
	ペロスピロン（perospirone）	ルーラン
	ブロナンセリン（blonanserin）	ロナセン
	クロザピン（clozapine）	クロザリル
	アリピプラゾール（aripiprazole）	エビリファイ
抗不安薬	クロルジアゼポキシド（chlordiazepoxide）	バランス・コントール
	ジアゼパム（diazepam）	ホリゾン・セルシン
	オキサゾラム（oxazolam）	セレナール
	クロキサゾラム（cloxazolam）	セパゾン
	ブロマゼパム（bromazepam）	レキソタン
	ロラゼパム（lorazepam）	ワイパックス
	メキサゾラム（mexazolam）	メレックス
	アルプラゾラム（alprazolam）	コンスタン・ソラナックス
	ロフラゼプ酸エチル（ethyl loflazepate）	メイラックス
	クロチアゼパム（clotiazepam）	リーゼ
	エチゾラム（etizolam）	デパス
	フルタゾラム（flutazoram）	コレミナール
	タンドスピロン（tandospirone）	セディール
	ヒドロキシジン（hydroxyzine）	アタラックスP
抗うつ薬	イミプラミン（imipramine）	トフラニール・イミドール
	アミトリプチリン（amitripthyline）	トリプタノール
	クロミプラミン（chlomipramine）	アナフラニール
	アモキサピン（amoxapine）	アモキサン
	マプロチリン（maprotiline）	ルジオミール
	ミアンセリン（mianserine）	テトラミド
	セチプチリン（setiptiline）	テシプール
	トラゾドン（trazodone）	デジレル・レスリン
	フルボキサミン（fluvoxamine）	ルボックス[*1]・デプロメール[*1]
	パロキセチン（paroxetine）	パキシル[*1]・パキシル CR[*1]
	セルトラリン（sertraline）	ジェイゾロフト[*1]
	エスシタロプラム（escitalopram）	レクサプロ[*1]

種　類	内　　容	副　作　用
抗てんかん薬（antiepileptics）	投与される薬物はてんかん発作のタイプによって異なる。抗不安薬のジアゼパム，睡眠薬のニトラゼパム等は，抗てんかん薬としても用いられる。	発疹・発熱・眠気・めまい・肝障害等。薬剤ごとに注意が必要。例えばフェニトインでは，歯肉増殖や多毛の報告がある。抗てんかん薬では，妊娠初期（特に2か月目）には催奇形性に注意する。
睡眠薬（hypnotics）	毒性・身体的依存性の高いバルビツール酸系睡眠薬は近年ほとんど使用されない。ベンゾジアゼピン系睡眠薬は安全性が高いとされ多用されているが，近年その依存性や，離脱のむずかしさが指摘されている。抗精神病薬のクロルプロマジンやレボメプロマジン，抗不安薬のクロルジアゼポキサイド・ジアゼパム・ブロマゼパム・エチゾラム等も睡眠薬として用いられる。より安全性の高い睡眠薬として，新しい作用機序のメラトニン受容体作動薬やオレキシン受容体拮抗薬がある。	眠気・ふらつき・脱力感・倦怠感等。健忘を生じるものもある（トリアゾラム）。服薬の突然の中断によって，反跳性不眠や離脱症状（吐気や痙攣発作，せん妄等）が生じることがあるので，段階的な減薬が必要となる。
精神刺激薬（psychostimulants）	「神経刺激薬」「覚醒薬」とも言う。リタリンはナルコレプシーの治療に，コンサータとストラテラとインチュニブはADHDに対して用いられる*2。	食欲低下，頭痛，口渇等。ストラテラの長期服用では肝機能障害に注意。

*1　アクティベーション・シンドローム（賦活症候群）は，不安・焦燥感・パニック発作・アカシジア（静座不能：そわそわと動き回る）・躁状態・衝動性・敵意等。抗うつ薬の服用開始時や，抗うつ薬の増量に伴って出現する。

*2　リタリンとコンサータは中枢神経刺激薬であり，各々の管理委員会指定の講座を修了する等の条件をクリアした特定の医師・薬剤師のみが扱える。ちなみに，ストラテラとインチュニブは非中枢神経刺激薬である。

表6-3　精神科で使用される向精神薬の種類と内容と副作用

種　類	内　　容	副　作　用
抗精神病薬 (antipsychotics)	強力精神安定薬，神経遮断薬とも言う。主として統合失調症・非定型精神病・器質精神病に用いられる。一般に，幻覚・妄想を軽くする，精神運動興奮を鎮める，疎通性や接触性を高めるといった効果がある。クロルプロマジン等のフェノチアジン誘導体は，老人の夜間せん妄，認知症者の激しい興奮・徘徊・不眠等にも有効。近年，多剤併用から単剤処方への変更，定型抗精神病薬と非定型抗精神病薬の使い分けといった動きがある。	眠気・めまい・口の渇き・便秘等。薬原性の錐体外路症候群も生じやすい。身体が衰弱している状態での投薬は，悪性症候群（発熱・筋強剛・頻脈・発汗・意識障害等）が発現しやすくなる。てんかん・パーキンソン病・肝障害等の患者への投薬にも注意する。
抗不安薬 (antianxiety drugs)	緩和精神安定薬，抗神経症薬とも言う。抗不安作用・筋弛緩作用・催眠作用を有する。神経症・心身症・自律神経失調症に有効。統合失調症やうつ病における不安・緊張・いらいら感にも用いられる。	眠気・ふらつき・脱力感・注意力低下等。長期の服薬による依存や，急な断薬による反跳現象や離脱症状に注意する。
抗うつ薬 (antidepressants)	抗うつ薬は脳内の神経伝達物質のセロトニンやノルアドレナリンの量を増やして脳の活動を活発にする。三環系，四環系，SSRI，SNRI，NaSSAがある。	三環系・四環系抗うつ薬では，口の渇き，便秘，目のかすみ，起立性低血圧，頻脈等に注意。SSRIやSNRIでも口の渇きや便秘等の報告があるが副作用は比較的少ないとされている。NaSSAでは眠気・体重増加に注意。抗うつ薬の投与初期にはアクティベーション・シンドローム*1によって自殺傾向が高まることがあるので注意。急な断薬による離脱症状にも注意。
抗躁薬 (antimanic drugs)	気分安定薬・気分調整薬とも言う。抗てんかん薬のカルバマゼピンやバルプロ酸ナトリウムは抗躁薬としても用いられる。	炭酸リチウムでは，めまい・吐き気・下痢・手指のふるえ・多尿・体重増加・意欲の低下等。腎疾患や心疾患の患者には注意が必要。

〔注〕抗精神病薬の副作用として生じやすい錐体外路症候群には、①パーキンソニズム、②アカシジア、③ジストニア、④遅発性ジスキネジアがある。①は手指や四肢が震える、筋肉が硬くなって滑らかに動かないなど。②は苦悶様の表情で落ち着かない、体がむずむずして椅子から立ったり座ったりする、たえず足踏みするなど。③は四肢の筋肉が突っ張る、眼瞼が痙攣するなど。④は舌打ち、顔面筋のチック様運動、しかめ顔等の症状が見られる。

精神刺激薬について言えば、ADHD（注意欠如・多動症）に対して特に効果的であったリタリン（一般名はメチルフェニデート）はその依存性の強さのために現在ではナルコレプシーのみの適応に限られ、ADHD用にはリタリンの代わりに、①コンサータ（中枢神経刺激薬で一般名はリタリンと同じメチルフェニデート）、②ストラテラ（非中枢神経刺激薬で一般名はアトモキセチン）、③インチュニブ（非中枢神経刺激薬で一般名はグアンファシン塩酸塩）が用いられている。

それぞれの向精神薬の種類と内容と副作用は、表6-3に示した。副作用は、たとえそれが軽微なものであっても、クライアントにかなりの苦痛を、場合によればひどい苦痛を与えるものである。なかには、薬の副作用を病気の再発と間違えて絶望に陥り、自殺を企てるような人もいる。

副作用の様態は、個々の薬剤により、個々人の体質により、服用期間や量によってそれぞれ異なる。長期ないし大量に服薬すれば、それだけ副作用は激しくなる。急性中毒死や突然死等の報告も見られる。また、単独の薬だけならあまり問題ないが、その薬と他の薬とを組み合わせて処方すると強い副作用が生じる場合もある。なお、喫煙は薬の効き目を低下させるので、薬物療法中は禁煙が望ましい。アルコールの摂取は原則禁止される。例えば、アルコールと睡眠薬を一緒に用いると両者の持つ有害な作用が強まってしまい、記憶障害や異常行動が出現したりする。

一般的に言って、乳幼児・高齢者・妊婦・授乳婦、さらには心臓・肝臓・腎臓の障害を持つ人に向精神薬を投与する場合には注意が必要である。また、直接的な副作用ではないが、平山正実は「分裂病と自殺」（精神神経学雑誌　八二巻　一九八〇年　七六九―七八六）という論文において、「薬物の副作用としてあらわれる錐体外路症状や抑うつ症状、衝動性の亢進などによる心身の苦痛を回避する手段として、あるいは薬物による精神の治癒によって生じた病識の出現の結果として自殺が行なわれる可能性がある」と述べているが、これは大切な指摘であろう。

2　副作用についての留意点

向精神薬の副作用という場合、心理臨床家としては注意が必要である。クライアントが訴える精神的・身体的愁訴のうち、いったいどこまでが薬物と関係しており、どこまでが心理療法と関係しているのかを見分けるのはなかなかむずかしい。例えば、クライアントは「薬のせいで頭がぼけてしまった」と訴えるが、その裏には実は、「こんな面接ではますます焦点ぼけしてくる」という、セラピストへの不満が秘められているかもしれない。あるいは、「薬のせいでこうなった」というクライアントのインポテンツが、実は、面接が進展するにつれてクライアント自身自覚せざるをえなくなったクライアントの男性性欠如の身体象徴的表現であったりすることもある。

薬物に対する賞賛が主治医への依存と関係している場合もある。ある三十代の境界性パーソナリティ障害の女性クライアントは面接中何度も、「私は薬のおかげで治っています」とセラピストに強調した。あとになってわかったことであるが、彼女の言葉の真の意味は、「やさしく甘えさせてくれる主治医に比べて、セラピストはとても冷たい」というものであった。

めったにないことであるが、より強力な薬への切り替えがセラピスト側の逆転移にもとづいていることがある。例えば、あるクライアントが面接のたびごとにセラピストを激しく攻撃し、そのことでセラピストの自尊心がひどく傷つくようになった場合、セラピストはクライアントに対する無意識的な処罰として、効果も強いが副作用も強い薬物に切り替えてくれるよう主治医に依頼してしまう。この場合セラピストは、クライアントのとった「攻撃的行動」をセラピストに対する抗議としての行動であるとは考えないで、病気の増悪によるものだとみなしている。つまり、クライアントの病気が悪化したから、クライアントのためにより効果的な薬の助けを借りるのだという合理化が働いている。

向精神薬は、それがクライアントの自己認識機能を麻痺させるほどに大量に投与されることがなければ、心理療法の心強い味方となる。実際、以前なら手の施しようもなく、セラピスト側の限りない献身を必要とした統合失調症の場合でも、一九五二年のクロルプロマジンを筆頭とする抗精神病薬の発見と開発によって適切な援助関係がもてるようになった。何よりも長期的な展望にもとづいて心理療法を行えるようになったのである。もっともその反面、治療者がややもすれば薬物療法に依存して、その分、心理的な働きかけが減少するという危険性もある。

3　服薬についての留意点

心理臨床家として、副作用以外に留意すべきことがある。一つは、クライアントが自分勝手に服薬を中断してしまうことである。特に、精神科病院を退院した後に外来通院をしている統合失調症者の場合、服薬の急激な中断は、症状の再発や憎悪をもたらすことが少なくない（再発は服薬中断後、三か月から半年以内に生じやすい）。

クライアント本人ではなくて、家族のほうが服薬を中断させてしまうこともある。本人の様子から、もう病気は治ったのだから薬はいらないと家族が判断してしまう。あるいは、本人がしきりに副作用を訴えるので、家族が可哀想に思って中断してしまう。継続的な心理面接を行っていて、理解をこえるクライアントの急激な症状変化が見られたら、クライアントがひそかに服薬を中断したのではないかと考え、面接のなかでクライアントに確認してみることが大切である。

もう一つの留意点は、抑うつの強いクライアントが主治医から定期的に処方してもらっている向精神薬（抗うつ薬等）を密かに、それも大量にためこんでおき、それを用いて自殺をはかることである。本来ならクライアントの回復のための薬が、ここでは自己破壊の手段とされる。相手が抑うつ的なクライアントの場合、心理臨床家としては、自殺の危険性の評価を怠らないようにすることである。なお、自殺全般については、高橋祥友の『自殺の危険［第3版］――臨床的評価と危機介入』（金剛出版　二〇一四年）を参照されたい。

第4節　主治医ならびに医療スタッフとの連携

初心者の心理臨床家のなかには、主治医やその他のスタッフを一方的に攻撃したり、心理療法に対する理解のなさを嘆く人がいるかもしれない。しかし、精神科病院であれ、クリニックであれ、総合病院であれ、病院臨床は基本的にチーム治療である。心理臨床家としては、自分はあくまでもチームの一員であるという自覚に立って行動することが大切である。そして、対象が個人であれ、集団であれ、心理療法というものがクライアントにとって役に立つものであるということを地道に周囲にわからせていくことが必要となる。

さらにまた、主治医をはじめとする医療スタッフが、心理臨床家に対してどのようなことを期待しているのか、その期待に対して自分がどの程度のことができるのかといったことについて、たえず注意を払うことも大切となる。そのためには、折に触れて主治医たちと話し合ってみる。主治医や看護師が参加している研究会や事例検討会に積極的に参加してみる。その場合、ただ参加するだけでなく、自分が受け持ったクライアントに対してどのような働きかけを行ったのかということを進んで発表して、皆に検討してもらうのもよい。もしも皆で検討する場がなければ、心理臨床家のほうから提案して、検討の場を作ってもらうのもよい。大事なことは、面接室のなかで嘆いてばかりいないで、自分から積極的に周囲とのコミュニケーションをはかっていくことである。

心理臨床家にとって主治医は協同作業者であると共に、よき指導者でもある。時には厳しい批判者でもある。しかし、クライアントに役立つことをしたいという思いは共通している。援助の目的や方法をめぐって、たとえ意見が対立したとしても話し合いを重ねることによって一致点を見いだせることが少なくない。それに、もともと主治医は、自分とはひと味違った心理的なものの見方を提示してもらいたいという欲求を強く抱いているものである。

その他の留意点として、心理臨床家としては、①自分が行った心理療法の成果を他者に誇らないこと（クライアントの改善が医療スタッフの陰の力に支えられていることを忘れない）、②主治医からの面接の依頼ないし心理テストの依頼に対しては、できるだけ早く応じ、また、できるだけ早く結果の報告をすること、③主治医やその他のスタッフが個人的に抱えている厄介ごとに対しては、可能な限り相談にのってあげる（問題によっては適切な人を紹介してあげる）、といったことが大切となろう。

第7章　心理臨床家はクライアントからの質問にどう答えるか
――質問と応答例

第1節　質問への応答に関する留意点

心理臨床の初心者が職場に出て仕事を始めてみると、さまざまの困難な事態に対応せざるを得なくなる。そのような事態の一つとして、クライアントから出される質問にどのように応答したらよいかという課題がある。共感的に丁寧に聴く態度は身につけていても、突然に質問されて臨機応変に答えを編み出す訓練はほとんど受けていないであろう。初心者の多くは、質問が投げかけられるたびに戸惑い、どのように応答したらよいか迷い焦るかもしれない。傾聴訓練をしっかりと受けていればいるほど、「助言や指示は控えるように」という原則に縛られ、不自由な思いをしながら、あいまいな態度しかとれなかったりする。反対に、現場に慣れてくると、これまでの訓練の成果を放棄し、個人的感情を丸出しにしてしゃべり出し、心理療法の基本ルールから逸脱してゆく人もいる。こうした困惑や逸脱は、初任者の仕事への順応過程で多かれ少なかれ起こってくるわけで、その壁と真摯に向き合って、どう対処するか検討することが専門家としての成長につながると思われる。

心理療法やカウンセリングを勉強中の人から次のような質問を受けることがある。「一般的に言って、クライアントの質問には答えたほうがいいのですか。それとも答えないほうがいいのですか」と。それに対し、「一般論でお答えするのは難しいですね……」などと呟きながら、「ところであなた御自身は、普段どのようになさっていますか」とか、「もし具体的に困った例がありましたら、まずそれを聞かせてもらえませんか」と聞き返すことがある。いわゆる「質問によって答える（answering by question）」ことによって、質問者の文脈や意図を把握したうえで臨機応変に回答することにしている。

熟達した心理臨床家に「答えるか、答えないか」の問いを投げかけても一致した回答は得られないであろう。「（実務的な質問は別にして）質問には簡単には答えない」という指針もあれば、「質問されたら答えるべき」という指針もある。どちらの指針も間違ってはいないと思う。なぜなら、質問内容によって、クライアントの発達や病理によって、関係性によって、セラピストの性格特性によって、臨床家の取るべき態度は異なるからである。また依って立つ理論的オリエンテーションによっても、基本姿勢は変化するであろう。ただし、どのオリエンテーションに立とうとも、実務的な質問や心理療法の進め方に関する質問には、適切に答えて説明しなければならない。

1　インフォームド・コンセント、説明責任

医療や援助に関する倫理原則はこの四半世紀で大きく変わった。一九九〇年代以降セラピストは、十分な説明をしたうえで、クライアントから同意を取り付けて援助を行うことが倫理的な要請となった。つまり、インフォームド・コンセント（informed consent）の原則である。したがって、心理療法でもクライアントの理解と協力を得ながら進めていく。もし心理面接や援助に関して次のような質問をされたら心理臨床家は答える責任がある。「心理療法って何をするのですか」、「毎回、どれくらい料金がかかるのですか」、「こちらで認知行動療法をしてもらえるのですか」、「こちらの相談室に子どもが通うようになってから、家でわがままになったように思うのですが、どうなっているのでしょうか」、「いろいろな専門家に話を聞きたいので、他の所にも通ってもいいですか」――こうした質問に対しては、心理臨床家は自分なりの答えを準備しておかねばならない。心理療法はセ

ラピストの単独作業ではない。作業同盟の下に一緒に取り組む協働作業である。したがってクライアントという協働的パートナーが問題解決に取り組むうえで必要となる情報を提供するのは当たり前のことであろう。

2　質問と情報提供

クライアントからの質問と一口に言っても、質問にはいろいろな内容があり、その内容によって、答えられたり答えられなかったりする。例えば、「毎回、どれくらいの費用がかかるのですか」はすぐに答えられる。しかし、「面接を受けたら、どれくらいの期間で治るのでしょうか」の問いには簡単に答えられない。答えたらよい質問と答えられない質問に関して、東山は一般向けに書かれた本のなかで以下のように指摘している。

質問には二つの種類があります。一つは客観的なことで、誰が質問しても、誰が答えても回答が変わらない質問です。（中略）もう一つの種類の質問は質問した本人が考えなければ答えが出ないたぐいの内容です。

（東山紘久『プロカウンセラーの聞く技術』創元社　二〇〇〇年）

ロジャーズ派の東山はそう述べたうえで、「情報提供以外の助言は無効」であるとまで強調している。質問されても助言は簡単にはしないが、情報提供は適切に行うということである。共感的な傾聴を基軸にする対話心理療法であっても情報提供は有効な応答で、おたがいに矛盾するものではない。それに対して、「私はどの道を進むのが幸せに繋がるのでしょうか」と質問されても、心理臨床家はけっして答えられないだろう。クライアントの求めていることは心理臨床家にはわからない。クライアントだけが本当の答えを知りうる可能性を持っているのだから。心理臨床家の仕事は安易に答えを与えることではなく、クライアントの心に内在されている答えを効率的に探し出すための旅路に同行することである。

3　隠された意図の確認

質問には二種類あると述べたが、実際にはどちらとも判別できない中間の質問が多い。例えば、「失礼ですが、心理療法って私に本当に役立ちますか」と挑戦的に尋ねられたとしよう。きっと質問された臨床家は一瞬とまどうであろう。いわゆる科学的エビデンス云々を持ち出して、きっと役立ちますと論理的に説明して相手の理解を得ようとするであろうか。

心理臨床家としては、質問の意図がはっきりしない以上、まず質問の背後に潜んでいるクライアントの気持ちを尋ねてみることである。いくつかの応答の仕方をあげておこう。「本当に役に立つのかどうか、何か信じられないお気持ちですか」、「心理療法について心配しておられるようですが、もう少しお気持ちを話していただけませんか」、「心理療法と違う何か他の治療法を期待しておられましたか」、「以前に心理療法を受けたと初診で話されていますが、そこでの経験ではどうでしたか」などと尋ねてから、クライアントの心配や思い込みを把握したうえで、その場に相応しい応答を生み出していくことになろう。

いったん質問に答えた後で、その意図を確認する手もある。あるクライアントが「心理療法って私の過去をいろいろと話さないといけないのですか」と初回面接で尋ねてきた。セラピストは質問の意図をはかりかねたが、〈そうですね、Aさんのことを理解するために、話せる範囲で話していただけると役に立つかと思います〉と答えたうえで、〈ところで、あなたが過去の話をするのかどうか尋ねたくなったのは、どんなことが気になったからですか〉と確認したところ、そのセラピストの確認の問いが誘い水になって、クライアントの隠されてきた想いが表出された。

この場合のように、本当はクライアントの側で何か話したいことがあり、話すための導入としてセラピストに質問をしてくることも少なくない。そのようなときには、直接答える代わりに「あなたはどんなふうにお考えですか」と尋ねてみる。すると「よく尋ねてくれた」と言わんばかりに言いたかったことが語られるので，耳を傾ければよい。さらに別の場合には，セラピストへの問いかけというより，クライアント自身の迷いの表明ないしは自問が質問という形をとってなされることもある。この種の質問は直感的にわかるので，クライアントの質問に黙って耳を傾けて，必要に応じて気持ちのリフレクションや葛藤を明確化するのが適切な応答となろう。要するに，質問には簡単に答えるのでなく，質問意図の吟味を通じて，クライアントの語りたい本音にたどりつくと言えよう。

4　発達水準と病態水準による対応の修正

クライアントのライフステージによって，質問の仕方や頻度が異なる傾向がある。スクールカウンセリングなどでは，生徒が困っていることを話して，「どうしたらいいですか」と直截に尋ねてくるかもしれない。そんな生徒の相談を中断させずに，問題解決への道を同行するのはなかなか難しい。また，子どもへの対応の仕方を相談に来ている親の面接では，心理臨床家にいろいろと質問してくるのが定番であろう。子育ての経験と想像力も必要になるので，独身の若い頃には親面接に苦慮する人が多い。中年の成人では遠慮が少なくなるせいか，疑問があれば質問を次々と投げかけ，丁寧に答えていると一問一答の落とし穴に陥る危険性もある。だから，クライアントにコミュニケーションの主導権を返す工夫がいる。

クライアントの問題像や特性によっても，質問への対応の仕方を工夫しなければならない。精神病水準や神経発達症群（自閉スペクトラム症等）が疑われるクライアントに対しては，神経症水準の人とは異なる答え方，説明の仕方が必要となる。知的に高い神経症水準の人は，抽象的な示唆を与えたり，比喩で説明したりしても，想像力を働かせて受け止める力がある。しかし，神経発達症群の人に抽象的な示唆やあいまいな譬えで説明しても，文脈の把握が不得意なので「文字通りの意味」に解されてしまいがちである。また統合失調症の人の場合，あいまいな助言がクライアントの幻覚・妄想的な意味文脈に沿って病的に解釈されてしまいがちである。ことに陽性症状が活性化している急性期では、セラピスト側の抽象的で迷いのある応答は、クライアントにとって意図不明の発言となり、迫害的なメッセージとして患者の妄想世界を構築する素材として取り込まれがちである。もし答えたり助言したりするなら、シンプルに具体的に助言することである。

また、強迫性障害のある人は確認強迫や質問癖が顕在化しがちである。強迫的なパーソナリティのクライアントが、セラピストにたたみかけるように確認を求め、質問を繰り返す場合がある。セラピストが考えて回答しても、すぐに別の方向から質問してくる。そして臨床家もクライアントの不安と質問攻めに巻き込まれそうになる。そうなると、いかに質問に答えるかの問題を越えて、質問強迫に対する治療的な戦略を検討することに迫られるであろう。

5　専門性と限界の認識

最後に、心理臨床家としての専門性と限界の認識という問題に触れておかなければならない。普通、クライアントから質問を受けると、何か答えなければいけないような気持ちになるものである。ことに、クライアントの深い問題ではなく客観的な情報を求められると、つい生半可な一般常識によって答えてしまいがちである。しかし、もし尋ねられた内容が心理臨床家としての専門性を超える問題であったり、あるいは専門に関することであっても生半可な知識しか持っていないときには、「残念ながらそのことについてはよくわかりません」とか、「記憶があいまいなので、次回までに調べておきましょう」といったふうに、セラピスト自身には答えられないことを率直に伝えなければならない。例えば、薬物に関すること、法律上の諸問題、身体的な病気に関することなどである。

ところが、実情をみると心理臨床の初心者や、訓練を受けていない自称カウンセラーの人たちのなかには、専門外の知識を誇示する人も少なくないように感じる。経験の少なさを補うように背伸びをして、聞きかじりの医学用語を用いて自分を権威づけようとしたり、反対に誰でも言えるような常識的意見を話したりして凌いでしまいがちである。心理臨床家が自分の博識ぶりや優位を示しても、決して援助的なものにはならない。誠実な専門家とは、自分に何ができて、何ができないのかをよく自覚し、できることは責任を持ってなし、できないことはできる人に相談し、託せる人である。

第２節　質問と応答例

誰が、どのような文脈の下に、どのような質問をするかによって、心理臨床家の答え方は多彩に変化するであろう。ここでは日常臨床での個別カウンセリングを念頭において、応答の具体例を示してみた。ここに示した応答例を一つの参照枠として利用し、そのうえで自分なりの応答の仕方を考え出していただきたい。また、読者がまず「自分ならどう答えるか」を考えたうえで、回答例をお読みいただくと訓練になるであろう。

１　「臨床心理士（心理師）って何をする人ですか。お医者さんとは違うのですか」

臨床心理士（心理師）が働いている職場によって仕事内容はかなり違ってきますが、基本的には、クライアント（患者さん）のお話をしっかりと聴いて、その方にあった問題解決を探りながら相談を進めていく役割です。必要な場合には、心理検査をしたり、専門的なカウンセリングや援助プログラムを提供したりします。

もちろんお医者さん（医師）とは違います。医師のように、病気の診断をしたり、お薬を処方したり、病気自体の治療をしたりはできません。

2　「主治医（ないし担任教師）に「あなたはカウンセリングを受けたほうがよい」と言われたので来ましたが、カウンセリングって何をするのですか」

〈先生はどんなふうに説明されましたか〉――「○○○○と言われました」。なるほど、そうおっしゃったのですね。（さらにクライアントの思いや期待を尋ねてもよい。）

簡単に言うと「お話し療法」ですね。カウンセリング（心理療法）は、来られた方のお話を具体的に伺いながら、自分への理解を深めたり、問題解決への道を一緒に探したりしていく方法です。とにかく定期的にお会いして、一緒に考えながら相談を進めていくことになります。

〔解説〕　他人から強く勧められて来たような場合、クライアントの気持ちを十分に聴かないで一方的に情報提供すると、クライアントのための援助者というより、主治医や教師と結託して自分をコントロールしようとしている人間の一人だと疑われる危険性がある。「それであなたはどう思いますか。私としてはせっかくお会いしたので、ぜひ○○さんの味方になれればと思いますが、どうですか」と投げかけて、相手の反応を待てばよいだろう。

3　「プレイセラピー（遊戯療法）とは何ですか。子どもが家や近所で遊ぶのとどこが違うのですか」

普段の遊びは楽しく遊ぶことが目的ですが、プレイセラピーでの遊びは子どもが気持ちを表現する手段だと考えています。子どものカウンセラーであるセラピストの役割も大きいと思います。セラピストと一緒に遊んだり、お話したりすることで、子どもが安心して素直な自分を表現できるようになることを目指します。ここに通ってきていただいているうちに、少しずつ心が成長して、結果として問題が減っていくはずです。

4 「いろいろとネットで情報を調べていて認知行動療法が有効だと書いてあったのですが、こちらの相談室（クリニック）では認知行動療法をやってもらえるのでしょうか」

ネットで調べられたのですね。どんなことが書いてありましたか。――「いや、よく覚えていません」。なるほど、ではあなたがどんなことでカウンセリングを受けたいと考えておられるのか、ご相談の内容をまずお話しいただけますか。そのうえで当相談室において、どのような援助を提供できるか、簡単に説明したいと思います。

〔解説〕　昭和のころは、「こちらで精神分析をやってもらえますか」と尋ねられたが、今日では「こちらで認知行動療法をやってもらえますか」と尋ねてくるクライアントも目立つようになった。どんな治療的オリエンテーションもけっして万能ではなく、得意な問題領域（適応症）と得意ではない問題領域がある。まずクライアントの訴えやニーズを確認して、それに対応できる治療的オリエンテーションを提案するのが理想であろう。もし自分の相談室で対応できないと判断すれば、適切な専門施設にリファーするのも一つである。

5 「この場で話したことは外の人にもれませんか。秘密にしていただけるのですか」

ここで話された内容を外部の人に伝えることはけっしてありません。守秘義務は守りますからご安心ください。もしも外部の人（会社の上司や学校関係者）と連携を取る必要が生じた場合は、事前にあなたに連絡してご相談しますから大丈夫ですよ。

〔解説〕　秘密保持は重要な職業倫理である。ただし、支援チームのスタッフ間ではクライアント情報が必要に応じて共有される。それ以外の第三者に話すことは禁止されている。もし他者との面談が必要な場合は本人の了解をとる。ただし、自傷他害の危険性が高い場合は例外で、家族や他のスタッフに情報提供してクライアントを一緒に守る必要がある。

6　「(上司や担任等からの専門機関への電話で)　お世話になっていますAさんはどんな様子ですか。今度伺いますので、私たちの対応の仕方を教えてもらえませんか」

ご連絡ありがとうございます。この件をAさんは知っておられますか。ご存じないようでしたらAさんに了解を取っていただいて、そのうえでお会いしたいと思います。

〔解説〕　会社の上司や担任の先生など、身近な関係者からアクセスがあることは少なくない。クライエント本人の了解が得られれば、お会いして再登校後（復職後）のサポートをお願いする機会として上手に利用すればよい。

7　「実は、他の所でもカウンセリングを受けているのですが、先生の所でも治療をしていただけませんか」

ここに来られることを、今の先生に話されましたか。――「いいえ、内緒で来ました」。今のカウンセリングがあなたに合わなくて、こちらに来たいとお考えでしたら、まずその先生と十分話しあってみてください。カウンセリングを二本立てでやっていくと、「船頭多くして船、山に登る」との諺のように、かえって混乱することが多いですから。

〔解説〕　カウンセリングを継続中のクライアントが別のセラピストを求めて訪れることは比較的よくみられる。それも初めは、面接を受けていることについて触れず、以前受けた相談歴について尋ねていくと、ようやく話す人もある。理由は、セラピストとの相性が悪い、あるいは長く通っているのに治らない、と説明する人が多い。現セラピストへの陰性感情を表明しがちであるが、その感情に巻き込まれずに現セラピストにいったん差し戻すのが原則である。

8　「面接時間に遅れてしまってすみません。相談時間を延ばしてもらえますか」

（特別な事情がない限り）申し訳ないですが、後の時間も予約が入っていますので、お約束の相談時間内でお願いします。

〔解説〕　契約時に遅刻に関する取り決めがある場合はそのルールを説明する。心理療法の基本ルールでは約束時間の突然の変更は原則としてできない。もし残りが二十分間なら、二十分間で終了することを告げてからセッションに入る。もちろん、クライアント側の特別な事情があり、職場の事情も許せば、臨機応変に判断がなされてもよいと思う。

9　「ここで話をするのは窮屈ですし、一度、外でお食事でもしながらゆっくり御相談させていただけませんか」

残念ながら、それはできないことになっています。それに他の場だと相談に専念できませんから。（そのうえで申し出の隠された意図を確認し、クライアント理解に資すること。）

〔解説〕　右の質問と似ているものとして、思春期の子どもが映画を一緒に見たいとか、成人でお酒を飲みながらゆっくり話したいといった誘いがあげられる。相談室外で親しくなることは面接目的から逸脱するので、右のように簡単に説明をして上手に断るのがよい。クライアントとセラピストは基本的に平等ではあるが、役割上の境界は崩してはならない。

10　「拝み屋さんに行って拝んでもらったら、私の問題は先祖の霊が迷っていると言われました。先生はどう思われますか」

ああそうですか。よく拝み屋（祈禱師）さんの所にお行きになるのですか。――「はい、ときどき、苦しいときの神だのみで」。不安になると何かに支えられたいという感じでしょうかね。私には、先祖の霊のことはよくわかりませんが、そんなこともあるかもしれませんね。今回、拝んでもらって、あなたはどんな風に感じられましたか。

〔解説〕　心理臨床の活動のなかに、民間信仰など宗教活動の影響を排除することは不可能に近いだろう。心理臨床家のなかには、私たちの活動が科学的なものであるためには、これら民間信仰やその他の宗教的なものは断固として排除すべきだ、と考える人も多い。しかし、それはあまり意味がないのではないかと思う。むしろ、ある面では協力しあってやってもよいし、やっていくべきではないだろうか。心の支えをクライアントは何によって得てもよい。また心理療法やカウンセリングへの導入（の話題）はどのようなところから始まってもよい（ただしカルト教団の場合は別の対応やプログラムが必要になる）。

11　「私のような悩みをもっている人は他にもいますか」

ええ、いらっしゃいます。もちろん、人間の性格が皆違うように、まったく同じというわけではありませんが、似たような悩みをかかえておられて、それを克服するために努力しつづけている方はたくさんいらっしゃいます。このような心の苦しみは本当につらいことですが、決してあなただけの特別なことではなく、人間としての苦しみだと思います。

〔解説〕　苦悩している人は孤独である。自分だけが辛い思いをしていると感じているかもしれない。そんなときに似た体験を聴くと幾分かは安心する。精神分析的な自己心理学の用語に「双子（自己対象）転移」という概念があるが、平易に述べると、「自分と同類の他者を確認したいという欲求」が人には存在していると仮定している。上記の質問はそのような欲求の反映と考えるとよくわかる。

12　「私の悩みを自分だけで克服することはできませんか」

それができれば一番いいのですね。これまで努力なさってきて、いかがでしたか。自分の問題というのはあまりにも身近なので、客観的に理解することがなかなかできないものですし、独りで考えていると、堂々めぐりするだけで、空まわりに終ってしまうことも多いのではないですか。まずは、カウンセラーと一緒に出口を探したほうが、早く解決への道が見つかると思います。もう一つ付け加えるなら、ここで取り組んだ方法を身につけていただければ、ある程度改善した後はご自分の力だけでやっていけると思いますよ。

〔解説〕　心理療法の基本的な考えの一つに自己治療を目指すことがある。例えば、力動的・精神分析的なアプローチなら自己分析のやり方を身につけて自己理解を深めていく。認知行動療法も自らホームワークをやりながら進めるセルフヘルプのアプローチである。

13　「先生！　私が心理療法を受けることで、本当によくなると思っておられますか」

よくなりたい、なんとかしたいと願っておられるのですね。からだの病気はお医者さまが治してくれますが、心の問題は二人で協力して頑張るしかありません。あなたもご自身のいわば治療者です。二人で協働して取り組んでいけばきっと道が拓けると、私は信じています。

〔解説〕　この種の質問は、セラピストへの挑戦的意味合いを持ち、答えづらいものである。安易な保証を与えたり、元気づけるために根拠なく楽観的な見通しを伝えたりするのは、セラピストとして誠実な態度ではない。むしろ協働的パートナーとしてのクライアントの潜在力を引き出すようにして取り組んでほしい。

14　「心理療法を始めてから治るまでにどのくらいかかるものですか」

実際にやってみないとわかりません。現実的なストレスや葛藤なら、数回で解決の糸口を見いだせるかもしれませんが、何年も悩んでこられた葛藤なら回復にも時間が必要かと思います。期間についてのご質問をされたのは何が気になっておられるからでしょうか……。

〔解説〕　一般的に言って、精神分析的な心理療法はじっくりと時間をかけて取り組みがちであるし、ブリーフセラピーなら謳い文句通り短期解決を目指すであろう。しかし、誰しも「実際にやってみないとわからない」のが本音である。心理療法の回数や期間は、どんな主訴や課題を抱えているのか、面接目標をどこに設定するのか、得意とする治療的オリエンテーションは何か、などによって大きく左右される。もし限定された期日で援助しなければならないのなら、その要望に合わせて、やれることをやる、やれるところまでやるしかない。

15　「最近またちょっと落ち込んでいるのですが、治療していてもよくなったり悪くなったりすることがあるのですか」

ええ、よくありますね。一直線によくなっていくというよりも、少しよくなったかと思うと、一時悪くなって、それを克服すると再びよくなって、というふうに波があるものです。それの過程を二人でよく観察しながらしんぼう強く克服していくことによって、徐々に、上向きになっていくというか、元気になっていくと思います。

〔解説〕　最初だけ少し改善して、しばらくすると逆戻りすることは起こりがちである。「治療的退行」といって前進のための退行が起こっている場合もあろうし、新しく学んだことが定着（汎化）していない場合もあろう。また、新しいストレッサーのためにせっかくの回復傾向が逆戻りすることもある。喩えれば三寒四温の日々を経て暖かくなっていく。

16　「（大切な人を突然に亡くした場合）先生、まるで悲しみのブラックホールに吸い込まれるようです。一日中、○○（故人）のことばかり考えていて、気持ちが変になりそうです。友人は「時間が解決してくれる」と言うのですが、この辛さ、悲しさは乗り越えられるのでしょうか」

大切な人を亡くした悲しみは経験した人でないとわからない辛さに襲われますね。同じような経験をした人たちの話では、悲しみを乗り越えると言うよりも、亡くなった方がいない生活に少しずつ慣れていくという感覚のようです。そもそも「悲しみ」とは愛していることと裏表の関係ですから、故人への愛が消えることがないように、悲しみも消えないと思います。ただ、ここで気持ちを話されているうちに、今の耐えがたい「辛さ」は少しずつ和らいでいくと信じています。

〔解説〕遺族の人たちはモーニングワーク（喪の仕事）と呼ばれる心理的な対処を懸命に行いながら、周囲の対人関係に支えられて、日々の生活に気持ちを向け、新しい生活に「適応」していくはずである。悲嘆学では回復という用語より（再）適応という用語がよく使われる。なお、喪失と悲嘆に関しては、山本力の『喪失と悲嘆の心理臨床学――様態モデルとモーニングワーク』（誠信書房　二〇一四年）を参照されたい。

17 「次の面接まで待ちきれないときなど、ときどき電話でお話をしてもいいですか」

電話は面接の予約やキャンセルをなさる場合か、緊急事態が発生した場合だけです。それ以外は次の面接まで待ってください。待ちながら自分で考えることも、きっとあなたにとって役立つはずですから、そうしてみてください。

〔解説〕電話での接触は最小限にとどめておいたほうがよい。かけたいときにはいつでもかけていいですよと制限しないでおくと、クライアントによってはセラピストの職場であれ自宅であれ、頻回に長期間にわたって電話をかけてくる場合がある。セラピストの限界を超えた無理な約束や善意はいずれ破綻し、クライアントを裏切ることになる。したがって、急な時間変更やキャンセルの連絡は別として、むやみに電話で接触するのは避けたほうが双方にとってよいだろう。ただし、緊急の事態が発生し危機介入が必要な場合には、電話は大切なコミュニケーションの手段となる。例えば、自殺傾向の強まっているクライアントには、セラピストのほうから「死にたいという感情が強まって危険だと感じたら、ここに電話をしてください」と積極的に指示しなければならないこともある。そのうえで臨時の面接を設けるといった対応策をとることもあろう。また家から外に出られず、引きこもっているクライアントと接触を保つ必要のあるときや、セラピストが長期の休暇をとる際などには、あらかじめ日時を決めて、定期的に電話カウンセリングをすることは、治療上の補助手段として有効である。

18「先日、不思議な夢を見たのですが、先生にお話したほうがいいですか」

ええ、印象的な夢を見たらぜひ報告してください。夢というのは、心の深い所で感じていることが、睡眠中に意識に上ってきたものです。いわば、心と身体からのメッセージですね。一見、それは奇妙で意味が通じないように思えることもしばしばですが、ゆっくり考えていくと、自分の心の中で起こっていることが、いろいろな形で表現されていることに気づきます。ですから、夢も自分のことを考えてゆく材料としてきっと役に立つと思いますよ。

〔解説〕　夢分析の方法を修得していない臨床家であっても、クライエントの夢が報告された場合には、他の話題と同じように聞いておくと役立つことが多い。ただ、初心者の場合、夢に対するコメントは直接的には行わず、感動して聴いているだけでもよい。そして、「この夢についてどう思われますか」と印象を尋ねてみると、さらに興味深い資料が得られるだろう。なお、夢分析については、鑪幹八郎の『夢分析の実際』（創元社　一九七九年）や名島潤慈の『臨床場面における夢の利用——能動的夢分析』（誠信書房　二〇〇三年）を参照されたい。

19「先生のご経験でいうと、こんなことをどう思われますか。先生なら、こんな場合どうされますか。（このように、セラピストの個人的な経験や意見を質問された場合）」

自分の判断の拠り所がほしい感じでしょうか。ぴったりした経験があるとよいのですが、経験した人によって、状況によって違うので、なんとも言えませんね。あなたに相応しい方法はあなたしか決められません。あなたの葛藤なり、迷いをもう少し話していただけますか。

〔解説〕　普段の友人間の相談の場合には，自分の個人的な経験談を話して応えようとすることが多い。相談を受けた人の心の中には，自分の体験を役立ててほしいという意図によることもあれば，秘密の返報性といって，相手の秘密を知ると自分も似た秘密を話さないといけないような気分になって，そうすることもある。しかし，専門的な援助関係では，臨床家自身の体験を述べることは控え目にしたほうがよい。心理療法はセラピストとは異なるクライアント独自の葛藤や想いを解決することを目指しているのであるから，セラピスト自身の体験談はほとんど役に立たないものである。もし自分のことを話したい欲求が出てきた場合には，臨床家側の欲求充足かもしれないと考えて吟味することを勧めたい。つまり，面接後に，「どういう面接状況のなかで，なぜ自分のことをしゃべりたくなったのだろう」と自らに問いを発してみることが，その後の面接を進めていくうえで役立つであろう。

20 「失礼ですが，先生はおいくつですか。結婚しておられますか。（このように，治療者の個人的な事柄を質問された場合）」

私の年齢が気になりますか――「ハイ」――何が気になっているか，お話しいただけませんか。

〔解説〕　クライアントがセラピストの個人的な事柄について質問してくることは案外多くみられる。セラピストとしては一瞬応答に窮するであろう。ことに若いセラピストは，個人的な質問を投げかけられやすい。また，面接の初期にセラピストの正体を知ろうとしていろいろなことを尋ねてくる人もいる。よく出る質問内容としては，年齢・結婚の有無・子どもの有無・出身地・経歴に関する事柄，クライエントと同じような経験があるかどうか，などがある。これらの質問にどう応答するかはかなりむずかしい。

力動的な心理療法の訓練を受けたセラピストなら，鏡としてのセラピスト（分析的中立性）を維持しようと心がけるので，個人的な属性を話すことにはブレーキがかかる。他の治療的オリエンテーションでもセラピストの不必要な自己開示は控えるであろう。しかしながら機械的に「お答えできません」と断ると、クライアントには拒絶的に受け取られやすい。文脈から判断して、問題がないと感じられれば、あっさりと簡潔に伝えればよいだろう。そして、質問された場合の定石である「質問したくなった理由」を確認しておくとよい。

また、セラピストへの個人的質問は、セラピストに対するクライアントのイメージや態度を理解するうえで、重要な鍵になることが多い。つまり、クライアントがセラピストをどんなふうにみているか、どんな人として心に映っているか、あるいはどんな治療関係が生じているか、ということを吟味する機会でもある。簡単な実例を挙げてみよう。

【例１】　クライアントは十八歳の高校生男子で、強迫的傾向が強い（来＝クライアント、治＝セラピスト）。

来「先生の誕生日はいつですか」

治「どうして誕生日のことが知りたいのですか」

来「いや……ちょっと……（沈黙）。星座のことが知りたくて」

治「星座というと……」

来「星座で、どんな性格とかわかる占いがあるでしょう。それで、先生がどんな人か確かめたいから」

治「そうなの、どんな人みたいですか」

来「それがよくわからないから……。何でも知っている人じゃないかと。ぜひ教えてください」

治（話す必要があるかどうか少し考えた後）「〇月〇日ですよ」

来「へー、やっぱりそうですか。思っていたのとぴったりです」

治「そうですか。どんなふうにぴったり……」

来「うーんと、落ち着いていてて、何でも知っていて成功するタイプで、迷うこともなくて、それから人のことがよくわかって……、今はよく覚えてないですけど」

治「いいことばかりで、まるで神様みたいですね」

来「そうそう……、うちの親と反対というか……」

【例2】クライアントは、四十五歳の母親で、息子の問題で来談（初回面接の冒頭）。

来「先生は、お子さんがいらっしゃいますか」

治「いないですが……。どうしてですか」

来「いらっしゃらなければ、わからないでしょうね。先生はお若いし」

治「うーん、なるほど。でも、できる限り理解してみたいので、詳しくお話していただけますか」

来「いいえ、母親の苦労はやってみないとわかりません。説明するといってもあれですが、子どもの教育やしつけは理屈じゃありません。私は四人も子どもを育ててきましたから、よくわかりますよ……」

例1の場合には、セラピストを理想化し、現実の親とは異なる、心の中で希求する「親なるもの」あるいは「理想的な自己像」を投影して語っていることが理解できてくるので、重要な治療的仮説として活かしてゆけるであろう。また、例2の場合は、若いセラピストに向けられやすい質問である。セラピストに対する疑惑と抵抗、さらに息子に対する否定的感情の転移的な再現とみることができるかもしれない。また、この母親の来談動機が子どもの問題そのものを理解し解決したいというよりも、母親としての自分の気持ちを経験的にわかってもらえる人を強く期待していることに、力点があることがわかる。したがって、最初からこのような問題が生じ、セラピスト側の逆転移感情も相当ゆさぶられる場合には、初期面接の段階でクライアントの期持する別のカウンセラーに紹介し直すべきかどうかも十分考慮に入れて面接を進める必要があるだろう。

心理臨床に関して「百パーセント正しい答え」などない。ダイナミックな関係性のなかで、少しでもクライアントに役立つ情報や示唆を個々の心理臨床家が発見して伝えるしかない。そのための留意点と叩き台を本章で示したものである。

第8章　社会資源の活用

私たちが住んでいる地域のなかには、いろいろな病や障害を持ついろいろな年齢の人たちに対して支援活動を行っているいろいろな治療・相談・援助機関ならびにセルフヘルプグループ（自助グループ）がある。これらの社会資源と連携したり、クライアントやクライアントの家族に適切な社会資源を紹介したりすることは、心理臨床家の大切な仕事となる。本章では、地域内のいろいろな機関とその利用について述べたい。

第1節　主に高齢者の場合

高齢者（六十五歳以上）についての相談は、ブランチやサブ・センターも併せると全国に七千以上設置されている「地域包括支援センター」が利用できる。この地域包括支援センターでは社会福祉士・保健師・主任ケアマネジャー（主任介護支援専門員）が、高齢者に関する全般的相談、介護保険や成年後見制度についての相談、高齢者の虐待防止、介護予防のためのケアプランの作成等を行っている。

成年後見制度は、認知症・知的発達症・精神障害等によって判断能力が不十分となっている人（高齢者を含む）を法律で保護する制度であり、法定後見制度と任意後見制度の二つがある。前者は、家庭裁判所が「成年後見人」（判断能力が常に欠けている人が対象）や「保佐人」（判断能力が著しく不十分な人が対象）や「補助人」（判断能力が十分でない人が対象）を選び、彼らが本人に代わって財産の管理や介護の手配をするという制度である。後者は、本人が予め結んでおいた任意後見契約に基づいて、本人の判断能力が低下したときに任意後見人が本人を助ける制度である。成年後見制度についての相談窓口は地域包括支援センターの他、社会福祉協議会、家庭裁判所、弁護士会、「公益社団法人 成年後見センター・リーガルサポート」などがある。近年、親族の後見人による不正（財産の勝手な使い込み）が非常に増えたこともあって、家庭裁判所は二〇一二年度から開始された「後見制度支援信託」を勧めている。

老人福祉法による老人福祉施設としては、「特別養護老人ホーム」「養護老人ホーム」「軽費老人ホーム」「老人短期入所施設」「老人デイサービスセンター」「老人福祉センター」「老人介護支援センター」がある。最初の特別養護老人ホームは、常に介護が必要な六十五歳以上の老人のためのもので、全国に約九千五百ある。介護保険施設であり、利用料金は安い。入居者は認知症の人が多い。特別養護老人ホームには要介護1と2の高齢者は入居できないが、認知症がある場合には例外となる。

認知症者は高齢化の進行と共に増加していき、二〇二五年には七百万人になるだろうと言われている。厚生労働省が推奨する「認知症サポーター養成講座」の受講者が全国で八百五十万人を超えているほど社会的な関心は高い。

〔注〕　認知症はいろいろな病気で脳の働きが低下し、物忘れがひどくなったり、夜中に徘徊したり、喜怒哀楽がなくなったり、目の前にいる人（家族）が誰なのかわからなくなったりする。意識障害はない。高齢者の認知症の約七割を占めるアルツハイマー型認知症では、ひどい物忘れや物盗られ妄想があったり、お釣りの計算ができなくなったりする。多発性脳梗塞や脳出血による脳血管性認知症では、体の麻痺や言葉の障害、感情の揺れなど。レビー小体型認知症では幻視（部屋の隅に知らない人が立っている等）が多く、パーキンソン症状がある。なお、認知症には六十五歳未満で発症する若年性認知症もある（原因は脳梗塞・脳出血・頭部外傷等）。認知症を判別する検査には、ＭＭＳＥ（ミニ・メンタル・ステイト検査）やＨＤＳ-Ｒ（改訂長谷川式簡易知能評価スケール）

がある。

家族や本人がどうもおかしいと感じたら、地域包括支援センターに相談したり、都道府県ならびに政令指定都市によって「認知症疾患医療センター」として指定された医療機関（病院等）が全国に三百以上もあるので、そこに行って診てもらう。そして、認知症という診断が確定したら、医師と相談しながら介護の準備をする。

高齢の運転手の場合、交通死亡事故を起こす確率が高くなる。現在、七十五歳以上の老人は運転免許の更新時に認知機能検査を受け、その結果「第一分類（認知症の恐れがある）」に該当した場合には、交通違反の有無にかかわらず医師の診察を受けなければならない。そして、医師から認知症と診断された場合には、運転免許は停止ないし取り消しとなる。七十五歳未満や運転免許の更新時以外で認知症などの不安を抱いた本人や家族は、運転免許センターなどに置かれている「運転適性相談窓口」に相談してみるとよい。

一般に高齢者の場合、心理的虐待（暴言や嘲笑）、介護や世話の放棄、身体的虐待（暴行）、性的虐待を受けやすい。特に後期高齢者（七十五歳以上）はそうであり、そのうちの半数は認知症である。高齢者を虐待する人は高齢者本人の息子や息子の嫁、配偶者、要介護施設の従事者等である。地域住民・要介護施設の従事者・医師・保健師等が高齢者虐待を発見したときには、地域包括支援センター、市役所の高齢福祉係等に知らせなければならない（「高齢者虐待の防止、高齢者の養護者に対する支援等に関する法律」より）。

一人暮らしの老人や昼間一人きりでいる老人の場合、高額な羽毛布団や健康食品や浄水器、金融商品（未公開株等）、土地といったものの訪問販売の餌食になりやすい。勧誘に負けて高額なものをつい買ってしまった場合には、県や市の「消費生活センター」（消費者センター）にいる消費生活相談員（経済企画庁の認定資格）が相談にのってくれよう。

第２節　主に青年・成人の場合

ごく一般的な治療・相談機関としては、総合病院や大学病院の精神科、精神科クリニックないし心療内科クリニック、精神科病院がある。これらの機関には、心理臨床家が非常勤ないし常勤のカウンセラーとして勤務しているところがある。そのようなところでは、医師の診察・薬物療法と同時にカウンセリングも受けられる。

精神科に行きにくい場合、各都道府県に設置されている「精神保健福祉センター」がある。全国に六十九か所ある精神保健福祉センターは、夫婦のいさかいから精神病に至るまで、年齢的には子どもから老人まで幅広い対象を扱い、地域のよろず相談所的な性格を有している。スタッフも精神科医（所長）・心理臨床家（臨床心理士）・保健師・精神保健福祉士（精神科ソーシャルワーカー）と多彩である。電話相談や面接相談だけでなく、学校関係者へのコンサルテーションも行っている。統合失調症者を対象とするデイケア、アルコール使用障害者を対象とする断酒会、統合失調症者やうつ病者の家族を対象とする家族教室、大切な人に自殺で死なれた遺族を対象とする自死遺族のつどい等も行っている。必要に応じて、他の適切な治療・相談機関や自助グループも紹介してくれる。また、精神保健福祉センターには近年「地域自殺対策推進センター」が開設されている。ちなみに、精神保健福祉センターのなかには、覚せい剤などの薬物依存症者を対象とする再乱用防止プログラムである「タマープ」（TAMARPP）を行っているところがある。タマープは、精神科医の松本俊彦の「スマープ」（SMARPP：せりがや覚せい剤依存再発防止プログラム）をベースにしたものである（松本俊彦『よくわかるSMARPP』金剛出版　二〇一六年を参照）。

精神保健福祉センター以外で利用できるのは、臨床心理士を養成するための第一種指定大学院に附属している「心理教育相談室」や「臨床心理センター」である。ここでは臨床心理学専攻の大学院生が面接員となって心理療法（カウンセリングやプレイセラピー等）を行う。臨床心理学の教員や精神科医の教員が大学院生のスーパーヴィジョンを行っている（外部のスーパーヴァイザーに委託している大学院もある）。

地域内にある「市町村保健センター」は、心や身体の健康相談のほか、高齢者の認知症についての相談、妊産婦の健康相談、精神障害者（主として統合失調症）の社会復帰相談、さらには精神障害者の家族を対象とした家族教室、うつ病家族教室、引きこもり家族教室、アルコール使用障害家族教室等を行っている。

心理臨床家が個人ないし仲間同士で開設している心理相談室やカウンセリングルームも利用できよう。もっとも、一口に私設心理相談室の心理臨床家と言っても、子どもを得意とする人、思春期を得意とする人、成人を得意とする人などいろいろである。特に女性の心理臨床家の場合には男性のクライアントは受け付けていない（受け付けたとしても思春期あたりまで）。援助技法や料金はそれぞれに異なる。

問題別に見た場合、大学生（大学院生を含む）が自分の生き方や対人関係、進路、心の病気などに悩んだ場合、自分の所属する大学に「学生相談室」、心理教育相談室ないし臨床心理センター、「保健管理センター」があれば、それを利用できる。また、大学生が聴覚障害、視覚障害、軽度の知的発達症、神経発達症群、肢体不自由、病弱などを有する場合には、大学内の「障害学生支援センター」に、あるいは「障害学生支援室」「コミュニケーション・バリアフリー支援室」「自立支援室」等に相談してみる。もしも大学生が同じ大学生や大学教員からセクハラやアカハラを受けた場合には、大学内のハラスメント相談員に相談する（大学の学生部に相談してもよい）。

労働条件や解雇をめぐる労働者個人と事業主との紛争に関しては、「都道府県労働委員会」の斡旋員が紛争の解決を手伝ってくれる。また、性別による差別的扱い、妊娠や出産を理由とする解雇、セクハラなどは「都道府県労働局雇用均等室」に相談してみる。その他、「社会保険労務士会労働紛争解決センター」「弁護士会仲裁センター」「司法書士会調停センター」などもある。

家庭内暴力や浮気などで離婚を考えるようなことになった場合には、「家庭裁判所」の家事部が利用できる。

精神保健福祉センターが地域のよろず相談所であるとすれば、家庭裁判所は市民にとっての駆け込み寺である。家庭裁判所に行って離婚調停の申し込みを行えば、裁判官と家事調停委員（男女計二名）で構成する調停委員会による調停がなされる。そして、相手方の同意を経て調停離婚が成立すれば調停調書が作成され、その調停の内容は法的な拘束力を持つ。例えば、調停調書に記載された子どもの養育費を相手方が支払わなくなった場合、（申立人からの申し立てによって）家庭裁判所から履行勧告や履行命令が出される。そして正当な理由なく相手方が履行命令に違反すれば、相手方は過料（行政上の秩序罰）に処せられる。また、地方裁判所に強制執行の申立てをすることができる。

〔注〕離婚には、協議離婚・調停離婚・審判離婚・裁判離婚（判決離婚）・認諾離婚・和解離婚の六つがある。協議、つまり話し合いによる離婚が不成立の場合には、右に述べた調停離婚がなされる。離婚調停が不成立の場合、家庭裁判所に離婚訴訟をおこして離婚裁判をすることになる。

離婚後に前夫から養育費が適切に支払われなかった場合、母子はたちまち経済的に困窮するので、家庭裁判所や、地方公共団体が母子福祉団体等に委託している「母子家庭等就業・自立支援センター」のなかにいる養育費専門相談員に相談してみるとよい。また、各都道府県の福祉事務所にいる母子・父子自立支援員（地方公務員）もよい。

夫婦間の問題は、「婦人相談所」や「女性センター」「男女共同参画センター」も利用できる（婦人相談所はもともと売春防止法によって婦人保護事業の中枢機関として各都道府県に設置を義務づけられているが、女性センターや男女共同参画センターは自治体が設置している）。婦人相談所では婦人相談員が相談にのってくれる。ちなみに、全国に四十七ある婦人相談所のうち婦人相談所という名前がついているのは山形県婦人相談所など計五つで、あとは女性相談所、女性相談センター、男女共同参画相談センターなどの名前が付けられている。

問題を配偶者間の暴力に限定した場合、全国に二百七十以上ある「配偶者暴力相談支援センター」（DVセンター）が利用できよう（都道府県によっては婦人相談所、女性センター、福祉事務所、男女共同参画センターなどが配偶者暴力相談支援センターに指定されている）。そこでは、配偶者（元配偶者や内縁関係、同居している恋人も含む）からの暴力の防止ならびに被害者の保護を図るため、①相談機関の紹介、②（心理臨床家による）カウンセリング、③保護命令制度の利用についての情報提供、④被害者および同伴児童の緊急時における安全の確保ならびに一時保護が行われている（この一時保護の業務は婦人相談所が行う）。元配偶者や別居中の夫などからつきまとわれたりした場合、地方裁判所に申し立てて、接近禁止命令（申立人＝被害者の身辺につきまとうことを六か月間禁止する）を出してもらうこともできる。

〔注〕婦人相談所には一時保護所（公的シェルター）が設置されており、そこには心理判定員や心理療法担当職員が配置されている（非常勤が多い）。一時保護の期間は二週間前後。暴力的な配偶者から逃げてきた母親ないし母子に対して婦人相談所は自ら一時保護を行うか、あるいは母子生活支援施設、社会福祉法人やＮＰＯ法人が設置している民間シェルターなどに一時保護を委託する。なお、母親ないし母子に対して中長期的な支援が必要な場合には、婦人相談所は婦人保護施設への入所措置決定を行う（入所期間は一か月以上）。

身体障害、知的発達症、精神障害、神経発達症群などを有する人は、家族、障害者福祉施設の職員、事業主などからの虐待を受けやすい。虐待を見かけた人、虐待に気づいた人は各市町村の「障害者虐待防止センター」に通報しなければならない（通報された虐待事案への対応は各都道府県の「障害者権利擁護センター」が行う）。

近年、都道府県警察には犯罪に関する被害者支援カウンセラーとして臨床心理士の資格を持つ警察職員がいて、殺人・強姦・強制猥褻などの被害者ならびに遺族の相談にのっている。また、都道府県警察のなかには、臨床心理士や精神科医を非常勤の被害者支援カウンセラーないし被害者支援カウンセラー・アドバイザーとして委嘱するところもある。女性が猥褻な行為や強姦といった性犯罪・性暴力被害にあった場合、都道府県警察の生活安全課や「犯罪被害者支援室」に相談してみるとよい。各都道府県の地方検察庁には「被害者ホットライン」があり、被害に関する相談や、刑事手続きに関する相談ができる。また、近年各都道府県には、民間ボランティア（弁護士、精神科医、臨床心理士等）による「被害者支援センター」が設立されていて、被害者やその家族・遺族に対する精神的支援・情報提供等が行われている。性犯罪被害者が刑事事件の証人として法廷で証言する際に、被害者支援センター所属のカウンセラー（臨床心理士）が付添人として付き添ってくれたりする。なお、検察庁には「犯罪被害者等通知制度」が設けられている。これは、犯人の処分がどうなったのか、犯人はどこの刑務所に服役しているのか、いつ出所するのかといった情報を検察庁が被害者やその親族に情報提供するというものである。

ひきこもり・アルコール使用障害・統合失調症などで、本人がどうしても相談機関を訪れようとしない場合、保護者が保健所や精神保健福祉センターに相談してみるとよい。保健師やケースワーカー、心理臨床家などによる訪問指導や訪問カウンセリングを行ってもらえよう。ケースによっては、継続的な母親面接が行われる。ちなみに、ひきこもりについては、厚生労働省のひきこもり対策事業として「ひきこもり地域支援センター」が都道府県の精神保健福祉センターやこころの健康センターのなかに約七十か所設置されている。そこでは、ひきこもりに関する相談と共に、ひきこもりサポーターが養成されている。

言語症（言語障害）のある青年の場合、幼稚園や小・中学校の「ことばの教室」（通級言語指導教室）に電話してみると、相談にのってくれる。また、各都道府県にある言語聴覚士の事務局に問い合わせれば、自分が住んでいる地域のどこの病院やクリニックに言語聴覚士がいるかがわかる。

統合失調症の場合、薬物療法のみでなく、生活リズムの回復や社会性を養うための精神科デイケアが有益である。デイケアのプログラムは、音楽鑑賞・料理・スポーツ・陶芸・園芸・俳句・書道・カラオケ等であり、精神保健福祉センター・保健所・精神科病院・大学病院・精神科クリニックで行われている。「地域活動支援センター」が保健センターなどを借りてデイケアを行っているところもある。デイケアのスタッフは、精神科医・看護師・作業療法士・精神保健福祉士・臨床心理士等。回数は週五回から月二回まで、機関によっていろいろである。デイケアのプログラムのなかに、心理劇やSST（社会的技能訓練）を取り入れているところもある。また、日中のデイケア（六時間）以外に、夕方のナイトケア（午後四時以降の四時間）やデイ・ナイトケア（十時間）を行っているところもある。ちなみに、精神保健福祉センターや保健所には保健師や精神保健福祉士がおり、統合失調症者本人のみでなく、彼らの家族の相談にも応じている。

精神障害者の社会復帰のための宿泊施設としては、「福祉ホーム」や「グループホーム」がある。福祉ホームはある程度の生活能力はあるものの家庭環境や住宅事情のために住居の確保がむずかしい人に対して低料金で居室や設備を提供する施設で、もっぱら医療法人が経営している。問い合わせ先は市町村の福祉事務所。種類としては精神障害者福祉ホームの他、身体障害者福祉ホームや知的障害者福祉ホームがある。一方、グループホームは、民間のアパートや公営住宅を借りて四人以上で共同生活をするという世話人付き住居である。入居すると一般に、日常の生活能力がアップする。種類としては身体障害者や精神障害者のグループホームの他、認知症や知的発達症対応型のグループホームがある。グループホームの世話人（管理人）は、入居者の食事の世話をしたり服薬管理をしたり金銭管理の助言をしたりする。その他、日常の生活面での困りごとは社会福祉法人や医療法人が経営している「地域生活支援センター」に相談するとよい。

ここで、一九九五年に制定された「精神障害者保健福祉手帳」（いわゆる精神障害者手帳）について一言触れておきたい。手帳の等級は、単独での日常生活が困難な状態にある一級、日常生活に著しい制限を受ける二級、日常生活・社会生活に制限を受ける三級となっている。手帳の有効期限は二年間（更新する場合には審査がある）。手帳の所持者には、①自立支援医療（精神通院医療）の手続きの軽減、②各種の税金の減免、③公共施設の利用料金の割引、④JRや私鉄の運賃の割引といった優遇措置がなされている。手帳の申請窓口は市区町村の役所である。正確な情報は、居住地域の役所の保健福祉課等に問い合わせる。ちなみに、「療育手帳」（一九七三年から全国的に開始）や「身体障害者手帳」（一九四九年に制定）の交付申請は、福祉事務所ないし町村役場の福祉担当課でなされる。療育手帳の交付のための知的障害の判定は、十八歳未満は児童相談所で、十八歳以上は知的障害者更生相談所等で行われている。

〔注〕①療育手帳は自治体によって「療育手帳」「愛の手帳」「緑の手帳」等と呼ばれている。②身体障害者手帳は「身体障害者福祉法」によって規定されており、精神障害者保健福祉手帳は「精神保健及び精神障害者福祉に関する法律」によって規定されているが、療育手帳は法律によって規定されていない（法的な根拠を有していない）。③療育手帳制度は昭和四十八年九月二十七日の厚生省児童家庭局長通知「療育手帳制度について」を元にして作られ、その実施に際しては各都道府県知事・指定都市市長に任されている。そのため、呼び名や障害程度が自治体によって異なってくる。④障害程度は、「療育手帳制度について」によれば、「障害の程度は、次の基準により重度とその他に区分するものとし、療育手帳の障害の程度の記述欄には、重度の場合は『A』と、その他の場合は『B』と表示するものとする」となっている（重度とは「施設に入所させて保護しなければならない程度の者」）。このように「療育手帳制度について」は大変漠然としているために、各都道府県は「療育手帳制度要綱」を定めて独自の運用をはかっている。⑤自治体によればAとBの2段階，つまり、重度のAと、その他＝中・軽度のBとなる。しかし、他の自治体では、A1、A2、B1、B2といった4段階のところもある。しかも、この4段階の定義は各自治体によって微妙に異なっている。⑥一般的に言えば、知的障害を有しない自閉スペクトラム症（いわゆる高機能自閉症とかアスペルガー症候群）は療育手帳を取得できない（精神障害者保健福祉手帳を申請する）。ただし、自治体によっては療育手帳を交付することがある。⑦療育手帳があると、種々の税金の控除ないし減免、種々の乗物の運賃の割引、種々のレジャー施設の割引等がある。

最近ではたとえＨＩＶ（ヒト免疫不全ウイルス）に感染しても、早期に適切な薬物治療を受ければエイズの発症を長期間にわたって防げることができるようになった。ＨＩＶに関して不安がある人は早目に保健所ないし保健センターに相談したり、ＨＩＶ検査を受けたりするとよい。なお、各都道府県にはエイズ治療拠点病院がいくつかあり、そこでは専門の研修を受けたカウンセラー（臨床心理士）によるカウンセリングが行われている。

自分が飲んでいる薬の効力や副作用について詳しく知りたい場合には、調剤薬局の薬剤師に聞いたり、各都道府県の薬剤師会のなかにある「薬事情報センター」（くすりの相談室）に問い合わせてみるとよい。特に妊娠している女性の場合には薬剤の持つ催奇形性（飲んだ薬によってお腹にいる赤ちゃんに奇形が起こる危険性）や胎児毒性（飲んだ薬が胎児の発育や機能に悪い影響を与えること）が非常に気になるものであるが、一人で悩むよりも薬剤師に相談してみる。また、東京の虎の門病院の「妊娠と薬相談外来」や国立成育医療研究センターの「妊娠と薬情報センター」をはじめ全国の大学病院等に「妊娠と薬外来」が開設されているので、そこに相談するのもよい。

精神障害・身体障害・神経発達症群等を有していて通常の事業所に雇われることがむずかしい人々にとっては、就労系障害福祉サービスとして、①「就労継続支援Ａ型」（雇用型）と②「就労継続支援Ｂ型」（非雇用型）がある。①は従来の福祉工場に相当するもので、クリーニング業・製造業・印刷業など。事業所との間で雇用契約が結ばれるので、働く人は社員となる。②は従来の授産施設等に相当するもので、福祉作業所とか共同作業所といった名前がついていたりする。作業内容は、印刷・布カバンの縫製・木工品・ハーブ栽培・織物・クッキーやパンづくり・機械部品の箱づめ・農家の手伝い・アルミ缶収集・清掃作業など。この②は雇用契約を結ばない、あくまでも就労のための準備段階であり、訓練・リハビリ・居場所作りを目的としている。厚生労働省（二〇一五年）の『障害者の就労支援について』によれば、二〇一三年の①Ａ型事業の平均の工賃は月に約六万九千円（身体・知的・精神障害者の総数約三万三千人）、②のＢ型事業の平均の工賃は月に約一万四千円（総数約十七万五千人）である。なお、身体・知的・精神障害の場合、国立や県立の「障害者職業能力開発校」（全国で十九校）での施設内訓練も利用できる。

常勤にしろパートにしろ、障害を持つ人たちにとって新しい職場に適応するのは容易なことではない。同僚や上司とのコミュニケーションがうまくとれなかったり、仕事の手順が飲み込めなかったり、感情のコントロールがうまくいかなかったりする。このようなときには、二〇〇二年度から始まった「ジョブコーチ」（職場適応援助者）の制度が利用できる。具体的には、独立行政法人の高齢・障害者雇用支援機構の出先機関で各都道府県にある「地域障害者職業センター」に所属している障害者職業カウンセラーに相談するとよい。［ジョブコーチには、①「配置型ジョブコーチ」（地域障害者職業センターの職員）、②第1号ジョブコーチ（福祉施設に雇用されたジョブコーチ）、③第2号ジョブコーチ（企業内の人材）の三つがある。］

ここで例を挙げれば、特別支援学校の高等部を卒業する生徒（自閉スペクトラム症を伴った知的発達症）がいてこれから就職するという場合、まず特別支援学校高等部の進路担当教師が生徒の就職予定先の会社の人事係と相談したうえで、地域障害者職業センターの障害者職業カウンセラーに援助を求める。すると、障害者職業カウンセラーは進路担当教師や生徒本人、生徒の保護者と面接したうえでジョブコーチ支援計画書を作成する。その後、地域障害者職業センターのジョブコーチはジョブコーチ支援計画書に基づいて、卒業生の職場でおよそ三か月間、最初は影のように、やがては間をおいて卒業生に付き添いながら、卒業生が一人で作業ができるよう作業内容についての指導や助言を行い、さらには職場でのマナーや休み時間の過ごし方についても指導していく。ジョブコーチはまた、卒業生の障害特性に応じた指導方法やコミュニケーションの取り方などを会社側に教示する。

地域障害者職業センターではこのようなジョブコーチによる支援事業の他、就職相談や職業適性検査を行ったり、基本的な習慣ならびに職業に関する知識を身につけるための支援を行ったり、（本人が療育手帳を持たない場合）雇用対策上の知的障害者であるかどうかの判定を行ったり、事業主支援計画を策定したりする。ただし、具体的な職場紹介は行っていない（具体的な職場紹介はハローワーク、つまり公共職業安定所が行う）。

障害者の法定雇用率（常用労働者数に対する雇用しなければならない障害者の割合）は徐々に高くなってきており、二〇一八年四月一日からは、①民間企業は二・二パーセント、②国・地方公共団体等は二・五パーセント、③都道府県等の教育委員会は二・四パーセント雇用しなければならない。なお、法定雇用率はその後、二〇二一年三月一日から〇・一パーセントずつ引き上げられ、①は二・三パーセント、②は二・六パーセント、③は二・五パーセントとなった。また、雇用義務の対象となる障害者はそれまで身体障害者と知的障害者であったが、二〇一八年四月一日からは精神障害者（精神障害者保健福祉手帳の所持者）が法定雇用率に算定されるようになった。法定雇用率を下回る企業については、管轄の職業安定所の所長から雇用計画作成命令が出される。また、法定雇用率に不足する人数に応じて障害者雇用納付金の支払い義務が生ずる（納付金は雇用率達成企業への調整金や報奨金などの原資となる）。法定雇用率を充足しているところはまだ少ないが、なかには法定雇用率をはるかに超える知的障害者たちを雇用するような事業所もある。知的障害者たちは仕事の習得に時間がかかるものの、いったん習得すれば、例えば工場での決められた作業を順序よく正確にこなすことができるので、工場長や社長から厚く信頼されるからである。

これから障害者の雇用を考えている事業主や、障害者をすでに雇用していて、その対応に困っている事業主にとっては、「ハローワーク」「地域障害者職業センター」「障害者就業・生活支援センター」「高齢・障害者雇用支援協会」「障害者雇用情報センター」等を利用できよう。ハローワークには障害者専用の窓口があり、障害者がそれを利用すれば、より障害の実状に合わせた求職が可能となる。また、身体的・精神的な病気、怪我、配偶者との離別や死別といった事情で経済的生活がきわめて困難となった場合に相談することができる。

経済面では地域の民生委員に相談することもできる。また、病気や怪我で働けなくなった場合、近くの市福祉事務所に相談したり、障害年金専門の社会保険労務士に相談することもできよう（公的年金制度によって給付される障害年金と、健康保険から給付される傷病手当金は同時に受け取ることはできない）。その他、市町村の社会福祉協議会には生活福祉資金の貸付制度がある。また、心身の障害者の場合、各種税金の障害者控除について、税務署や税務相談室に相談することができる。

精神疾患を有する人で継続的な通院治療を受けているような場合、障害者自立支援法に基づく「自立支援医療（精神通院医療）」が利用できる。これは保険適用後の自己負担分の一部を公費で負担するという制度であり、これを利用すれば自己負担額は原則一割ですむ。自立支援医療（精神通院医療）の制度の対象は、統合失調症、うつ病、てんかん、認知症などである。公費負担の判定は精神保健福祉センターでなされる。

消費者金融・クレジット・悪徳商法など、金銭面でのトラブル相談は、消費者センター（消費生活センター）がある。都道府県の弁護士会の「法律相談センター」や司法書士事務所もある。司法書士会のなかには、社会福祉士会と共同で、認知症・知的発達症・精神障害等によって判断能力が低下している人たちのための相談センターを開設しているところもある。

聴覚障害がある場合、「聴覚障害者支援センター」「聴覚障害者生活支援センター」が利用できる。聴覚障害者が医療機関を受診する際には、手話通訳者や要約筆記者等の派遣を依頼してくれる。街中のクリニックのなかには、医師や看護師で手話のできるところもある。

事故や病気で視覚障害者になった場合、「視力障害センター」「視覚障害者生活支援センター」で種々の支援が得られる。特別支援学校（養護学校）のなかには「視覚障害教育センター」を併置している学校や、視覚障害児のための視覚特別支援学校もあるので、そういったところに電話して、成人の相談に応じてくれるかどうか聞いてみるのもよい。

第3節　主に子どもの場合

零歳から十八歳未満を対象とする主要な相談機関としては、「児童相談所」がある。養護相談・保健相談・障害相談・非行相談・育成相談と、多様な相談活動を行っている。児童福祉施設への入所や里親委託の仕事も行っている。近年増加している不登校については、通所による個別指導・集団指導以外に、一時保護の施設を利用した長期宿泊指導（三か月以内）が行われることもある。もともと児童相談所の「一時保護所」（全国で百三十六か所）は、置き去りにされた子ども、家出した子ども、親から虐待された子どもなどを一時的に収容する施設であるが、最近の一時保護所は被虐待児であふれている。児童相談所の職員は、児童福祉司、児童心理司、心理療法担当職員、保健師、医師（精神科や小児科医）、虐待事案への対応のための弁護士などである。

児童相談所は、県によっては「福祉総合相談所」（総合福祉センター）のなかに設置されている。福祉総合相談所は、児童相談所、婦人相談所、身体障害者リハビリテーションセンター、知的障害者更生相談所等が一か所に統合されたものであり、子どもや家族の問題に関して幅広い相談に応じている。

児童相談所が近くにない場合、民間の「児童養護施設」において、児童相談所と同じような機能を待つ「児童家庭支援センター」を併置しているところがあるので、それを利用できよう。ちなみに全国で約六百ある児童養護施設とは、児童福祉法の第四十一条に「保護者のない児童（乳児を除く。ただし、安定した生活環境の確保その他の理由により特に必要のある場合には、乳児を含む。以下この条において同じ。）、虐待されている児童その他環境上養護を要する児童を入所させて、これを養護し、あわせて退所した者に対する相談その他の自立のための援助を行うことを目的とする」とうたわれている施設である。全国で約三万人の子どもたちが入所している。その六割強は保護者などから虐待を受けた子どもたちである。児童養護施設には、臨床心理士をはじめとする心理臨床家が常勤・非常勤のカウンセラーとして勤務している。なお、入所施設として児童養護施設以外では、「情緒障害児短期治療施設」（全国で四十五か所）がある。県立や市立もあるが、大部分は社会福祉法人。入所者は就学前幼児から十九歳までだが、小学生が最も多い。問題としては、多動性障害・行為障害・情緒障害・社会的機能の障害など。近年は被虐待児や神経発達症群の子どもの入所が増加している。保育士・児童指導員・セラピスト等が生活指導・個人療法・グループ療法・SST等を行っている。

その他、「地域子育て支援センター」や「母子生活支援施設」（以前の母子寮）がある。各都道府県の福祉事務所のなかには「家庭児童相談室」が設置されており、家庭児童相談員が不登校・いじめ・非行といったいろいろな子どもの問題についての相談にのっている。県や市の「母子福祉センター」も利用できよう。なお、地域子育て支援センターや家庭児童相談室には、臨床心理士がカウンセラーとして勤務しているところがある。

保健センターには、心理臨床家が非常勤として勤務している。心理臨床家は、保健師や保育士と協力して、言葉や発達の遅れの見られる幼児の母親に対する母親指導や、母子共同の保育活動、乳幼児健診の補助等を行っている。

地域の大学内に「心理教育相談室」「臨床心理センター」「障害児治療教育センター」「教育実践総合センター」等があれば、電話をしてみるとよい。臨床心理学や特別支援教育専門の大学教員もよい。また、児童精神医学を専門としている開業医や、大学医学部の小児科もよい。小児科には、臨床心理士を置いている所もある。

都道府県警察の「少年サポートセンター」には警察官や少年補導職員（少年警察補導員）、少年相談専門職員が配置され、街頭補導活動を行ったり、不良行為やいじめ、児童虐待などに関する少年および保護者、学校関係者からの相談に対応している（少年補導職員は大学で教育学や心理学を専攻した人で、警察本部・警察署・少年サポートセンターに勤務している）。少年相談専門職員には臨床心理士もおり、非行少年への継続的なカウンセリングもなされている。ちなみに、少年サポートセンターにはスクールサポーターが配置されているところもある

（スクールサポーターとは警察本部長が委嘱する非常勤特別職の公務員で、非行や校内暴力など生徒指導上の問題を抱えた小・中・高等学校からの要請で学校に派遣されるものである。元警察官の人が多い）。

全国五十二か所の少年鑑別所には「法務少年支援センター」が併置されている。このセンターの役割は、地域社会における非行および犯罪の防止に関する援助である（少年鑑別所法第百三十一条）。保護者や教師がわが子や生徒の非行関連問題に直面した場合に相談してみると、少年鑑別所の法務技官（心理）が助言してくれる。なお、主として家庭裁判所の調査官を退職した人々がカウンセラーとして相談に応じている「公益社団法人 家庭問題情報センター（ＦＰＩＣ）」もある。現在、東京・福岡・大阪等において、子育て・非行・夫婦関係などの問題についてファミリー相談室が開かれている（有料）［ＦＰＩＣではまた、離婚協議等についての調停事業（有料）も行われている（「裁判外紛争解決手続の利用の促進に関する法律」による）］。

県や市の教育委員会には教育相談室があり、いじめや不登校をはじめとして各種の相談にのっている。また、県や市には「教育センター」がある（教育センターは「教育研究所」「総合教育支援センター」「総合教育センター」とも呼ばれる）。教育センターの相談部門では不登校をはじめとして、いじめ、非行、神経発達症児群、教職員からの体罰やセクハラなど、幅広い相談に応じている。

もしも児童生徒が教職員からの体罰やセクハラを受けた場合、児童生徒本人ないし保護者は県や市町村の教育委員会事務局、県立教育センターに電話してみるとよい。専用電話を設けていたり、電子メールによる相談受け付けを行っているところもある。その他、地方法務局人権擁護課や、都道府県の弁護士会の人権擁護委員会等に救済を申し立てることもできる。

都道府県の教育事務所には、いじめ・不登校アドバイザーや特別支援アドバイザーがおり、派遣要請に応じて幼稚園や小・中・高校を訪問して助言してくれる。また、公立の小・中・高校、それも特に中学校には洩れなく「スクールカウンセラー」（都道府県教育委員会の嘱託）が配置されている。スクールカウンセラーのほとんどは臨床心理士であるが、精神科医や、大学の心理学の教員も若干いる。近年、私立の小・中・高校も少しずつスクールカウンセラーを置くようになってきている。また最近は、学校や教育センター等にスクールソーシャルワーカー（主として社会福祉士や精神保健福祉士がなる）が配置されるようになってきている。スクールカウンセラーはもっぱら生徒の心に働きかけるが、スクールソーシャルワーカーは生徒を取り巻く環境に働きかけるという違いがある。

小・中学校の不登校傾向の生徒でどうしても学校に行きにくいような場合、もっぱら市町村教育委員会が行っている「教育支援センター」（適応指導教室）が考えられる。教育支援センターは公的なフリースクールとも言えるもので、全国に千二百以上ある。小学校や中学校とは離れた場所に設置されていることが多い。午前中は勉強、午後はスポーツや絵画・書道といったゆるやかなスケジュールである。非行傾向の強い生徒は入れない。教育支援センターのスタッフは退職教員や臨時採用の教員が多い。

家のなかに引きこもっている不登校生徒を持つ親の場合、児童相談所や教育総合センターがいわゆる「カウンセラー的家庭教師」を派遣するという事業を行っていることがあるので、相談してみるとよい。カウンセラー的家庭教師になるのはもっぱら臨床心理学専攻の大学生や大学院生である。

不登校等による高校中退者や未進学者は、高卒認定試験が利用できる。高卒認定試験は正式名を「高等学校卒業程度認定試験」と言い、二〇〇五年度から実施されている国の認定試験である。この高卒認定試験に合格すれば高卒と同じ扱いになり、専門学校や短大、大学の受験資格のみならず、種々の国家資格の受験範囲が著しく拡大する（高卒認定試験をパスしても最終学歴は高卒ということにはならない）。なお、高卒認定試験は二〇〇七年度から、受験希望者のいる全国の刑務所・少年刑務所・少年院でも実施されている。

子どもが学校でひどいいじめを受けていることがわかった場合、心理臨床家としては保護者に対してできるだけ冷静に事実を記録し証拠となるものを集めるように促す。そして、それをもって学校長にいじめの調査と防止を依頼する。しかし、加害者とされる生徒がいじめの意図を否定して状況が改善しないような場合には、公立学校であれば教育委員会に、私立学校であれば助成金を出している自治体に相談する。なお、被害者側の保護者が加害者とされる生徒の保護者と直接話し合うことも考えられるが双方が感情的になってかえって事態が悪化する可能性もあるので、利害関係のない第三者に立ち会ってもらうか、あるいはいじめ問題に詳しい弁護士に仲介を依頼することが考えられよう。また、いじめは人格権を侵害する不法行為なので、対処に迷ったら「法テラス」（日本司法支援センター）や、弁護士会の「子どもの人権相談」に相談してみるとよい。

乳幼児から小学生の児童虐待は大きな社会問題である（年齢的には零〜三歳児への虐待が多い）。虐待を発見した場合には、児童相談所か福祉事務所に知らせなければならない（児童福祉法第二十五条による要保護児童発見者の通告義務）。もちろん、虐待がひどくて一刻を争うような場合には警察に知らせる。担任・養護教諭・保育士・医師・看護師・保健師等は虐待を発見しやすい。被虐待児は児童相談所の一時保護所への収容や医療機関での治療の後、児童相談所の判断で元の家庭に戻されたり、児童養護施設や乳児院に収容されることになる。もちろん子どもに対する手当だけでなく、虐待者（若い実母や実父が多い）に対する長期の指導やカウンセリングが不可欠となる。保健所・保健センターでなされている親支援グループミーティングに参加してもらうのもよい。なお、虐待をする親のなかには精神障害（気分障害・統合失調症・パーソナリティ障害・不安障害等）に罹患している人も少なくないので、医療面や心理面の援助も必要となる。

神経発達症群や神経発達症群の疑いがある場合、小・中学校の「自閉症・情緒障害特別支援学級」の担当教諭、小学校・中学校・特別支援学校等にいる特別支援教育コーディネーター（特別支援教育推進員）、大学の心理教育相談室ないし臨床心理センターに在籍している障害児関係専門の教員や障害児関係専門の小児精神科医、発達障害者支援センター（国の「自閉症・発達障害支援センター事業」に基づくもの）、特別支援学校（養護学校）のなかに設けられている「特別支援教育センター」、総合病院の小児科の発達相談外来等に相談するとよい。

神経発達症群に関するいろいろな情報を入手するには、独立行政法人国立特別支援教育総合研究所（神奈川県横須賀市）のなかに設置されている「発達障害教育推進センター」がよい。神経発達症群の特性や定義、指導法、研究、教材・教具や支援機器、国内の相談機関、神経発達症群に関する国の施策や法令等についての詳しい情報が手に入る。

見えにくさがあるような幼児児童生徒の場合、視覚特別支援学校や、総合支援学校のなかで視覚障害教育センターを併置している学校に相談してみる。

聞こえとことばにむずかしさがあるような幼児児童生徒、例えば小学校の通常学級に在籍している軽度難聴や一側性難聴の子どもの場合、聴覚特別支援学校や、総合支援学校のなかの聴覚障害教育センターが相談可能である。幼児期のことばの問題では、幼稚園や教育センター（教育研究所）、小学校に併設されている「幼児ことばの教室」に相談してみるとよい。その他、総合病院の「ことばの外来」「言語療法外来」や、言語聴覚士のいる耳鼻咽喉科のクリニックなども有益である。

第４節　いろいろな支援団体

地域内には障害や病気を病者同士で助け合って克服していこうとするいろいろな団体やセルフヘルプグループがある。病児や病者を抱えた家族の会もある。それらの形態も、全国的な組織を有するものからささやかなグループまでいろいろである。

麻薬、覚せい剤、シンナー、精神安定剤、アルコール等への依存は大変治療がむずかしいものであるが、セルフヘルプグループとしては、近藤恒夫氏が一九八五年に創設した「ダルク」（DARC: Drug Addiction Rehabilitation Center）がよく知られている。「東京ダルク」をはじめとして、ダルクは現在全国に七十か所以上ある。ダルク

表8－1　いろいろな団体名と電話番号

日本自閉症協会	03-3545-3380	がんの子どもを守る会［小児がん］	03-5825-6311
日本てんかん協会（波の会）	03-3202-5661	全国自立生活センター協議会	0426-60-7747
日本筋ジストロフィー協会	03-6907-3521	日本難病・疾病団体協議会	03-6902-2083
全国筋無力症友の会	075-822-2691	きょうされん［小規模作業所・授産施設等］	03-5385-2223
日本 ALS 協会［筋委縮性側索硬化症の会］*	03-3234-9155	高齢・障害者雇用支援機構障害者職業総合センター	043-297-9043
日本オストミー協会［人工肛門・人工膀胱の協会］	03-5670-7681	全国障害学生支援センター	042-746-7719
全国パーキンソン病友の会	03-5318-3075	家庭問題情報センター（FPIC）	03-3971-3741
日本リウマチ友の会	03-3258-6565	自殺対策支援センターライフリンク	03-3261-4934
全国多発性硬化症友の会	044-854-6470	東京ダルク［薬物・アルコール依存症回復施設］	03-3807-9978
日本失語症協議会	03-5335-9756	生活の発見会［森田療法の自助グループ］	03-6661-3800
全国言友会連絡協議会	03-3942-9436	自己発見の会［内観療法の自助グループ］	03-5447-2705
全日本ろうあ連盟	03-3268-8847	日本臨床心理士会	03-3817-6801
全日本難聴者・中途失聴者団体連合会	03-3354-0046	日本介護福祉士会	03-3507-0784
日本レット症候群協会	03-3397-8150	日本精神保健福祉士協会	03-5366-3152
日本発達障害連盟	03-5814-0391	日本看護協会	03-5778-8831
日本肢体不自由児協会	03-5995-4511	日本薬剤師会	03-3353-1170
全日本断酒連盟	03-3863-1600	日本視能訓練士協会	03-5209-5251
アルコホーリクス・アノニマス	03-3590-5377	日本言語聴覚士協会	03-6280-7629
全国ことばを育む会	03-3207-7182	日本産業カウンセラー協会	03-3438-4568
全国難聴児を持つ親の会	03-3988-1616	日本社会福祉士会	03-3355-6541
全国視覚障害児(者)親の会	03-3984-3845	日本作業療法士協会	03-5826-7871
全国肢体不自由児者父母の会連合会	03-3971-6079	日本精神科病院協会	03-5232-3311
日本ダウン症協会［ダウン症の人・家族・支援者の会］	03-6907-1824	日本医師会	03-3946-2121
全国 LD 親の会	03-6276-8985	日本手話通訳士協会	03-6906-8360
認知症の人と家族の会	075-811-8195	日本理学療法士協会	03-6804-1421
全国過労死を考える家族の会	03-3234-9143		

*［　］のなかはその協会や団体の簡単な説明である。

のスタッフはすべて，薬物依存からの回復者である。ダルクの形態は，入寮型（ナイトケア），通所型（デイケア），入寮・通所型，女性のみを対象等，多様である。

新聞の地方版には，「抑うつ友の会」「失語症友の会」「脳卒中友の会」「断酒友の会」「突然子どもをなくした家族の会」「不登校を考える父母の会」など，いろいろなグループの紹介記事が載っていることがある。表８－１は，このようなグループのなかでも比較的組織立っているもののリストと，その団体についての簡単な説明である。これらの団体のほとんどは，全国各地に多くの支部を有している。そして，支部間の交流の他に全国大会を催したり，定期的に機関誌を発行しているところもある。「一般社団法人 日本自閉症協会」のように，臨床心理士による電話相談・面接相談や，自閉症児者の親による電話相談を行っているところもある。各地域にある支部団体名や所在地を知るには，表８－１の団体の他，保健所や精神保健福祉センターに問い合わせてみる。

第５節　電話相談

電話相談は時間や場所に制約されないため面接相談に比べて比較的自由に利用できるし，匿名でも可能なため性に関する悩みなども相談しやすい。ただし，匿名であるがゆえにテレホンオナニー（女性の電話カウンセラーの声を耳元に聞きながらオナニーをする），猥褻通話（女性の電話カウンセラーの下着の色や初体験の年齢を聞く），目的のはっきりしない沈黙通話等への対応に電話カウンセラーが苦慮することも少なくない。

表８－２は，日本にある電話相談機関の一部である。電話相談は，基本的にはこれまで述べたいろいろな相談・援助機関でも行われている。しかし，入院治療や面接相談が主体のところでは，電話で一時間も二時間も相談にのってもらうことを期待するのはむずかしい。電話では簡単な質問のみで，あとは来所を要求されることが多い。

表8－2　電話相談機関

電話相談機関	電話番号	備　　考
みんなの人権110番	0570-003-110	法務省が設置，全国共通ナビダイヤル
女性の人権ホットライン	0570-070-810	法務省が設置，全国共通ナビダイヤル
子どもの人権110番	0120-007-110	法務省が設置，全国共通フリーダイヤル
外国語人権相談ダイヤル　英語	0570-090911	法務省が設置，全国共通ナビダイヤル
外国語人権相談ダイヤル　中国語	0570-050110	法務省が設置，全国共通ナビダイヤル
チャイルドライン	0120-99-7777	18歳までの子ども専用電話
DV 相談ナビ	0570-0-55210	内閣府男女共同参画局，DV 被害者の相談機関案内
法テラス・サポートダイヤル	0570-078374	日本司法支援センター
法テラス・犯罪被害者支援ダイヤル	0570-079714	日本司法支援センター
子どもの虐待防止センター相談電話	03-5300-2990	
24時間子供 SOS ダイヤル	0120-0-78310	文部科学省が設置
児童相談所全国共通ダイヤル	189（いちはやく）	厚生労働省が設置
小児救急電話相談	#8000	厚生労働省が設置，夜間・休日の乳幼児の病気
ヤング・テレホン・コーナー	03-3580-4970	警視庁少年相談室
認知症110番	0120-654-874	公益財団法人 認知症予防財団
認知症の電話相談	0120-294-456	公益社団法人 認知症の人と家族の会
若年性認知症コールセンター	0800-100-2707	65歳未満で発症する認知症
東京いのちの電話	03-3264-4343	一般社団法人 日本いのちの電話連盟
聴覚・言語障害者専用ファクシミリ	03-3264-8899	東京いのちの電話
TOKYO English Life Line	03-5774-0992	在日外国人専用のいのちの電話
つくば中毒110番	029-852-9999	無料
つくば中毒110番	029-851-9999	医療機関専用有料電話
大阪中毒110番	072-727-2499	無料
大阪中毒110番	072-726-9923	医療機関専用有料電話
エイズ予防財団電話相談	0120-177-812	
聴覚・言語障害 FAX 相談	03-5259-0643	HIV と人権・情報センター東京支部
AMDA 国際医療情報センター東京	03-5285-8088	在日外国人向けの医療相談全般
AMDA 国際医療情報センター大阪	050-3598-7574	在日外国人向けの医療相談全般
東京自殺防止センター	03-5286-9090	国際ビフレンダーズ
大阪自殺防止センター	06-6260-4343	国際ビフレンダーズ
熊本こころの電話	096-285-6688	熊本県精神保健福祉協会の事業
シルバー110番	#8080（はればれ）	その地域の高齢者総合センターにつながる
消費者ホットライン	188（いやや）	消費者庁が設置
医薬品・医療機器相談室	03-3506-9457	独立行政法人 医薬品医療機器総合機構
消費者くすり相談窓口	03-3353-2251	公益社団法人 日本薬剤師会

電話カウンセラーが応対する電話相談機関としては、日本いのちの電話連盟の〈いのちの電話〉がある。一九七一年に開設された東京いのちの電話をはじめとして、ほぼ全県に一つずつ〈いのちの電話〉が設置されている。電話カウンセラーはみなボランティアであるが、電話カウンセラーとしての専門的な研修と訓練を受けている。この日本いのちの電話の系列以外では、〈自殺防止センター〉（東京・大阪・宮崎など）、〈熊本こころの電話〉がある。

その他、全国の都道府県警察には「ヤングテレホン」「いじめ110番」「性犯罪相談電話」等があり、全国十二地域にある厚生労働省地方厚生局麻薬取締部の「麻薬・覚せい剤相談電話」、法務省の「子どもの人権110番」等もある。

〔注〕　法務省の「子どもの人権110番」は、いじめ・体罰・虐待等子どもの人権問題に関する全国共通の無料電話で、かけた電話は最寄りの法務局・地方法務局につながり、法務局人権擁護課の職員や人権擁護委員が相談にのってくれる。

第9章　心理臨床活動と法律

少年鑑別所や家庭裁判所、少年院、児童相談所、小・中・高等学校、養護施設、精神科病院などに勤務している心理臨床家にとって、法律は日常の心理臨床のなかに深く絡み合っている。

法律には大きく分けて三つのものがある。第一は「憲法」に代表される基本的性格のもので、「日本国憲法」「教育基本法」「児童憲章」等。第二は私たち心理臨床家の活動に関係の深いもの。第三は専門家としての資格と権利・義務を規定するもの。本章ではこれらについて略述する。なお、例えば「学校教育法」には「学校教育法施行令」と「学校教育法施行規則」があるといった具合に、ほとんどの法律に施行令や施行規則が附属しているが、（法律そのものも含めて）これらはインターネットで容易に検索できるので、折に触れて目を通されたい。

第1節　心理臨床家の活動に関係の深い法律

1　学校教育に関する法律

保護者が子どもを小・中学校に就学させるという「就学義務」を例に取れば、これはまず日本国憲法の第二十六条において「その保護する子女に義務教育を受けさせる義務を負ふ」と定められ、次に教育基本法の第五条に「国民は、その保護する子に、別に法律で定めるところにより、普通教育を受けさせる義務を負う」とされ、さらに学校教育法の第十六条において「保護者は、（中略）子に九年の普通教育を受けさせる義務を負う」と定められている。教諭は学校教育法の第三十七条において「児童の教育をつかさどる」とされている。そして、学校の教職員が過失によって生徒を死傷させた場合には、「刑法」の二百十一条の業務上過失致死傷罪に問われたりする。生徒が非行を行えば「少年法」が適用される（少年法の適用は二十歳未満、刑事処分の可能年齢は十四歳以上、少年院送致の年齢下限はおおむね十二歳以上、罪を犯した少年に言い渡す有期刑の上限は二十年）。

このように、学校教育場面には多くの法律が関与している。また、児童相談所や大学の心理教育相談室、精神科クリニックなどでは、不登校をはじめとして学校教育に関する相談も数多い。小・中・高等学校に勤務しているスクールカウンセラーの場合には、教育上の相談ばかりとなる。心理臨床家としては特に、教育基本法と学校教育法と「学校保健安全法」によくなじんでおく必要がある。また、「義務教育の段階における普通教育に相当する教育の機会の確保等に関する法律」（いわゆる教育機会確保法）にも目を通しておく。小・中学校の不登校児童生徒は現在、病気や経済的理由を除いて年間三十日以上欠席が十二万人以上、年間九十日以上欠席が七万人以上と数多い。この教育機会確保法は、不登校児童生徒に対する教育の機会の確保と支援を強調している。

2　児童の福祉に関する法律

児童相談所や大学の心理教育相談室、クリニック、総合病院の精神科や小児科勤務の心理臨床家、スクールカウンセラーは、児童福祉に関する問題に接することが多い。児童の福祉に関する法律で最も代表的なものは、「児童福祉法」である。この法の第二条には「全て国民は、児童が良好な環境において生まれ、かつ、社会のあらゆる分野において、児童の年齢及び発達の程度に応じて、その意見が尊重され、その最善の利益が優先して考慮され、心身ともに健やかに育成されるよう努めなければならない」とあり、第十二条には「都道府県は児童相談所を設置しなければならない」とある。児童相談所は、子どものいろいろな問題に関するよろず相談所である。

その他、「母子及び父子並びに寡婦福祉法」「母子保健法」「発達障害者支援法」等がある。最後の「発達障害者支援法」（二〇〇五年から施行）においては、発達障害や発達支援の定義、発達障害者支援センターの指定などが定められている（発達障害者支援センターは幼児から成人まで支援する）。

家庭内にあって子どもの幸せな生活を内側から破壊するものと言えば、何と言っても児童虐待である。統計的には実母・実父による虐待が多い。「児童虐待の防止等に関する法律」（二〇〇〇年から施行）の第三条には、「何人も、児童に対し、虐待をしてはならない」とうたわれている。虐待を受けていると思われる子どもを発見した場合には、すみやかに市町村、都道府県の設置する福祉事務所もしくは児童相談所に通告する必要がある。なお、予期せぬ妊娠であったとか、どうしても虐待してしまうといった理由から実親の許で育てられることができないような子どもの場合、他人（養親）の許で養育するという特別養子縁組がある。対象となる子どもの年齢は六歳未満。この特別養子縁組の制度は、民法の第八百十七条の二から十一に規定されている。

3　反社会的行動に関する法律

家庭裁判所・少年鑑別所・児童相談所などで仕事をする心理臨床家は、反社会的行動と接することがきわめて多い。薬物関係としては、「薬物五法」と呼ばれている「麻薬及び向精神薬取締法」「覚せい剤取締法」「大麻取締法」「あへん法」ならびに「国際的な協力の下に規制薬物に係る不正行為を助長する行為等の防止を図るための麻薬及び向精神薬取締法等に関する法律」（麻薬特例法）がある。ヘロイン・コカイン・合成麻薬・マジックマッシュルーム（幻覚キノコ）などは「麻薬及び向精神薬取締法」、覚せい剤は「覚せい剤取締法」、マリファナやハシシは「大麻取締法」によって規制されている。ちなみに、有機溶剤（シンナーやボンド）は「毒物及び劇物取締法」によって規制されており、いわゆる脱法ドラッグ・脱法ハーブは「薬事法」によって規制されている。

少年の非行・犯罪に関しては右に述べた薬物五法のほか、「少年法」「少年院法」「少年鑑別所法」「道路交通法」「更生保護法」などが関連深い。なかでも少年法には、少年の保護事件ならびに刑事事件の詳細が記されている。

また、更生保護法は、刑務所の仮釈放者や保護観察付きの執行猶予者のみでなく、家庭裁判所で保護観察処分を受けた少年や少年院を仮退院した者の、再犯防止のための更生保護制度について定めた法律である。その他、「未成年者喫煙禁止法」「未成年者飲酒禁止法」もある（未成年者は二十歳未満）。

〔注〕保護観察とは、犯罪や非行を行った人が通常の社会生活を送りながら更正していくのを助けることである。保護観察の仕事は、保護観察官（保護観察所の常勤職員）と保護司（法務大臣から委嘱された無給の国家公務員）とが協力しあって行われる。保護観察の対象となるのは、①家庭裁判所の審判で保護観察に付された少年、②少年院に収容されて一定期間の教育を受けた後に仮退院を許された人、③懲役や禁固刑を科せられて刑務所に収容され、刑期の満了前に仮出所を許された人、④裁判所で刑の執行を猶予され、その期間中保護観察に付された人、⑤婦人補導院から仮退院を許された人である。

成人の暴力・虐待関係では、①「配偶者からの暴力の防止及び被害者の保護等に関する法律」（いわゆるＤＶ防止法）、②「高齢者虐待の防止、高齢者の養護者に対する支援等に関する法律」（いわゆる高齢者虐待防止法）、③「障害者虐待の防止、障害者の養護者に対する支援等に関する法律」（いわゆる障害者虐待防止法）がある。ＤＶ防止法の対象は配偶者（事実婚や離婚後も含める）のみでなく、同居中またはかつて同居していた交際相手も含まれる。障害者虐待防止法は、身体障害・知的障害・精神障害等を有する人が家庭内のみならず、障害者福祉施設や職場において種々の身体的・心理的・性的・経済的虐待等を受けることを禁止している。

その他、特に学校臨床領域で働く心理臨床家にとっては、いじめ対策が重要となる。いじめは心理的・身体的暴力であるし、いじめ自殺のように児童生徒を死に追いやる犯罪でもある。心理臨床家としては二〇一三年から施行された「いじめ防止対策推進法」によくなじんでおく必要がある。この法律では、いじめは「児童生徒に対して、当該児童生徒が在籍する学校（小学校、中学校、高等学校、中等教育学校及び特別支援学校）に在籍している等当該児童生徒と一定の人的関係にある他の児童生徒が行う心理的又は物理的な影響を与える行為（インターネットを通じて行われるものを含む。）であって、当該行為の対象となった児童生徒が心身の苦痛を感じているもの」と定義されている。

４　精神保健・障害に関する法律

心の健康や障害に関する法律は数多い。私たちに深い関連を持つものとしては、「障害者基本法」「障害者総合支援法」「身体障害者福祉法」「知的障害者福祉法」「精神保健及び精神障害者福祉に関する法律」「自殺対策基本法」などがある。なかでも精神保健及び精神障害者福祉に関する法律（いわゆる精神保健福祉法）は、精神科病院や総合病院の精神科に勤務する心理臨床家にとって欠くことのできない法律である。

自殺対策基本法は日本の年間の自殺者が三万人を超えていた二〇〇六年に施行されたもので、自殺対策の基本的な事項が記されている。スクールカウンセラーなど学校臨床場面で働く心理臨床家は、文部科学省が出しているマニュアル、つまり「教師が知っておきたい子どもの自殺予防」（二〇〇九年）と「子供に伝えたい自殺予防（学校における自殺予防教育導入の手引）」（二〇一四年）も熟読するとよいだろう。インターネットで閲覧できる。

その他、二〇一六年から施行された「障害を理由とする差別の解消の推進に関する法律」（いわゆる「障害者差別解消法」）がある。ここでは、行政機関や事業者は障害者に対して合理的配慮を提供することが規定されている（合理的配慮とは、「障害者の権利に関する条約」の第二条において、「障害者が他の者と平等にすべての人権及び基本的自由を享受し、又は行使することを確保するための必要かつ適当な変更及び調整であって、特定の場合において必要とされるものであり、かつ、均衡を失した又は過度の負担を課さないものをいう」と定義されている）。

第２節　専門家としての資格・権利・義務を定める法律

専門家としての資格・権利・義務を規定する法律は、「医師法」を筆頭として、「精神保健福祉士法」「社会福祉士及び介護福祉士法」「薬剤師法」「保健師助産師看護師法」「言語聴覚士法」「歯科医師法」「理学療法士及び作業療法士法」「診療放射線技師法」「救急救命士法」「視能訓練士法」など、いろいろなものがある。医療場面で心理臨床家と関係が深いのは「医師法」である。

学校場面では近年、スクールソーシャルワーカーを小・中・高校に導入する自治体が出てきている（スクールソーシャルワーカー活用事業は二〇〇八年度に創設）。スクールソーシャルワーカーになる資格は、二〇一六年に改正された「スクールソーシャルワーカー活用事業実施要領」によれば、「社会福祉士や精神保健福祉士等の福祉に関する専門的な資格を有する者」である（学校場面では今後、スクールカウンセラーは「チーム学校」という考え方の下に、スクールソーシャルワーカーをはじめとして養護教諭、生徒指導担当教員、教育相談担当教員等とより密接に連携していくことになろう）。

心理臨床家が長年待ち望んでいた国家資格は、「公認心理師法」として、議員立法により二〇一五年九月九日に成立し、同年九月十六日に公布された。そして、二〇一七年九月十五日には公認心理師法施行令が出され、これによって国家資格である公認心理師が生まれることとなった。なお、九月十五日には同時に、大学や大学院における公認心理師となるために必要な科目や、国家試験の方法などが定められた「公認心理師法施行規則」が公開されている。

最後に心理臨床活動と法律に関する参考書について触れておきたい。松田純・江口昌克・正木祐史編の『ケー

スブック 心理臨床の倫理と法』(知泉書館　二〇〇九年)、金子和夫監修の『心の専門家が出会う法律――臨床実践のために[新版]』(誠信書房　二〇一六年)、津川律子・元永拓郎編著の『心理臨床における法と倫理』(放送大学教育振興会　二〇一七年)などが役に立とう。

あとがき

五年前に出版した『試行カウンセリング』のあとがきに私は次のように書いた。

カウンセリングや心理療法など心理臨床の領域が拡大し、いろんな領域で臨床家が活躍するようになってきている。しかしながら、このような人びとが臨床の現場に出て行く以前に、経験しなければならない臨床的な基礎的訓練のためのコースは、まだ日本のどこの大学にもない。基礎的な心理臨床の経験のためのコースはどこにも組織的になされていないのにもかかわらず、多くの人びとが現場で働かなければならないということは、喜ばしいことか悲しいことか私にはよくわからない。臨床の仕事をしていて感じることは、多くの臨床の現場にいる仲間たちが、臨床的な基礎経験の無さからくる苦しみを味わっていることである。本書において、私が意図しようとした心理臨床の基礎経験の獲得過程は、そのような苦しみをわずかでもやわらげることになることを願ったものである。

右のことは現在、残念ながら実際に何もあまり変わっていないようである。そのうえ、ここ数年の間に、大学に心理学科が新設されたり、増設されたりして、学部卒業のレベルで臨床の現場に出るようになったのはむしろ多くなったのではないだろうか。心理臨床の現場に入ると、いかなる領域であれ、心理臨床家として自分がいかに無力であるかを感じさせられるであろう。私たちとしては、ともかくまず心理臨床家の学んでいなければならない基本的なものは何かということを示したかったのである。

心理臨床の技法というものは、ただ臨床の現場にいれば自然に蓄積されていくのではない。常に自分で心がけていかねば、経験はしているが何らまとまったものとはならない。それではただ臨床の現場に埋もれてしまうのが普通である。それは人生と同じである。深く広く生きることも、浅く日常に追われて無為に生きることも、心がけで変わっていくものではなかろうか。私たちとしては、心理臨床家の普段の努力を心から願っているものである。そのことのみが来談者へのよりよい福祉につながっていくと考えるからである。

本書は多くの人の協力によって書き上げられた。四年前に執筆の計画をたて、素稿がそろいつつあったときに、私が米国に長期出張することになってしまった。米国滞在中にも連絡をとり、ほぼ原稿は集まっていた。二年の滞在を終え、帰国し、編集のため全体をまとめているうちに、初めの構想が納得できなくなってしまった。それでまた新たに構成を作り変え、ほとんどすべての原稿を書き改めることにした。そのために、執筆をお願いした方々に再度書き改めていただくという大変な迷惑をかけることになってしまった。そのうえ、書き改められた原稿に手を加え、なかにはほとんど新しく作り変えてしまったものもある。そのために二重、三重に執筆者に迷惑をかけた。このようなわけで、本書が日の目を見るのに永い時間がかかってしまった。本書の最終の責任は二人の編者にある。

一九八二年に「日本心理臨床学会」も創立され、第一回の大会が九州大学で開催された。その学会創設のすぐ後に、このような手引を出版できることは私たちの喜びである。学会の発展に本書が少しでも役に立てばうれしいと思っている。読者の御批判を得て、今後よくしていきたいと思っている。

本書は執筆者の力だけでなく、執筆者の関係する多くの方々との話し合いや示唆を仰いで出来上がったものである。一人ひとり名前をあげないが、これら多くの方々にまずお礼を申しあげたい。最後に、本書のために直接お世話になった人たちに感謝の意を表したい。まず、本書に貴重な資料や図表を引用することを許していただいた諸先達の方々に感謝したい。また、私の妻は何度も清書を手伝ってくれた。田頭稠子さんには膨大なコピーを何度も快くやっていただいた。最後になるが、誠信書房編集部の上園昭氏には長い間、辛棒強く待っていて下さって、面倒な編集に尽力して下さった。以上の方々に心からの感謝を申し上げる。

昭和五十七年十一月十日

安芸宮島、地御前にて

編著者代表　鑪　幹八郎　識

新版へのあとがき

旧版『心理臨床家の手引』が出版されたのは一九八三年であった。その前年に「日本心理臨床学会」が設立されている。学会の設立が二十年目を迎えている。本書も約二十年に達しようとしている。当時のことを思うと、心理臨床の世界や周辺もこの二十年の間に劇的に変化したといってよい。それは、私たちの予想を超えて盛大になった。

旧版はこれまでに七刷を数えた。そのたびに少しずつ修正をして情報が常に新しい形で読者に伝わるように努力を重ねた。しかし、この数年の周辺や社会状況の変化は、小さな修正では心理臨床の世界を網羅的に描けないくらいに大きなものとなった。例えば、領域として、スクールカウンセリングの問題やエイズカウンセリングの問題が一般化して、はっきりと心理臨床の世界に組み込まれた。また精神医学の薬物の進歩も大きなものがある。さらに、精神衛生法から精神保健福祉法への改正、そしてその修正、また少年法の改正論議など、社会的な世界でも大きな変化を見せ、近い将来にさらに変化を予想させている。

心理臨床家の世界もこれによって大きく拡大している。新しく心理臨床の世界に参加する人びとを対象に書かれた本書も、これらの領域の拡大や社会的な変化に対応した形で「手引」をあらためたかった。そのためにかなり時間をかけて修正し、新しい情報を入れたので、もはや旧版とはかなり違ったものになった。しかし、「まえがき」に書いているように、私たちの基本的な趣旨は変わりないので、「新版」ということばを入れて本書の性格をはっきりさせた。

財団法人日本臨床心理士資格認定協会の努力で、臨床心理士が次第に社会的に認知され、多くの大学が臨床心理士の養成に真剣に取り組まれている。本書もそのような養成の場で用いられることを望んでいる。しかし、本書を『臨床心理士の手引』としなかったのは、本書の誕生の歴史的な意義を維持したいのと同時に、本書は臨床心理士以外の多くの専門家にも役立ちたいからである。心理臨床の世界は臨床心理士の世界より広いし、大きいのではないかと思っている。また、臨床心理士の資格を取ろうとして大学院で勉学に勤しんでいる学生にも読んでもらいたい。

本書は多くの人の力で成り立っている。改訂に当たって参加してくださった担当執筆者の一覧は巻末に示している。また、本書は多くの先人の知恵や資料、そして情報を掲載している。これらを掲載させていただいたことにまず、深い感謝の意を表したい。新版の資料の準備から、校正に至っては主に名島を中心に行ってきた。本書の出版に当たっては、誠信書房編集部の長林伸生さんに大変お世話になった。心からお礼を申し上げたい。

平成十二年（二〇〇〇年）十一月三日

京都・宇治にて

鑪　幹　八　郎　識

第3版へのあとがき

『心理臨床家の手引』は一九八三年に出版され、七刷を数えた。ついで、それを改訂した『新版 心理臨床家の手引』が二〇〇〇年に出版され、これは十刷を数えた。このように、『心理臨床家の手引』はこれまで多くの人たちに用いられてきている。編著者の一人として、これは大変喜ばしいことであった。しかし、時代の変化とともにいろいろな面で更なる修正や改訂が必要となり、今回の第3版となった。

本書『心理臨床家の手引　第3版』は、基本的な骨組みは旧版と変わってはいないものの、用語・法律・病名・社会資源など、すべて最新のものに改めてある。内容面からすれば、心理臨床家が実際の臨床現場で働く場面を想定して、心理臨床家として学んでおくべき基礎のすべてを詳細に述べてある。なにかと苦労の多い心理臨床家の仕事に際して、本書を手許に置いて参照していただければ大変うれしい。

今回の改訂にあたって参加してくださった担当執筆者の一覧は巻末に掲げてある。これらの人たちに感謝したい。また、本書の出版にあたっては、誠信書房編集部の児島雅弘さんに大変お世話になった。児島さんは面倒な編集作業を的確に行ってくださった。心からお礼を申し上げたい。

平成二十二年（二〇一〇年）四月十四日

名島潤慈　識

第4版へのあとがき

『心理臨床家の手引』の第3版は二〇一〇年の五月に発行された。そして、それ以後約七年が経過して今回の改訂に至った。改訂作業にはいろいろな事情が重なって長い時間がかかった。

今回の第4版の特徴を簡単に言えば、①このたび国家資格となった公認心理師について触れたこと、②児童相談所、地域子育て支援センター、総合病院の精神科外来、家庭裁判所、学校、私設心理相談室における心理臨床の内容を新しくしたこと、③「精神科クリニックにおける心理臨床」の節を新しく設けたこと、④向精神薬の種類・内容・副作用等を最新のものにしたこと、⑤心理面接者に尋ねられる質問にどう答えるかを新しくしたこと、⑥紙数の関係から心理臨床活動に関係した法律の章をコンパクトにまとめたことである。これらのうち、②に関しては、各執筆者の臨床経験のエッセンスが最大限引き出されるよう質問を重ねながら何度も書き直しをお願いした。

精神医学的な病名についてはなかなかむずかしいところがあった。例えば、発達障害のなかのいわゆる自閉症に関連した用語としては、自閉症、自閉性障害、高機能・低機能自閉症、自閉症スペクトラム、自閉症スペクトラム障害などが入り乱れている。WHOのICD-10では、広汎性発達障害のなかに小児自閉症、非定型自閉症、アスペルガー症候群などがある。あれこれ迷ったが結局、用語に関してはDSM-5の日本語訳に全面的に依拠することにした。具体的には、これまでの発達障害を「神経発達症群」に、知的障害を「知的発達症」に、自閉症を「自閉スペクトラム症」に、注意欠陥多動性障害を「注意欠如・多動症」に、学習障害を「限局性学習症」

に、発達性協調運動障害を「発達性協調運動症」（神経発達症群のなかの運動症群に属す）に、言語障害を「言語症」（神経発達症群のなかのコミュニケーション症群に属す）にした。ただし、以前の法律とか制度のなかで例えば「知的障害」とか「発達障害」という言葉が使われている場合には、関連文章にはそのまま知的障害や発達障害という言葉を用いた。その他、境界例は「境界性パーソナリティ障害」にした。ただし、自我機能の働き方のレベルという意味で用いる場合には、境界例とか境界例水準といった言い方を残した。アルコール依存症は「アルコール使用障害」にした。強迫性障害は「強迫症」に、解離性障害は「解離症群」にした。

『心理臨床家の手引』の初版は一九八三年に発行されたが、そのさい家庭裁判所における心理臨床の節を西上裕司氏と共に執筆してくださった臨床心理士の杉原幹夫氏が、二〇一五年の十一月に六十五歳でおなくなりになった。死の三日前までスーパーヴィジョンを行っておられたという。謹んで杉原幹夫氏のご冥福をお祈りしたい。今回の改訂にあたって参加してくださった担当執筆者の一覧は巻末に掲げてある。これらの人たちに感謝したい。

本書の出版にあたっては、誠信書房編集部の児島雅弘さんにお世話になった。児島さんは、いろいろと面倒な編集・校正作業を行ってくださった。心からお礼を申し上げたい。

心理臨床の世界は深くて精妙である。そのうえ広大で、人はともすれば方角を見失ってしまう。本書が良き羅針盤となることを願っている。

平成二十九年（二〇一七年）十二月一日

名島潤慈　識

執筆分担者一覧（2017年12月現在）

第１章　鑪　幹八郎（ふたばの里精神分析研究室）
第２章　鑪　幹八郎
第３章　名島　潤慈（山口学芸大学教育学部）
第４章　一丸　藤太郎（ももやま心理相談室）
兒玉　憲一（比治山大学現代文化学部）
塩山　二郎（株式会社心理臨床センターしおやま）
第５章　藤沢　敏幸（安田女子大学心理学部　第１・２・３節）
磯邉　省三（広島文化学園大学社会情報学部　第１・２・３節）
夏野　良司（元愛媛大学教育学部　第４節）
前田　裕子（大阪府吹田子ども家庭センター　第５節）
山根　望（山口芸術短期大学保育学科　第６節）
小笠原　洋（陸上自衛隊福知山駐屯地業務隊衛生科　第７節）
兒玉　憲一（第８節）
藤井　優子（山口大学医学部附属病院精神科神経科　第８節）
鈴木　健一（名古屋大学学生相談総合センター　第９節）
名島　潤慈（第10節，第13節）
井田　博子（さかいレディースメンタル・クリニック　第10節）
小柳　晴夫（元香川大学教育学部　第11節）
西上　裕司（元四天王寺国際仏教大学人文社会学部　第12節）
杉原　幹夫（元杉原心理相談室　第12節）
近藤　隆夫（家庭裁判所調査官　第12節）
武内　珠美（大分大学福祉健康科学部　第13節）
山田　俊介（香川大学教育学部　第13節）
山崎　史郎（熊本学園大学社会福祉学部　第13節）
小早川　久美子（広島文教女子大学人間科学部　第14節）
西本　智恵（医療法人三永会 京橋心療クリニック　第15節）
第６章　名島　潤慈
原田　則代（国立病院機構 熊本医療センター精神科）
第７章　山本　力（就実大学大学院教育学研究科）
第８章　名島　潤慈
第９章　名島　潤慈

編著者紹介

鑪　幹八郎（たたら　みきはちろう）

1934年　熊本県に生まれる
1961年　京都大学大学院博士課程修了（臨床心理学専攻）
　　　　教育学博士　臨床心理士
　　　　元京都文教大学学長　広島大学名誉教授
2021年　逝去
著訳書　試行カウンセリング　誠信書房　1977
　　　　夢分析の実際　創元社　1979
　　　　夢分析と心理療法　創元社　1998
　　　　鑪幹八郎著作集　ナカニシヤ出版
　　　　　Ⅰ　アイデンティティとライフサイクル論　2002
　　　　　Ⅱ　心理療法と精神分析　2003
　　　　　Ⅲ　心理臨床と倫理・スーパーヴィジョン　2004
　　　　　Ⅳ　心理臨床と映像・イメージ　2008
　　　　洞察と責任――精神分析の臨床と倫理［改訳版］（E. H. エリクソン）　誠信書房　2016

名島　潤慈（なじま　じゅんじ）

1948年　広島県に生まれる
1974年　広島大学大学院修士課程修了（臨床心理学専攻）
現　在　山口大学名誉教授　山口学芸大学名誉教授
　　　　博士（心理学）　臨床心理士　公認心理師
著　書　精神分析的心理療法の手引き（共編著）　誠信書房　1998
　　　　夢分析における臨床的介入技法に関する研究　風間書房　1999
　　　　心理アセスメントハンドブック　第２版（共著）　西村書店　2001
　　　　臨床場面における夢の利用――能動的夢分析　誠信書房　2003
　　　　臨床心理スーパーヴィジョン（共著）　至文堂　2005
　　　　夢と浄土教――善導・智光・空也・源信・法然・親鸞・一遍の夢分析　風間書房　2009
　　　　臨床心理学（共著）　ミネルヴァ書房　2012
　　　　心理学へのいざない（共監修）　北大路書房　2012
　　　　「高機能自閉症者 Donna Williams の幻視・白日夢・夢における超自然的特性の吟味」（山口学芸研究，７，2016，55-66）
　　　　「黒－色彩バウムテスト再考」（山口学芸研究，13，2022，63-75）

心理臨床家《しんりりんしょうか》の手引《てびき》［第4版］

1983年2月20日　初　版第1刷発行
2000年12月15日　新　版第1刷発行
2010年5月25日　第3版第1刷発行
2018年6月20日　第4版第1刷発行
2023年6月25日　第4版第4刷発行

編著者　鑪　幹八郎
　　　　名島潤慈
発行者　柴田敏樹
印刷者　田中雅博

発行所　株式会社　誠信書房
〒112-0012　東京都文京区大塚3-20-6
電話 03（3946）5666
https://www.seishinshobo.co.jp/

印刷：創栄図書印刷／製本：協栄製本　落丁・乱丁本はお取り替えいたします

ISBN978-4-414-41643-5 C3011

心の専門家が出会う法律 [新版]

臨床実践のために

金子和夫 監修
津川律子・元永拓郎 編

定評ある書籍の最新版。公認心理師法にも1章を充て、試験対策にも最適。この一冊で心の専門家が関わる法と実務が把握できる。

主要目次
第Ⅰ部　基本関係法
第1章　心の臨床実践に関連する法律の全体像
第2章　自殺対策について
第3章　災害における心のケア
第5章　公認心理師法／他
第Ⅱ部　医療・保健・福祉
第6章　医療現場における法律
第7章　心のサポート関連職種――医療関係
第8章　心のサポート関連職種――福祉／他
第Ⅲ部　対象別・領域別
第13章　学校臨床と法律
第14章　職域におけるメンタルヘルス対策／他
第Ⅳ部　課題別
第20章　心の専門家における倫理
第21章　事故に対する責任／他

A5判並製　定価（本体2400円＋税）

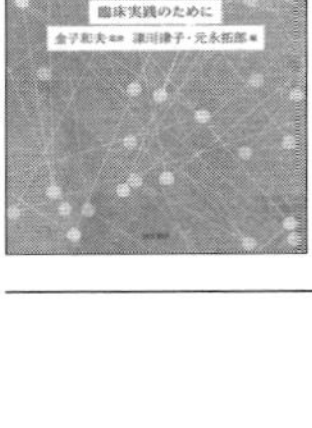

シナリオで学ぶ心理専門職の連携・協働

領域別にみる多職種との業務の実際

鶴 光代・津川律子 著

心理専門職が活躍している医療、教育、福祉、矯正、産業・労働、私設・開業の6領域ごとに、多職種との連携・協働の実際を解説した実践書。各章冒頭の架空事例（シナリオ）によって各領域特有の状況を平易にイメージでき、解説もシナリオの流れに沿って進むので理解しやすい。一人職場や初任者の人でも所属領域の特徴がつかめ、他の専門職が心理専門職に何を求めているのか把握できる。カウンセリング演習のテキストにも最適。

目次
はじめに
第1章　総説
第2章　医療領域
第3章　教育領域
第4章　福祉領域
第5章　矯正領域
第6章　産業・労働領域
第7章　私設・開業領域
おわりに

A5判並製　定価（本体2000円＋税）